令和元年改正
民事執行法制の
法令解説・運用実務

増補版

［編著］

内野 宗揮
［法務省民事局民事法制管理官］

剱持 淳子
［東京地方裁判所判事］

一般社団法人金融財政事情研究会

増補版はしがき

「民事執行法及び国際的な子の奪取の民事上の側面に関する条約の実施に関する法律の一部を改正する法律」（令和元年法律第２号）が、一部の規定を除き令和２年４月１日に施行されてから、１年余りが経過した。令和３年５月１日には、債務者の不動産に係る情報取得手続についての規定の適用も開始され、本改正は全面施行を迎えた。これまでの間、本改正に基づく新しい諸制度の運用が着実に積み重ねられてきている（主に金融実務に関連する部分についての改正法の運用の実情は、【運用状況編】をご覧いただきたい）。

そこで、【法令解説編】および【規則解説編】を含めて、不動産に係る情報取得手続についての規定の適用開始を踏まえた内容へと、全般的に初版の記述を改めるとともに、【運用実務編】においては、実際の運用の中で生じてきた新たな論点や、明確になった点、運用として見直された点などにつき、全面的に加筆補正をして、増補版としてまとめることとした。また、この機会に、本改正に関する東京地方裁判所民事執行センターにおける１年間の運用の実情について新たに稿を起こし、【運用状況編】として第４編を加えている。

【運用実務編】および【運用状況編】の執筆担当者には、令和３年４月に東京地方裁判所民事執行センターに着任するなどして、現に執行実務に携わっているメンバーが加わっている（もとより、本書中の意見にわたる部分は、いずれも執筆担当者の個人的な見解にとどまることは、初版から変わらない）。また、増補版の原稿作成に際しても、大阪地方裁判所民事執行センターの皆さまには惜しみないご協力をいただいた。初版以来ご指導ご尽力いただいているすべての方々に、改めて御礼を申し上げる。

令和３年９月

内野　宗揮／剱持　淳子

初版はしがき

「民事執行法及び国際的な子の奪取の民事上の側面に関する条約の実施に関する法律の一部を改正する法律」（令和元年法律第２号）が、令和元年５月10日に成立し（同月17日公布）、これに対応して、「民事執行規則等の一部を改正する規則」（令和元年最高裁判所規則第５号）が、同年11月27日に公布された。この改正法および改正規則は、一部の規定を除き、令和２年４月１日から施行されている。

本改正は、債務者の財産状況の調査に関する制度の実効性を向上させ、不動産競売における暴力団員の買受けを防止し、子の引渡しおよび返還の強制執行に関する規律の明確化を図り、債権執行事件の終了および差押禁止債権をめぐる規律の見直しを図ることなどを目的として、民事執行法およびハーグ条約実施法や関連する規則を改正するものである。

このうち民事執行法は、昭和54年に制定された後、平成15年に、不動産執行妨害への対策強化および民事執行の実効性確保のため、財産開示手続の創設などを含む大規模な改正が、平成16年には、民事執行手続の一層の適正迅速を図るための改正が行われたが、その後も、民事執行制度をめぐる最近の情勢にかんがみ、手続のさらなる改善に向けた検討課題が指摘されていた。

本改正は、これらを背景として、民事執行制度の喫緊の個別的課題にそれぞれ対処したものであり、例えば、債務者の財産状況の調査に関する新しい手続として、第三者からの情報取得手続が創設され、不動産競売における暴力団員の買受け防止の方策として、警察への調査嘱託の手続が導入されるなどしている。これらは、養育費の履行確保や、市民生活の平穏の確保などにも資するものであり、国民により身近で頼りがいのある司法の実現につながるものとして、その意義は大きいものと考えられる。

本書は、令和元年７月以降、『金融法務事情』において、本改正のうち主に金融実務に関連する部分について、「担当者解説」として連載された改正法および改正規則に関する解説記事と、「さんまエクスプレス」として連載された東京地方裁判所民事執行センターにおける実務運用に関する記事を、その後の状況も踏まえて加筆補正し、１冊にまとめたものである。『金融法務事情』掲載段階では検討中にとどまっていた事項についても、できる限り最新の情報にしてある。ただし、執筆者らは、法務省民事局における改正法の立案事務、最高裁判所事務総局民事局における改正規則の立案事務、東京地方裁判所民事執行センターにおける運用検討にそれぞれ携わった者であるが、本書中の意見にわたる部分は、いずれも執筆担当者の個人的見解にとどまる。

本書中、【法令解説編】の執筆にあたっては、法務省民事局において改正法の立案事務や法案の国会審議に関与した坂本佳隆氏（アンダーソン・毛利・友常法律事務所、弁護士）に多大なご協力をいただいた。また、【規則解説編】および【運用実務編】は、最高裁判所事務総局民事局の成田晋司判事（当時同局第一課長）および闕隆太郎判事（同局付）らと緊密に連携しつつ、吉村真幸金沢地方・家庭裁判所長（当時東京地方裁判所民事第21部部総括判事）を筆頭とした東京地方裁判所民事執行センターと、濵本章子部総括判事および本多健司判事らを筆頭とする大阪地方裁判所民事執行センターとの間で行われた多数回にわたる意見交換を踏まえ、形にすることができたものである。個々にご紹介できない方を含め、これまでご指導・ご尽力いただいたすべての方々に厚く御礼申し上げる。

本書刊行の機会を与えてくださった編集担当の金融法務編集部竹﨑真実氏には大変お世話になった。改めて謝意を表したい。

令和２年４月１日の改正法施行後間もなく、新型コロナウイルス感染症拡大に伴う緊急事態宣言が全国に発せられ、裁判所の業務も影響を受けているが、改正法で創設された第三者からの情報取得手続はともかくも運用が開始され、第三者である金融機関から提出された情報提供書を感慨深く手に取った。今般新設や見直しをされた制度が有用なものとして民事執行実務に根付き、花開くことを、制度創設や運用開始に携わった者として願ってやまない。本書がその一助となれば幸いである。

令和２年７月

内野　宗揮／剱持　淳子

〔編著者略歴〕（五十音順）

内野　宗揮（うちの　むねき）

平成10年４月　東京地方裁判所判事補
平成12年４月　法務省民事局付
平成13年７月　法務省大臣官房司法法制部付
平成17年４月　釧路地方・家庭裁判所北見支部判事補
平成18年４月　釧路地方・家庭裁判所北見支部兼網走支部判事補
平成19年４月　東京地方裁判所判事補
平成20年４月　法務省民事局付
平成23年７月　東京地方裁判所判事
平成23年８月　大阪高等裁判所判事
平成26年４月　法務省民事局参事官
平成28年７月　法務省大臣官房参事官兼民事局参事官
令和２年７月　法務省民事局民事法制管理官

剱持　淳子（けんもつ　じゅんこ）

平成10年４月　弁護士登録（第一東京弁護士会）
平成13年４月　横浜地方裁判所判事補
平成16年４月　富山地方・家庭裁判所判事補
平成19年４月　大阪地方裁判所判事補（大阪高等裁判所判事職務代行）
平成20年４月　大阪高等裁判所判事
平成22年３月　裁判所職員総合研修所教官
平成25年４月　東京地方裁判所判事、早稲田大学大学院法務研究科教授（任期付）
平成28年４月　那覇地方裁判所部総括判事
平成31年４月　司法研修所教官、東京地方裁判所判事

〔著者略歴〕（五十音順）

柏戸　夏子（かしわど　なつこ）

平成28年１月　東京地方裁判所判事補

國原　徳太郎（くにはら　とくたろう）

平成22年１月　東京地方裁判所判事補
平成28年４月　札幌地方・家庭裁判所室蘭支部判事補
平成30年４月　宇都宮地方・家庭裁判所判事補
令和２年１月　宇都宮地方・家庭裁判所判事
令和３年４月　東京地方裁判所判事

実本　滋（さねもと　しげる）

平成14年10月　奈良地方裁判所判事補
平成17年４月　横浜家庭・地方裁判所判事補
平成20年４月　和歌山地方・家庭裁判所田辺支部兼御坊支部判事補
平成23年４月　東京法務局訟務部付
平成25年４月　東京地方裁判所判事
平成27年４月　福島家庭・地方裁判所いわき支部判事
平成30年４月　東京地方裁判所判事

谷藤　一弥（たにふじ　かずや）

平成22年１月　さいたま地方裁判所判事補
平成27年４月　津地方・家庭裁判所伊勢支部判事補
平成29年４月　最高裁判所事務総局民事局付
令和元年９月　東京地方裁判所判事補
令和２年１月　東京地方裁判所判事
令和３年４月　鹿児島地方・家庭裁判所名瀬支部判事

野村　昌也（のむら　まさや）

平成18年10月　大阪地方裁判所判事補
平成22年４月　東京法務局訟務部付
平成24年４月　東京地方裁判所判事補
平成28年４月　新潟地方・家庭裁判所佐渡支部判事補
平成30年４月　東京地方裁判所判事

前田　亮利（まえだ　あきとし）

平成21年１月　大阪地方裁判所判事補
平成26年４月　最高裁判所事務総局刑事局付
平成26年７月　財務省国際局開発政策課参事官室課長補佐
平成28年７月　横浜地方裁判所判事補
平成31年１月　最高裁判所事務総局総務局付
令和元年10月　東京地方裁判所判事
令和２年４月　名古屋地方裁判所判事

松波　卓也（まつなみ　たくや）

平成22年９月　大阪地方裁判所判事補
平成27年４月　法務省民事局付
令和元年８月　京都地方・家庭裁判所判事補
令和２年９月　京都地方・家庭裁判所判事

満田　智彦（みつだ　ともひこ）

平成22年１月　静岡地方裁判所判事補
平成26年３月　千葉地方・家庭裁判所判事補
平成28年４月　松山家庭・地方裁判所西条支部判事補
平成30年４月　法務省訟務局付
平成31年４月　東京地方裁判所判事補
令和２年１月　東京地方裁判所判事
令和３年４月　佐賀地方・家庭裁判所判事

山本　翔（やまもと　しょう）

平成20年12月　弁護士登録（第二東京弁護士会所属）
　　　　　　　大江橋法律事務所に入所
平成28年２月　法務省民事局付
平成31年４月　法務省民事局調査員（令和２年３月まで）
令和２年４月　一橋大学大学院法学研究科ビジネスロー専攻　非常勤講師（現代取引法）

吉賀　朝哉（よしか　ともや）

平成22年１月　仙台地方裁判所判事補
平成26年７月　前橋地方・家庭裁判所判事補
平成27年10月　東京地方・家庭裁判所判事補
平成29年８月　法務省民事局付

凡　例

本書中、法令の条文等を引用する場合に用いた略語は、次のとおりです。

改正法	民事執行法及び国際的な子の奪取の民事上の側面に関する条約の実施に関する法律の一部を改正する法律（令和元年法律第２号）
改正法附則	民事執行法及び国際的な子の奪取の民事上の側面に関する条約の実施に関する法律の一部を改正する法律附則
法	改正法による改正後の民事執行法（昭和54年法律第４号）
旧法	改正法による改正前の民事執行法
ハーグ条約	国際的な子の奪取の民事上の側面に関する条約（平成26年条約第２号）
ハーグ条約実施法	改正法による改正後の国際的な子の奪取の民事上の側面に関する条約の実施に関する法律（平成25年法律第48号）
旧ハーグ条約実施法	改正法による改正前のハーグ条約実施法
平成15年の民事執行法改正	担保物権及び民事執行制度の改善のための民法等の一部を改正する法律（平成15年法律第134号）による民事執行法の改正
平成16年の民事執行法改正	民事関係手続の改善のための民事訴訟法等の一部を改正する法律（平成16年法律第152号）による民事執行法の改正
改正規則	民事執行規則等の一部を改正する規則（令和元年最高裁判所規則第５号）
改正規則附則	民事執行規則等の一部を改正する規則附則
規則	改正規則による改正後の民事執行規則（昭和54年最高裁判所規則第５号）
旧規則	改正規則による改正前の民事執行規則
民訴費用法	改正法による改正後の民事訴訟費用等に関する法律（昭和46年法律第40号）
民訴費用規則	改正規則による改正後の民事訴訟費用等に関する規則（昭和46年最高裁判所規則第５号）

目　次

第1編　法令解説編―民事執行法等の改正の要点―

第２編　規則解説編―改正民事執行法の施行に伴う民事執行規則等の一部改正の概要―

第３編　運用実務編

第４編 運用状況編―東京地方裁判所民事執行センターにおける令和元年改正民事執行法の施行後１年間の運用状況―

第 1 編

法令解説編

―民事執行法等の改正の要点―

「民事執行法及び国際的な子の奪取の民事上の側面に関する条約の実施に関する法律の一部を改正する法律」(改正法)が、令和元年５月10日に成立し、同月17日に公布された。改正法は、民事執行制度をめぐる最近の情勢にかんがみ、債務者の財産状況の調査に関する制度の実効性を向上させ、不動産競売における暴力団員の買受けを防止し、国内の子の引渡しおよび国際的な子の返還の強制執行に関する規律の明確化を図るなどの目的で、民事執行法(法)および国際的な子の奪取の民事上の側面に関する条約の実施に関する法律(ハーグ条約実施法)の一部を改正するものであり、今後の金融実務等に与える影響は少なくないものと考えられる。本書では、改正法による改正の経緯等を紹介するとともに、金融実務に関連する項目を中心として、改正の要点を概説することとしたい。

第１章

改正の経緯

1　改正の背景と法制審議会における調査審議の経緯

法は、昭和54年に制定された後、平成15年および平成16年に、社会経済情勢の変化への対応と権利実現の実効性の向上という観点等から、全般的な見直しが行われた。もっとも、その後も、民事執行制度をめぐる最近の情勢にかんがみ、手続のさらなる改善に向けて、いくつかの個別的な検討課題が指摘されていた。

そこで、平成28年９月12日、法制審議会第177回会議において、法務大臣より、法制審議会に対して、「民事執行手続をめぐる諸事情に鑑み、債務者財産の開示制度の実効性を向上させ、不動産競売における暴力団員の買受けを防止し、子の引渡しの強制執行に関する規律を明確化するなど、民事執行法制の見直しを行う必要があると思われるので、その要綱を示されたい。」

との諮問（諮問第102号）がされ、民事執行法部会（部会長・山本和彦一橋大学大学院教授）が設置された。民事執行法部会では、同年11月18日から、まずは、法の改正に関する主要な課題である、①債務者財産の開示制度の実効性の向上、②不動産競売における暴力団員の買受け防止の方策、③子の引渡しの強制執行に関する規律の明確化について調査審議が行われたほか、この機会にこれらの主要な課題と併せて具体的な検討を進めることが可能であると考えられるその他の課題として、④債権執行事件の終了をめぐる規律の見直し、⑤差押禁止債権をめぐる規律の見直しについての調査審議が行われ、平成29年９月８日には「民事執行法の改正に関する中間試案」が取りまとめられ、同月29日から同年11月10日まで、パブリックコメントの手続が実施された[1]。また、民事執行法部会では、このパブリックコメントの手続において寄せられた意見等を踏まえ、⑥ハーグ条約実施法に基づく子の返還の強制執行に関する規律を見直す方向での調査審議が行われ、平成30年６月29日には「国際的な子の奪取の民事上の側面に関する条約の実施に関する法律の改正に関する試案（追加試案）」が取りまとめられ、同年７月５日から同年８月３日まで、パブリックコメントの手続が実施された。このような調査審議の結果として、同月31日に開催された民事執行法部会第23回会議において「民事執行法制の見直しに関する要綱案」が取りまとめられ、同年10月４日に開催された法制審議会第182回会議において、この要綱案どおりの内容で「民事執行法制の見直しに関する要綱」が採択され、法務大臣に答申された[2]。

1　中間試案およびこれに対する意見の概要については、株式会社きんざい編『民事執行法の改正に関する中間試案』（金融財政事情研究会、2017年）および松波卓也「「民事執行法の改正に関する中間試案」についての意見募集の結果概要の紹介」金融法務事情2083号32頁も参照。

2　法制審議会における調査審議の資料や議事録は、法務省のウェブサイト（http://www.moj.go.jp/shingi_index.html）の「法制審議会ー民事執行法部会」のページ（http://www.moj.go.jp/shingi１/housei02_00295.html）を参照されたい。

2　国会における審議等

その後、法務省では、この要綱に基づいて「民事執行法及び国際的な子の奪取の民事上の側面に関する条約の実施に関する法律の一部を改正する法律案」（平成31年閣法第28号）の立案作業が進められ、平成31年２月19日には、この法律案が第198回国会（常会）に提出された。

国会においては、平成31年３月19日に衆議院本会議において趣旨説明および質疑がされた後、衆議院法務委員会における審査がされ[3]、同年４月12日、この法律案に対する修正案が提出された上で、同委員会において全会一致をもって修正議決すべきものと決せられ、これを受けて、同月16日に衆議院本会議において、全会一致をもって修正議決された[4]。その後、参議院法務委員会における審査がされ[5]、同年（令和元年）５月９日、同委員会において全会一致をもって可決すべきものと決せられ、これを受けて、同月10日、参議院本会議において、全会一致をもって可決され、改正法が成立し、同月17日に公布された[6]。

なお、改正法については、衆議院法務委員会および参議院法務委員会において、附帯決議が付されている[7]。

3　衆議院法務委員会においては、平成31年３月26日に趣旨説明、同年４月２日、３日および10日に質疑（参考人に対する質疑を含む）がされた。

4　衆議院における修正の内容は、法文中（改正法附則３条２項）における改正法の略称を「平成三十一年改正法」から「民事執行法等一部改正法」に改める旨の技術的な修正をするものであり、規律の実質的な内容の修正を伴うものではない。

5　参議院法務委員会においては、平成31年４月23日に趣旨説明、同月25日および同年（令和元年）５月９日に質疑（参考人に対する質疑を含む）がされた。

6　公布された法律、新旧対照条文やその概要は、法務省のウェブサイト（http://www.moj.go.jp/MINJI/minji07_00247.html）を参照されたい。

7　各附帯決議は、それぞれ衆議院のウェブサイト（https://www.shugiin.go.jp/internet/itdb_rchome.nsf/html/rchome/Futai/houmu00887EFB3536A1EC4925840F002E81D3.htm）および参議院のウェブサイト（https://www.sangiin.go.jp/japanese/gianjoho/ketsugi/198/f065_050901.pdf）に掲載されており、その内容は、それぞれ次のとおりである。

○衆議院法務委員会附帯決議（平成31年４月10日）

政府及び最高裁判所は、本法の施行に当たり、次の事項について格段の配慮をすべきである。

一　第三者からの情報取得手続に関し、金銭債権についての強制執行の実効性を確保する観点から、以下の事項について留意すること。

1　本法施行後における第三者からの情報取得手続に関する実務の運用状況を勘案し、第三者から情報の提供を求めることができる債務者財産の範囲やその申立ての要件などについて、必要に応じて検討するよう努めること。

2　債務者の給与債権に係る情報の取得ができる「生命若しくは身体の侵害による損害賠償請求権」について、本法施行後における実務の運用状況を勘案し、その他の損害賠償請求権を含め債務者の給与債権に係る情報の取得ができる損害賠償請求権の範囲について、必要に応じてその見直しを検討するよう努めること。

二　不動産競売における暴力団員の買受け防止に関し、本法施行後における実務の運用状況を勘案し、競売手続の円滑性を確保しつつその実効性を図るため、必要に応じて更なる対策について検討するよう努めること。

三　国内の子の引渡しの直接的な強制執行に関し、子の福祉の観点から、以下の事項について留意すること。

1　子の引渡しの直接的な強制執行については子の心身に有害な影響を及ぼさないよう、本法施行後における運用状況を勘案し、必要に応じて更なる改善を図るよう努めること。

2　執行裁判所や執行官の責務として、当該強制執行が子の心身に有害な影響を及ぼさないように配慮する義務規定を設けた趣旨を踏まえ、子の引渡しを実現するに当たり、執行補助者として児童心理学の専門家等を積極的に活用できるようにするため、当該専門家等の確保のための方策を講じるよう努めること。

3　執行官に女性がいない現状を踏まえ、女性の登用の在り方などを検討するとともに、執行補助機関である執行官の負担が増大することを考慮し、執行官の適正な職務の環境整備や個々の執行官の質の更なる向上を図るための研修の充実など執行官制度の基盤の更なる整備を行うよう努めること。

四　差押禁止債権の範囲変更の制度に関し、債務者の財産開示制度の見直しにより、債権者の地位の強化が図られることに鑑み、以下の事項について留意すること。

1　差押禁止債権の範囲変更の制度をより適切に運用することができるよう、裁判所書記官の教示に当たってはその手続を分かりやすく案内するとともに専門家による支援を容易に得られるようにするなど、債務者に配慮した手続の整備に努めること。また、これらについて、本法施行後における運用状況を勘案し、必要に応じて更なる改善を図るよう努めること。

2　給与債権の差押禁止の範囲の定めに関する諸外国における法制度や運用状況に関する調査研究を実施し、必要に応じて、我が国において給与債権の差押禁止の最低限度額の定めを設けることの是非を含め、我が国における法定の差押禁止の範囲についての見直しを検討するよう努めること。

五　国際的な子の返還の代替執行が子の心身に与える負担を最小限にとどめる観点から、本法施行後における国際的な子の返還の代替執行に関する実務の運用状況を注視し、必要に応じて更なる改善を図るよう努めること。

六　公的機関による養育費や犯罪被害者の損害賠償に係る請求権の履行の確保に関する諸外国における法制度や運用状況に関する調査研究を実施し、我が国におけるそれらの制度の導入の是非について検討を行うよう努めること。

○参議院法務委員会附帯決議（令和元年５月９日）

政府及び最高裁判所は、本法の施行に当たり、次の事項について格段の配慮をすべきである。

一　第三者からの情報取得手続に関し、金銭債権についての強制執行の実効性を確保する観点から、以下の事項について留意すること。

1　近年における夫婦の離婚後の養育費の支払率が改善されていない現状を踏まえ、

子の福祉に資するため、養育費が適切に支払われるよう、本法施行後における第三者からの情報取得手続に関する実務の運用状況を勘案し、第三者から情報の提供を求めることができる債務者財産の範囲やその申立ての要件などについて、申立人の制度の利用のしやすさを考慮し、必要に応じて検討するよう努めること。

2　債務者の給与債権に係る情報の取得ができる「生命若しくは身体の侵害による損害賠償請求権」について、本法施行後における実務の運用状況を勘案し、その他の損害賠償請求権を含め債務者の給与債権に係る情報の取得ができる損害賠償請求権の範囲について、必要に応じてその見直しを検討するよう努めること。

二　不動産競売における暴力団員の買受け防止に関し、本法施行後における実務の運用状況を勘案し、競売手続の円滑性を確保しつつその実効性を図るため、必要に応じて、刑事罰による虚偽陳述の抑止以外の更なる対策について検討するよう努めること。

三　国内の子の引渡しの直接的な強制執行に関し、子の福祉の観点から、以下の事項について留意すること。

1　子の引渡しの直接的な強制執行については子の心身に有害な影響を及ぼさないよう、本法施行後における運用状況を勘案し、必要に応じて更なる改善を図るよう努めること。

2　執行裁判所や執行官の責務として、当該強制執行が子の心身に有害な影響を及ぼさないように配慮する義務規定を設けた趣旨を踏まえ、子の引渡しを実現するに当たり、執行補助者として児童心理学の専門家等を積極的に活用できるようにするため、当該専門家等の確保のための方策を講じるよう努めること。

3　執行官に女性がいない現状を踏まえ、女性の登用の在り方などを検討するとともに、執行補助機関である執行官の負担が増大することを考慮し、執行官の適正な職務の環境整備や個々の執行官の質の更なる向上を図るための研修の充実など執行官制度の基盤の更なる整備を行うよう努めること。

四　差押禁止債権の範囲変更の制度に関し、債務者の財産開示制度の見直しにより、債権者の地位の強化が図られることに鑑み、以下の事項について留意すること。

1　差押禁止債権の範囲変更の制度をより適切に運用することができるよう、裁判所書記官の教示に当たってはその手続を分かりやすく案内するとともに専門家による支援を容易に得られるようにするなど、債務者に当該制度が周知されていない現状を改め、債務者に配慮した手続の整備に努めること。また、これらについて、本法施行後における運用状況を勘案し、必要に応じて更なる改善を図るよう努めること。

2　給与債権の差押禁止の範囲の定めに関する諸外国における法制度や運用状況に関する調査研究を実施し、必要に応じて、我が国において給与債権の差押禁止の最低限度額の定めを設けることの是非を含め、我が国における法定の差押禁止の範囲についての見直しを検討するよう努めること。

五　国際的な子の返還の代替執行が子の心身に与える負担を最小限にとどめる観点から、本法施行後における国際的な子の返還の代替執行に関する実務の運用状況を注視し、必要に応じて更なる改善を図るよう努めること。

六　公的機関による養育費や犯罪被害者の損害賠償に係る請求権の履行の確保に関する諸外国における法制度や運用状況に関する調査研究を実施し、我が国におけるそれらの制度の導入の是非について検討を行うよう努めること。

七　近年、面会交流、監護者の指定、婚姻費用の分担など家庭裁判所における離婚に関わる調停・審判などの家事事件の件数が増加傾向にある現状を踏まえ、家庭裁判所が丁寧な審理を行えるよう、その体制の整備について検討すること。

第2章

債務者の財産状況の調査に関する制度の実効性の向上

1　改正の必要性

金銭債権についての勝訴判決等の債務名義を得た債権者が強制執行の申立てをするためには、差押えの対象となる財産を特定しなければならない。このため、債権者が債務者の財産に関する十分な情報を有しない場合には、勝訴判決等を得たにもかかわらず、その強制的な実現を図ることができないという問題が生じうる。この問題を解決し、権利実現の実効性を一層高めるという観点から、平成13年の司法制度改革審議会意見書では「債務者の財産を把握するための方策」を導入すべきであるとの提言がされ、これを受けて、平成15年には、「担保物権及び民事執行制度の改善のための民法等の一部を改正する法律」（平成15年法律第134号）による民事執行法改正（平成15年の民事執行法改正）により、「財産開示手続」が導入された。この財産開示手続は、金銭債権について一定の債務名義を有する債権者の申立てにより、執行裁判所が債務者を呼び出し、その財産について陳述させるという手続である。

ところが、これまでの財産開示手続の運用状況をみると、平成29年の申立件数が686件にとどまっているなど、その利用実績は、低調であるといわざるをえない状況であった。また、平成29年における同手続の既済件数681件のうち、実際に債務者の財産情報が開示された件数は253件（既済件数の約37%）にとどまっている一方で、開示義務者（債務者等）の不出頭等によりその財産情報が開示されなかった件数は269件（既済件数の約40%）であるなど、その実効性が必ずしも十分でなく、同手続は、債務者の財産状況を調査するという制度目的を必ずしも十分に果たしているとはいえないとの指摘がされていた[8]。

また、研究者や実務家からは、従前から、財産開示手続の実効性が十分でないとの現状認識等を前提として、この制度の実効性を向上させることを求める意見が寄せられていた（執行法制研究会「民事執行制度の機能強化に向けた立法提案」（平成25年２月）や、日本弁護士連合会「財産開示制度の改正及び第三者照会制度創設に向けた提言」（平成25年６月21日）など）。

さらに、近時では、養育費の取決めが適切にされ、その履行が確保されることが子の利益の観点から重要な課題であると指摘されているところであるが、債務者の財産状況の調査に関する制度の実効性の向上が養育費の履行確保に資するとの指摘がある。例えば、平成27年12月には、閣僚級の会議である子どもの貧困対策会議が決定した「すべての子どもの安心と希望の実現プロジェクト」において、「債務名義を有する債権者等が強制執行の申し立てをする準備として債務者の財産に関する情報を得やすくするために、財産開示制度等に係る所要の民事執行法の改正を検討する。」とされ、同月25日に閣議決定された「第４次男女共同参画基本計画」では、「Ⅱ　安全・安心な暮らしの実現」の「１　貧困等生活上の困難に直面する女性等への支援」に向けた具体的な取組みの１つとして「養育費の履行を確保するため、財産開示制度等に係る所要の民事執行法の改正を検討する。」とされた。また、平成30年６月には、閣僚級の会議であるすべての女性が輝く社会づくり本部が決定した「女性活躍加速のための重点方針2018」においても、「養育費の履行を確保するため、法制審議会民事執行法部会における検討を踏まえ、第三者から債務者財産に関する情報を取得する制度を新設するなど民事執行法制の見直しを速やかに行う。」とされた。

このほか、かねてより、犯罪被害者の有する損害賠償請求権の履行確保の重要性についても指摘されているところ、一般に、犯罪被害者の中には、突然犯罪に巻き込まれ、あらかじめ加害者との接点がなく、その財産状況を知ることができないため、債権者である犯罪被害者が債務者である加害者に対

8　財産開示手続の既済事件に占める不開示（不出頭を含む）事件の割合は、制度導入当初の平成16年は約24.9％、平成17年には約27.9％であったが、その後増加し、平成26年には約43.1％、平成27年には約41.2％、平成28年には約39.9％となった。

する強制執行の申立てをすることが困難である場合があるとの問題がある。このような問題に対処する観点から、債務者の財産状況の調査に関する制度の実効性の向上が、犯罪被害者の権利実現の実効性の向上に資するとの指摘がされている。

以上のような状況を踏まえ、改正法は、債務者の財産状況の調査に関する制度の実効性を向上するため、財産開示手続の見直しを行うとともに、第三者からの情報取得手続を新設することとしている。

2　財産開示手続の見直し

改正法では、財産開示手続の申立権者の範囲を拡大し、開示義務者（債務者等）の手続違反に対する罰則を強化することにより、財産開示手続をより利用しやすく実効性の高いものとしている。

(1)　申立権者の範囲の拡大

a　改正内容

旧法197条1項柱書きは、財産開示手続の申立権者を限定しており、金銭債権についての強制執行の申立てをするのに必要とされる債務名義のうち、仮執行宣言付判決等、執行証書または確定判決と同一の効力を有する支払督促については、これらに基づいて財産開示手続を申し立てることを認めていなかった。これは、財産開示手続により債務者の財産に関する情報がいったん開示されると、後になってこれらの債務名義の対象となっている権利の存在が否定されるに至った場合であっても、当該情報が開示されなかった状態に回復することができないというこの手続の特質を考慮して、この手続の申立てをする債権者が有すべき債務名義については、暫定的な裁判所の判断である仮執行宣言付きのものを除外するとともに、金銭債権に限って債務名義性が認められている執行証書および支払督促を除外するものであった。そして、このような限定がされた背景には、財産開示手続を導入した平成15年当時においては、悪質な貸金業者が執行証書を悪用して債務者に対する不当な取立てを行っているとの指摘があり、債務名義を有する債権者に一律にこの制度の利用を認めることには慎重な意見が多かったこと等があったとされている。

しかし、その後、平成18年の貸金業法（昭和58年法律第32号）改正により貸金業者が債務者から執行証書の作成に関する委任状を取得することが全面的に禁止されるなどの措置が講じられ、貸金業者による執行証書の悪用事例が大きく減少した[9]。また、近時では、離婚した夫婦間の養育費の支払を確保するために執行証書の活用が推奨されるなど、執行証書等をめぐる社会情勢に変化がある。こうした変化に加え、理論的な側面からの指摘として、そもそも、財産開示手続は金銭債権についての強制執行の準備として行われるものであり、いずれの債務名義についてもそれにより行うことができる強制執行の内容に違いがないことに照らすと、現時点では、強制執行と財産開示手続とで、その申立てに必要とされる債務名義の種類に差を設ける合理性が乏しくなっているとの指摘もある。

そこで、改正法は、財産開示手続の申立権者の範囲を拡大することとしており、法197条１項柱書きは、金銭債権についての強制執行の申立てをするのに必要とされる債務名義であれば、いずれの種類のものであっても、これに基づいて財産開示手続の申立てをすることができることとしている。

なお、法197条１項柱書きによれば、仮執行宣言付判決等や執行証書、支払督促に基づく財産開示手続の申立てが許容されることとなる。これらの債務名義については、既判力がなく、財産開示手続の申立てがされた段階において、その対象とされている権利義務関係に争いがあることがありうる。このような場面において、債務者が財産開示手続の進行を阻止する手段として

9　平成18年の貸金業法改正（貸金業の規制等に関する法律等の一部を改正する法律（平成18年法律第115号）による改正）では、貸金業者の取立行為に対する規制の強化（同法21条）、過剰貸付の抑止のためのいわゆる総量規制の導入（同法13条の２）、執行証書作成の委任に関する規制の強化（同法20条）、無登録業者（ヤミ金）対策のための罰則の強化等（同法47条、11条）が行われ、これらの改正は平成22年までに順次施行された。

　また、株式会社日本信用情報機構等の調査によれば、借入件数が５件以上の多重債務者は、平成18年には約230万人であったが、平成28年には約10万人にまで減少したとされている。

は、控訴の提起や請求異議の訴えの提起とともに、執行停止の裁判を申し立てることが考えられる（民事訴訟法（平成８年法律第109号）403条、法36条、39条、203条等）[10]。

b　仮処分命令に基づく申立て

金銭の支払を命ずる仮処分の執行については、仮処分命令が債務名義とみなされる（民事保全法（平成元年法律第91号）52条２項等）。

旧法においては、金銭の支払を命ずる仮処分命令については、これに基づいて財産開示手続の申立てをすることができないと解されていた。仮処分命令が仮執行宣言付判決と同様に暫定的な法律関係を形成するにとどまるものだからである。

これに対して、法197条１項柱書きによれば、仮執行宣言付判決等に基づいて財産開示手続の申立てをすることができることとなるため、金銭の支払を命ずる仮処分命令についても、これに基づいて財産開示手続の申立てをすることができるようになると考えられる。

ところで、金銭の支払を命ずる仮処分の執行を含め、保全執行については、債権者に対して保全命令が送達された日から２週間を経過したときは保全執行をすることができないとされている（民事保全法43条２項）。そして、この期間遵守については、２週間以内に執行の着手があれば足り、執行が完了することまでは要しないと解されている。

10　法制審議会における調査審議の過程では、財産開示手続の申立権者の範囲の拡大に消極的な立場から、理論的には執行停止の裁判の申立ての機会があるとしても、実際には、必ずしも十分な法的知識を有しているわけではない債務者が執行停止の裁判の申立てをすることは困難ではないかとの懸念も示された。

しかし、法では、執行証書に基づく強制執行の申立てがされた場合には、執行裁判所が、その対象となっている権利関係の存否を審理することなく、債務者の財産を差し押さえることとなっており、債務者が執行証書の対象となっている権利関係を争うための一般的な救済手段としては、債務者が執行停止の裁判の申立てをすることが想定されている。そして、一般論として、このような執行停止の裁判の申立ての難易は、財産開示手続の実施決定がされた場合と、財産の差押えがされた場合とで、特段の違いがあるとはいえないと考えられる。

そのため、執行停止の裁判の申立ての難易という点は、強制執行と財産開示手続とでその申立てに必要とされる債務名義の種類に差を設ける根拠とはならないと考えられる。

どのような行為があれば「執行の着手」がされたといえるかについては、民事保全法43条２項の解釈にゆだねられるものであり、個別具体的な事案に応じて判断されるべきものであると考えられるが、例えば、法制審議会における調査審議の過程では、保全執行として代替執行や間接強制を実施する際には、申立てから授権決定等の発令までに一定の期間を要するのが通常であることを考慮して、授権決定等の申立てがされたときに執行の着手があったと解釈されていることを参考に、財産開示手続の「執行の着手」の時期については、仮処分命令に基づく財産開示手続の申立てに着目して判断すべき（財産開示手続の申立てにより「執行の着手」があったものと解すべき）であるとの考え方などが示された[11]。

c　財産開示事件の記録の閲覧等

旧法201条は、財産開示事件の記録中財産開示期日に関する部分の閲覧等の請求をすることができる者を、財産開示手続の申立てをするのに必要な債

11　金銭の支払を命ずる仮処分命令に基づく執行の期限については、これに基づく財産開示手続がされた後、これにより判明した債務者の財産に対して強制執行をすることができる期間についても問題となりうる。

この問題についても、民事保全法43条２項の解釈にゆだねられるべきものであり、個別具体的な事案に応じて判断されるべきものであると考えられるが、例えば、法制審議会における調査審議の過程では、①同項の期間制限は、各民事執行についてそれぞれ検討する必要があるとして、保全命令の送達から２週間以内に財産開示手続が実施されていたとしても、その後に当該財産開示手続により判明した財産に対する具体的な強制執行の申立ては、保全命令の送達から２週間を経過したときは、これをすることができないと解する考え方（このような考え方によれば、債権者が採りうる手段としては、当該手続により判明した財産に対し、仮差押命令の申立てをすることが考えられるほか、改めて金銭の支払を命ずる仮処分を得た上で強制執行の申立てをすることもありうる）と、②財産開示手続とこれにより判明した財産に対する具体的な強制執行は、債務名義の満足という同一の目的に向けられた連続性のある民事執行であるとして、両者の関係につきそのような評価をすることができる事案については、保全命令の送達から２週間以内に財産開示手続が実施されていれば、その後の強制執行の申立ての時点で別途この期間制限を考慮する必要はないと解する考え方などの意見が示された。

なお、定期金の支払を命ずる仮処分についての民事保全法43条２項の適用については、「仮処分命令の送達の日より後に支払期限が到来するものについては、送達の日からではなく、当該定期金の支払期限から同項の期間を起算するもの」と解されているため（最一小決平17.１.20裁判集民216号57頁）、当該債権者は、改めて仮処分の申立てをしなくても、その後に支払期限が到来するものについて、財産開示手続により判明した債務者の財産に対する強制執行の申立てをすることができることとなると考えられる。

務名義を有する債権者等に限定するものとしており、金銭債権についての強制執行の申立てに必要とされる債務名義のうち、仮執行宣言付判決等、執行証書または確定判決と同一の効力を有する支払督促については、これらに基づいて記録の閲覧等の請求をすることはできないものとしていた。

これに対して、法201条は、改正法において財産開示手続の申立権者の範囲が拡大されたことに伴い、金銭債権についての強制執行の申立てに必要とされる債務名義であれば、いずれの種類の債務名義についても、これに基づいて記録の閲覧等の請求をすることができることとしている。

(2) 罰則の強化

a 改正内容

旧法206条1項は、財産開示手続において、開示義務者（具体的には債務者またはその法定代理人もしくは代表者）が、正当な理由なく、呼出しを受けた財産開示期日に出頭せず、または財産開示期日において宣誓を拒んだ場合や、宣誓した開示義務者が、正当な理由なく陳述を拒み、または虚偽の陳述をした場合には、これらの手続違反をした者を30万円以下の過料に処することとしていた。

しかし、前述のとおり、これまでの財産開示手続の運用状況をみると、開示義務者の不出頭等により財産状況が開示されなかった事件が平成29年には既済件数の約40%にも達するなど、その実効性が必ずしも十分ではなく、その原因は、開示義務者の不出頭等に対する罰則が弱いことにあるのではないかとの指摘がされていた。このような指摘は、この場面における債務者が金銭債務の履行を怠っている者であることを踏まえれば、30万円以下の過料という金銭的な罰則のみでは、債務者に対する十分な威嚇とならないという点に着目していると考えられる[12]。

そこで、改正法は、財産開示手続における開示義務者の手続違反に対する罰則を強化することとしており、法213条1項は、その罰則を、6カ月以下の懲役または50万円以下の罰金としている[13]。

b 「正当な理由」の意義

開示義務者の手続違反が犯罪となるための構成要件について、法213条1

項5号は、開示義務者の不出頭や宣誓拒絶に「正当な理由」がないことを要求しており、また、同項6号は、宣誓した開示義務者の陳述拒絶に「正当な理由」がないことを要求している。

この「正当な理由」の有無は、個別具体的な事案に応じた裁判所の判断にゆだねられるべきものであるが、一般論としては、例えば、開示義務者が財産開示期日に出頭することができない程度の重い病気である場合や、交通機関の故障により期日に出頭することができなかった場合などには、「正当な理由」の有無が問題となりうると考えられる[14]。また、開示義務者が、債務者の財産状況に関する陳述をすることで刑事訴追を受けまたは有罪判決を受けるおそれがあると主張して、その陳述を拒んだ場合にも、個別具体的な事案における事実と証拠に基づいて、この「正当な理由」があるかどうかが判断されることとなると考えられる。

なお、開示義務者の手続違反のうち、虚偽の陳述については、「正当な理

---

12 法制審議会における調査審議の過程では、民事訴訟における証人尋問に関しては、証人の出頭を確保するため、証人が正当な理由なく出頭しないときは、裁判所が当該証人の勾引を命ずることができることを参考に、財産開示手続においても、開示義務者の出頭を確保するためにその身体拘束をすることができるものとすることも検討された。
しかし、財産開示期日前の段階で開示義務者の身体を拘束してしまうと、財産開示期日までに自己の財産状況を把握の上で整理し、正確に陳述することがかえって困難になるおそれがあると考えられる。そのため、このような身体拘束の仕組みを導入し、その結果、債務者の出頭を確保することができたとしても、その財産状況を明らかにさせることには必ずしもつながらず、財産開示手続の実効性が向上するとは限らないと考えられる。そのため、改正法では、開示義務者の出頭等を確保するためにその身体拘束を行うものとはしていない。

13 改正法は、一部の規定を除いて、公布の日（令和元年5月17日）から起算して1年を超えない範囲内において政令で定める日（令和2年4月1日）から施行することとしているが（改正法附則1条）、開示義務者の手続違反が施行日前に行われていた場合には、新たな刑事罰の規定を遡及適用することができないことから、改正法附則7条は、施行日前にした行為に対する罰則の適用については、なお従前の例によることとして、施行日前の行為に対しては従前どおり過料の制裁を科することとしている。

14 これに対して、個別具体的な事案によるところではあるが、例えば、開示義務者が法定代理人または法人の代表者である場合において、開示義務者が債務者の財産について容易に調査することができたにもかかわらずその調査をせずに財産開示期日に臨んだために、財産開示期日においてその財産の有無や所在場所等について十分な陳述をすることができなかったというときは、「正当な理由」があるとは認められないとの考え方がありうる。

由」がないことは構成要件ではない。開示義務者が虚偽の陳述をすることに正当な理由があると認められる場合は想定しえないからである。

(3) 旧法の規律が維持された事項

a 先に実施した強制執行の不奏功等の要件

旧法197条1項各号によれば、財産開示手続を実施するためには、強制執行の申立てをするための一般的な要件が備わっていることに加え、①強制執行または担保権の実行における配当等の手続（申立ての日より6カ月以上前に終了したものを除く）において、申立人が請求債権（執行債権）の完全な弁済を得ることができなかったこと（同項1号）、または、②知れている財産に対する強制執行を実施しても、申立人が請求債権の完全な弁済を得られないことの疎明があったこと（同項2号）のいずれかの要件（先に実施した強制執行の不奏功等の要件）を満たすことが必要である[15]。

先に実施した強制執行の不奏功等の要件については、財産開示手続が自らの財産状況という債務者のプライバシーや営業秘密に属する事項の開示を強制するものであるため、この手続を行う必要性が高い場合に限り、手続を実施するのが相当であることを考慮すれば、この要件を要求することには一定の合理性があると考えられるとの評価がされている一方で、法制審議会における調査審議の過程では、この要件を満たすことが必ずしも容易ではないなどとして、この要件の緩和を求める意見もあった[16]。

しかし、この要件の緩和を求める意見に対しては、旧法197条1項2号の

---

15 先に実施した強制執行の不奏功等の要件のうち、旧法197条1項1号の要件に該当しうる例としては、債務者の所有不動産、住居内動産または預金債権を差し押さえ、財産開示手続の申立日前6カ月内に配当等の手続が行われたが、その手続において請求債権額の一部についてしか配当等を受けなかった場合が挙げられる。他方で、例えば、債権差押命令の対象とされた債権等が存在しないため配当が行われない場合については、この要件に該当しないものとされている。また、同項2号の要件に該当しうる例としては、債権者に判明している債務者の財産がその住居内動産および預金債権しかなく、かつ、これらの財産をすべて差し押さえたとしても、請求債権額に照らし、その配当等の手続において全額の弁済を得られないことが明らかな場合が挙げられるが、「知れている財産」の意義について、債権者が「受動的に知っている財産だけではなく、債権者が通常行うべき調査を行って知れている財産」と解する裁判例（東京高決平17.4.27公刊物未登載）によるならば、債権者には、財産開示手続の申立てにあたって能動的な調査が一定程度求められることとなるものと考えられる。

要件に関する現在の裁判実務においては、債務者の住居所在地の不動産登記事項証明書の提出等により債務者名義の不動産が見付からないことなどが確認できれば、それで足りるとされている例が多いとされているなど、その疎明が困難であるとまではいえない状況である旨の実務上の取扱いを踏まえた指摘がされた。

このような検討の結果を踏まえ、改正法は、この点に関する実質的な改正をしておらず、法197条1項各号においても、財産開示手続の実施のための要件として、先に実施した強制執行の不奏功等の要件を要求することとしている。

b　再実施の制限期間

旧法197条3項は、財産開示手続が実施された日から3年以内は、原則としてこの手続の再実施を許さないこととし、債務者が財産開示期日の後に新たに財産を取得したときなどに限って、例外的に当該期間内においてこの手続の再実施をすることができることとしている[17]。

このような財産開示手続の再実施の制限期間を設けていることについては、債務者の負担をできる限り少なくするための合理的な規律であるとの評価もある一方で、法制審議会における調査審議の過程では、近年では資産状況の変動の頻度が高まっているという事実認識を前提として、この再実施が

---

16 「民事執行法の改正に関する中間試案」には、財産開示手続の実施要件のうち、先に実施した強制執行の不奏功等の要件を廃止し、次のような規律を設けるものとする考え方があることも注記されていた。

ア　強制執行を開始するための一般的な要件が備わっていれば、財産開示手続を実施することができるものとする。

イ　申立人に知れている財産に対する強制執行を実施すれば、請求債権の完全な弁済に支障がないことが明らかであるときは、執行裁判所は、債務者の申立てにより、財産開示手続の実施決定を取り消さなければならないものとする。

ウ　強制執行または担保権の実行における配当等の手続（申立ての日より6カ月以上前に終了したものを除く）において、請求債権の完全な弁済を得ることができなかったときは、イの取消決定をすることができないものとする。

17 旧法197条3項によれば、債務者が過去に財産開示期日においてその財産について陳述をした場合であっても、①債務者が当該財産開示期日において一部の財産を開示しなかったとき、②債務者が当該財産開示期日の後に新たに財産を取得したとき、③当該財産開示期日の後に債務者と使用者との雇用関係が終了したときには、例外的に当該期間内において財産開示手続の再実施をすることができることとされている。

制限される期間の短縮を求める意見もあった。

しかし、このような意見に対しては、主として財産開示手続の再実施が必要とされる場面は、先行する財産開示手続において判明した財産に対する強制執行をしても債権者の債権が満足されなかった場面であり、往々にして債務者が十分な資産を有していないことが想定されることから、一般に、そのような債務者が頻繁に新たに財産を取得するということは考え難い（債務者が頻繁に新たに財産を取得する現状にあるとまでは考え難い）との反論がある。また、上記のとおり、債務者が新たに財産を取得した場合等には例外的に手続の再実施をすることができることとされているため、実際に再実施が必要とされる場面では、事案に応じた柔軟な対応が可能となっている。

これらを踏まえ、改正法は、この点に関する実質的な改正をしておらず、法197条３項においても、財産開示手続の再実施の制限に関する規律を維持することとしている。

c　情報の目的外利用に対する罰則

法202条１項によれば、債権者は、財産開示手続により得られた債務者の財産または債務に関する情報を、当該債務者に対する債権をその本旨に従って行使する目的以外の目的のために利用し、または提供してはならないものとされている。そして、旧法206条２項は、この規定に違反した場合の罰則を、30万円以下の過料としている。

この過料の規律に対しては、法制審議会における調査審議の過程では、開示義務者の手続違反に対する罰則を強化することに併せて、債権者による情報の目的外利用に対する罰則についても強化してはどうかとの意見もあった。

しかし、これまでの財産開示手続の運用状況をみると、開示義務者の不出頭等は少なからず生じているのに対して、債権者による情報の目的外利用についてはそのような事案が生じているといった指摘等がとくに見当たらない。

そのため、改正法は、この点に関する実質的な改正をしておらず、法214条１項は、旧法206条２項と同内容の規律を定めている。

d　過去に処分された財産に関する情報の取得

法199条は、財産開示期日における開示義務者（具体的には債務者またはその法定代理人もしくは代表者）の陳述の時点を基準として、開示義務者に対し、その有する積極財産についての陳述義務を負わせており、過去に処分された財産については、陳述義務の対象としていない。

この規律について、法制審議会における調査審議の過程では、開示義務者に対し、過去の一定期間内に処分された財産に関する情報についても陳述義務を負わせるべきであるとの意見があった。

しかし、このような情報を陳述義務の対象に含めることは、債権者に対して強制執行の対象となりうる財産の状況を把握させるというこの制度の目的を超えるものとなるおそれがあるとの反論がされた。また、債務者の過去の財産処分に関する情報であっても、例えば、債務者が現在有する財産についての開示義務者の陳述の正確性を担保するために必要となるもののように、何らかの形で債務者が現在有する財産との間で関連性がある情報の取得は、財産開示期日における質問（法199条３項・４項）により対応することができる。

そのため、改正法は、この点に関する改正をしていない。

3　第三者からの情報取得手続の新設

改正法は、債務者の財産に関する情報を債務者以外の第三者から取得する手続（第三者からの情報取得手続）を新設することとしている。この手続の基本的な枠組みは、執行裁判所が、債務名義を有する債権者からの申立てにより、債務者以外の第三者（具体的には、登記所、市町村等、金融機関）に対して、債務者の財産（具体的には、不動産、給与債権（勤務先）、預貯金債権等）に関する情報の提供を命ずる旨の決定をし、この決定を受けた第三者が、執行裁判所に対して当該情報の提供をするというものである。

(1)　新たな手続の必要性

債務者以外の第三者から債務者の財産に関する情報を取得する制度を創設

するという考え方は、財産開示手続を創設した平成15年の民事執行法改正の際にも検討されたものの、採用されなかった。その理由としては、このような制度を創設して例えば債務者の不動産や預貯金債権等に関する情報の提供を求めようとしても、当時の我が国における登記所や金融機関の情報の管理体制を前提とすれば、各登記所に対して個別の土地または建物ごとにその所有者を照会したり、各金融機関の各支店に対して個別に債務者の預貯金口座の有無を照会したりすることができるのみであり、きわめて限定的な範囲の情報しか得られない状況にあったため、そのような制度を創設したとしても大きなメリットはないこと等が指摘されていた。こうした当時の事情を考慮して、平成15年の民事執行法改正の際には、債務者自身の陳述によりその財産に関する情報を取得する「財産開示手続」のみが創設された。

しかし、これまでの財産開示手続の運用状況をみると、前述のとおり、開示義務者の不出頭等により財産状況が開示されなかった事件が平成29年には既済件数の約40%にも達するなど、その実効性が必ずしも十分ではないとの指摘がされている。また、改正法は、財産開示手続の実効性を向上させるために手続違反に対する罰則を強化することとしているものの、そのような懲役刑を含む刑事罰による威嚇があったとしてもなお、債務者がこの手続に応じないといった事態が生ずることもありうると考えられる。そのため、債権者がより確実に債務者の財産状況を調査することができるようにするためには、債務者の財産に関する情報を、債務者以外の第三者から取得することができるような新たな制度が必要であると強く認識されるに至った。

また、近時では、金融機関や公的機関における情報の管理体制をめぐる状況が変化しており、平成15年当時とは異なり、例えば、ある金融機関の本店に対して照会をすれば、その金融機関は、そのすべての支店で取り扱われている債務者の預貯金債権に関する情報を包括的に検索した上で回答することができるようになっているなど、金融機関や公的機関が債務者の財産に関する情報をある程度包括的に回答することができるようになってきている。

改正法は、このような社会的な背景事情の変化を踏まえ、第三者からの情報取得手続を新設することとしたものである。

⑵　不動産に関する情報取得手続

a　情報取得の必要性

第三者からの情報取得手続を新設するにあたっては、この制度の対象となる第三者と情報の範囲をどのように定めるかが問題となるが、改正法では、強制執行の準備のために取得する必要性が高い情報であって、第三者に情報提供義務を課することを類型的に正当化することができるものを個別的に特定し、この制度の対象となる第三者と情報の範囲を個別的に規定することとしている。

不動産は、一般に、その価値が高く、個人および法人が広く一般的に有していることが考えられる重要な財産であることから、債権者が多額の金銭債権を有している場合等には、これを強制執行の対象とすべき場面が少なくない。ところが、不動産に対する強制執行（不動産執行）の申立てをするためには、強制執行の対象とすべき不動産を具体的に特定しなければならないにもかかわらず、現状において、債権者が債務者の所有する不動産の有無等を調査することは、必ずしも容易ではない。

そこで、改正法は、不動産に関する情報取得手続を新設することとしている（法205条）。

b　対象となる情報の内容

法205条１項は、不動産に関する情報取得手続の対象となる情報を「債務者が所有権の登記名義人である土地又は建物その他これらに準ずるものとして法務省令で定めるものに対する強制執行又は担保権の実行の申立てをするのに必要となる事項として最高裁判所規則で定めるもの」としている。

土地または建物の所有権に準ずるものとしてこの手続の対象となるべき情報の具体的な範囲については、今後、法務省令で定められることとなる。法制審議会における調査審議の過程では、例えば、地上権は、民事執行の手続においては「不動産」とみなされ、不動産執行の方法による強制執行が予定されているほか、土地または建物の所有権と同様に登記所において登記されるものであるという点で、土地または建物の所有権に準ずるものと評価することができるのではないかとの指摘がされた。他方で、この手続の対象となるべき情報の範囲を検討する上では、この手続により情報の提供を命じられることとなる登記所における情報の管理体制等を踏まえた実務上の対応能力を考慮した検討をする必要があり、この実務上の対応能力は、登記所の人的物的体制の整備状況等によって変化しうるとの指摘もされた。

また、この手続により登記所が情報の提供をすべき事項は、債務者の土地または建物等に対する強制執行または担保権の実行の申立てをするのに必要となる事項であり、これは、強制執行の申立書に記載すべき「強制執行の目的とする財産の表示」に関する事項（規則21条3号参照）に相当するものである。そこで、法205条1項は、その具体的な内容を最高裁判所規則で定めることとしており、具体的には「債務者が所有権の登記名義人である土地等の存否及びその土地等が存在するときは、その土地等を特定するに足りる事項」とされている（規則189条）。

c　情報の提供をする登記所

法205条1項は、「登記所」からの情報取得手続を定めるものであるが、小規模な登記所を含むすべての登記所において、この手続による情報の提供をするために必要な事務を処理する能力を備えるには事実上相当な困難がありうる。この観点からは、この手続により情報の提供を行う登記所を、一部の登記所に集中させることが考えられるが、各登記所の実務上の対応能力は、その人的物的体制の整備等によって変化しうるものと考えられる。

そこで、法205条1項は、不動産に関する情報取得手続の対象となる登記所（執行裁判所に情報の提供を行う登記所）を「法務省令で定める」こととしており、具体的には、東京法務局が指定されている（民事執行法第二百五条第一項に規定する法務省令で定める登記所を定める省令（令和3年法務省令第15号）参照）。

d　情報取得の要件

(a)　申立権者

まず、法205条1項は、不動産に関する情報取得手続の申立権者を、「執行力のある債務名義の正本を有する金銭債権の債権者」（同項1号下段）および「債務者の財産について一般の先取特権を有することを証する文書を提出した債権者」（同項２号下段）としている。前者の申立権者については、この申立てに必要とされる債務名義の種類に限定はなく、金銭債権についての強制執行の申立てをするのに必要とされる債務名義であれば、いずれの種類のものであっても、これに基づいてこの手続の申立てをすることができることとしている。また、財産開示手続と同様に、金銭の支払を命ずる仮処分命令についても、これに基づいて不動産に関する情報取得手続の申立てをすることができると考えられる。

(b) 強制執行開始のための一般的な要件

次に、不動産に関する情報取得手続は、強制執行の準備として行われるものであることから、強制執行を開始するための一般的な要件が備わっている必要がある。そのため、法205条１項ただし書は、執行力のある債務名義の正本に基づく申立てについては、この「執行力のある債務名義の正本に基づく強制執行を開始することができないとき」には、不動産に関する情報取得手続の申立てをすることができないこととしている。これに該当しうる例としては、債務名義の正本が債務者に送達されていない場合や、債務名義の対象となっている債権が期限付きであるにもかかわらずその期限が未到来である場合等が考えられる。

(c) 先に実施した強制執行の不奏功等の要件

また、法205条１項各号上段は、財産開示手続に関する法197条１項各号および同条２項各号と同様に、不動産に関する情報取得手続を実施するための要件として、先に実施した強制執行の不奏功等を要求している。

(d) 財産開示手続の前置

一般に、個人情報を保有する行政機関は、守秘義務（個人情報の保護義務）を負っているものと考えられ、原則として、その本来の目的とは異なる目的で他者に当該情報を提供することが制約されている（行政機関の保有する個人情報の保護に関する法律（平成15年法律第58号）８条１項等）。

ところで、登記所は、不動産登記法（平成16年法律第123号）に定める不動産登記制度の枠内で他者に情報を提供することとされており、例えば、登記所における登記記録については、「何人も」登記事項証明書の交付請求をすることができるとされているところではあるが（同法119条１項）、この交付請求は、「一筆の土地又は一個の建物ごとに」作成された登記記録（同法２条５号等参照）を対象とするものであるから、ある者が登記名義人となっている不動産を網羅した形で債務者の不動産に関する情報を提供することが、当然に許容されるというわけではないと考えられる。

もっとも、公的機関（この場面では登記所）が他者に情報の提供をする必要性が認められる場合であって、当該公的機関が債務者に対し守秘義務を負う実質的な理由が既に失われたと評価しうる（すなわち情報の提供の許容性が認められる）場合であれば、この手続により当該公的機関に情報提供義務を負わせても不当ではないと考えられる。そして、情報の提供の必要性については、前記ａのとおりであり、また、先行する財産開示手続において債務者が自己の財産に関する情報について開示義務を負うと判断された場合には、債務者は、その財産に関する情報を債権者に対して秘匿する正当な利益を有しない（すなわち情報の提供の許容性が認められる）ものと考えられる。

そこで、法205条２項は、不動産に関する情報取得手続の申立ては、「財産開示期日における手続が実施された場合（当該財産開示期日に係る財産開示手続において第200条第１項の許可がされたときを除く。）において、当該財産開示期日から３年以内に限り」することができるとして、財産開示手続の前置の規律を定めている。

このような考え方からは、この要件における「財産開示期日における手続が実施された場合」に該当するといえるためには、財産開示手続の実施決定が確定し、財産開示期日が指定され、当該期日における手続が実施されたことにより、開示義務者（具体的には債務者またはその法定代理人もしくは代表者）が現実に財産開示手続における陳述義務を果たすべき状況になったことが必要であると考えられる。例えば、財産開示期日において開示義務者がその財産に関する情報を陳述した場合のほか、財産開示期日が開かれたもののこれに開示義務者が出頭せずまたは陳述を拒んだ場合にも、「財産開示期日における手続が実施された」といえると考えられる。

そして、財産開示期日において債務者がその一部の財産に関する情報を陳述した場合のうち、法200条１項の許可の裁判をしたときは、開示義務者は残余の財産に関する陳述義務を免れることとなるから、法205条２項かっこ書は、このような場面においては財産開示手続の前置の要件を満たさない旨を規定している。

また、財産開示手続の前置の要件は、財産開示手続の申立てをした債権者と不動産に関する情報取得手続の申立てをした債権者が同一である場合のみならず、これらの申立人が異なる場合にも、満たすこととなる。

財産開示手続の前置の要件が満たされる期間を「当該財産開示期日から３年以内」としているのは、いったん財産開示手続が実施された財産開示期日において債務者の財産に関する情報が開示されると、その後３年間は、原則として財産開示手続の再実施が制限されること（法197条３項参照）を踏まえたものである。そのため、財産開示手続が１回実施されていれば、債権者は、その後３年間は、第三者からの情報取得手続の申立てをしようとする都度、改めて財産開示手続の申立てをする必要はない（複数回にわたって第三者からの情報取得手続の申立てをすることができる）が、他方で、この３年の期間が経過した後は、第三者からの情報取得手続の申立てをするためには、改めて財産開示手続を実施する必要があることとなる。

e　不服申立て等に関する規律

改正法は、不動産に関する情報取得手続の申立てについての裁判に対しては、執行抗告をすることができることとしている（法205条４項）。具体的には、まず、不動産に関する情報取得手続の申立てを却下する旨の決定がされた場合には、申立人は、この決定に対して執行抗告をすることができる。また、債務者の所有する不動産に関する情報の提供は、債務者に一定の不利益を与える可能性がありうることから、この手続の過程で債務者に対して反論の機会等を与えるため、裁判所が不動産に関する情報の提供を登記所に命ずる旨の決定をした場合には、債務者は、この決定に対して執行抗告をすることができる。そして、債務者に対してこの執行抗告の機会を実質的に保障するため、この執行裁判所の決定は債務者に対して送達しなければならないものとし（同条３項）、また、この決定は確定しなければその効力を生じないこととしている（同条5項）。

なお、法205条4項は、執行抗告をすることができる者の範囲を限定していないものの、一般に、執行抗告をすることができるのは、抗告の利益がある者に限られるとされている。そして、不動産に関する情報の提供を命ずる旨の決定がされた場合に実質的な不利益を被るのは、情報の提供を義務付けられる登記所ではなく、債務者であると考えられることを考慮すれば、この決定に対して執行抗告をすることができる者は、債務者に限られるものと解される。

f 運用開始時期

改正法は、一部の規定を除いて、公布の日（令和元年5月17日）から起算して1年を超えない範囲内において政令で定める日（令和2年4月1日）から施行することとされているが（改正法附則1条）、不動産に関する情報取得手続（法205条）については、登記所における不動産に係る情報管理体制を新たに整備することが不可欠であり、そのためには、登記情報システムの改修を含め、相当の時間を要することが予想される。そこで、改正法附則5条は、法205条1項の規定は、改正法の公布の日から起算して2年を超えない範囲内において政令で定める日（令和3年4月30日）までの間は、適用しないものとして、不動産に関する情報取得手続の実質的な導入時期を後ろ倒しにするものとしており、具体的には、令和3年5月1日からその手続の運用が開始されている（民事執行法及び国際的な子の奪取の民事上の側面に関する条約の実施に関する法律の一部を改正する法律附則第五条の政令で定める日を定める政令（令和2年政令第358号）参照）。

(3) 給与債権（勤務先）に関する情報取得手続

a 情報取得の必要性

個人が債務者であるケースでは、その最も重要な財産が給与債権であることが少なくない。ところが、給与債権に対する強制執行の申立てをするためには、第三債務者とすべき債務者の勤務先を具体的に特定する必要があるにもかかわらず、債権者にとって、債務者の勤務先を把握することは必ずしも容易ではない。

また、近時では、とくに、養育費の履行確保等の観点から、債務者の給与債権に対する差押えを容易にする方策が強く求められている。

そこで、改正法は、給与債権に関する情報取得手続を新設することとしている（法206条）。

b　対象となる公的機関と情報の内容

法206条１項は、同項１号において市町村（特別区を含む。以下同じ）からの情報取得手続を定め、同項２号において厚生年金保険の実施機関からの情報取得手続を定めている。これらの各公的機関は、市町村民税（特別区民税を含む。以下同じ）や厚生年金保険に係る事務を行うために必要な情報として、債務者の勤務先に関する情報を保有していると考えられることを踏まえたものである。

もっとも、市町村と厚生年金保険の実施機関等とでは、それぞれ、その事務の違いにより、保有している情報に違いがある。例えば、それぞれの市町村は、当該市町村に住所がある給与所得者の勤務先に関する情報を有しているが、その情報は主として給与の支払をする者から毎年１月に提出される給与支払報告書（地方税法（昭和25年法律第226号）317条の６第１項）等により得られるものであるから、ある者が当該勤務先での勤務を開始した時点と市町村がその事実を把握する時点との間には、ある程度の時間差がありうると考えられる（なお、このような点に照らし、この情報取得手続の申立てにあたっては、申立書に「債務者の特定に資する事項」（規則187条２項）として債務者の旧姓や旧住所を記載することが考えられる）。他方で、厚生年金保険の実施機関の中には、日本年金機構、国家公務員共済組合、国家公務員共済組合連合会[18]、地方公務員共済組合、全国市町村職員共済組合連合会[19]、日本私立学

18　国家公務員共済組合は、短期給付および福祉事業の実施主体であり、①衆議院共済組合、②参議院共済組合、③内閣共済組合、④総務省共済組合、⑤法務省共済組合、⑥外務省共済組合、⑦財務省共済組合、⑧文部科学省共済組合、⑨厚生労働省共済組合、⑩農林水産省共済組合、⑪経済産業省共済組合、⑫国土交通省共済組合、⑬裁判所共済組合、⑭会計検査院共済組合、⑮防衛省共済組合、⑯刑務共済組合、⑰厚生労働省第二共済組合、⑱林野庁共済組合、⑲日本郵政共済組合、⑳国家公務員共済組合連合会職員共済組合がある。国家公務員共済組合連合会は、これらの組合によって組織されており、長期給付および福祉事業をこれらの組合と共同で実施している。

校振興・共済事業団があるが[20]、これらの各機関は、それぞれ、当該機関の実施する事務に係る被保険者の情報を管理しているにすぎないため、例えば、債務者に対して厚生年金保険の実施の事務を行っておらず、債務者の情報を管理していない機関に対して情報の提供を求めたとしても、債務者の勤務先に関する情報を得ることはできず、また、債務者が厚生年金保険に加入していない者であれば、いずれの機関からもその勤務先に関する情報を得ることはできないと考えられる。給与債権に関する情報取得手続の申立てにおいては、情報の提供をすべき公的機関を具体的に選択する必要があるが、債権者がこの選択をする際には、以上のような各公的機関が保有している情報の違いを踏まえた上で、実際にどの公的機関から情報を取得することとするかを検討する必要があると考えられる。なお、事案の内容によっては、1つの申立てで、複数の公的機関を同時に選択することも考えられる。

給与債権に関する情報取得手続において、市町村が情報の提供をすべき事項は、債務者が支払を受ける給与に係る債権に対する強制執行または担保権の実行の申立てをするのに必要となる事項として最高裁判所規則で定めるもののうち、当該市町村が債務者の市町村民税に係る事務に関して知りえたものである（法206条1項1号下段）。ここでいう「給与」とは、地方税法317条の2第1項ただし書に規定する「給与」である（法152条1項2号の「給料、賃金、俸給、退職年金及び賞与並びにこれらの性質を有する給与」とは異なる）。給与に係る債権に対する強制執行または担保権の実行の申立てをするのに必

19　地方公務員共済組合（かっこ内はその主な組合員）としては、①地方職員共済組合（各道府県の職員（②、③の職員を除く）等）、②公立学校共済組合（公立学校の職員等）、③警察共済組合（都道府県警察の職員等）、④都職員共済組合（都および特別区の職員（②、③の職員を除く））、⑤指定都市職員共済組合である10個の組合（昭和57年より前に指定された政令指定都市ごとにその市の職員（②の職員を除く））、⑥市町村職員共済組合である47個の組合（都道府県ごとにその区域内の全市町村の職員（②、⑤、⑦の職員を除く））、⑦都市職員共済組合である3個の組合（それぞれ北海道都市、仙台市、愛知県都市の職員（②の職員を除く））がある。そして、全国市町村職員共済組合連合会は、このうち⑤指定都市職員共済組合、⑥市町村職員共済組合、⑦都市職員共済組合によって組織されている。

20　なお、厚生年金保険の実施機関のうち、地方公務員共済組合連合会（各地方公務員共済組合によって組織されている組合）は、組合員や年金受給権者に関する個人情報を有しているわけではないことから、第三者からの情報取得手続の対象とはなっていない。

要となる事項とは、債務者に給与の支払をする者（第三債務者）を特定するのに必要となる事項であるが、改正法は、その具体的な内容は最高裁判所規則で定めることとしており、具体的には法206条１項１号の「給与の支払をする者の存否並びにその者が存在するときは、その者の氏名又は名称及び住所（その者が国である場合にあつては、債務者の所属する部局の名称及び所在地）」とされている（規則190条１項）。

また、給与債権に関する情報取得手続において、日本年金機構等が情報の提供をすべき事項は、債務者が支払を受ける報酬または賞与に係る債権に対する強制執行または担保権の実行の申立てをするのに必要となる事項として最高裁判所規則で定めるもののうち、当該日本年金機構等が債務者の厚生年金保険に係る事務に関して知りえたものである（法206条１項２号下段）。ここでいう「報酬」または「賞与」とは、厚生年金保険法（昭和29年法律第115号）３条１項３号に規定する「報酬」または同項４号に規定する「賞与」である。報酬または賞与に係る債権に対する強制執行または担保権の実行の申立てをするのに必要となる事項についても、改正法は、その具体的な内容は最高裁判所規則で定めることとしており、具体的には法206条１項２号の「報酬又は賞与の支払をする者の存否並びにその者が存在するときは、その者の氏名又は名称及び住所（その者が国である場合にあつては、債務者の所属する部局の名称及び所在地）」とされている（規則190条２項）。

c　情報取得の要件

(a)　申立権者

まず、法206条１項は、給与債権に関する情報取得手続の申立権者を、「執行力のある債務名義の正本を有する金銭債権の債権者」のうち、その債務名義の対象となっている請求権が法「151条の２第１項各号に掲げる義務に係る請求権又は人の生命若しくは身体の侵害による損害賠償請求権」であることを要求している。

このように申立権者の範囲を限定したのは、給与債権に関する情報が第三者に開示され、債権者が給与債権を差し押さえるに至った場合には、一般に債務者の生活に与える影響が大きいと考えられることから、第三者から債務者の給与債権に関する情報の取得を求めることができるのは、その必要性がとくに高い場面に限定するのが相当であるとの考え方に基づくものである。

そして、近時では、養育費の履行が確保されることが子の利益の観点から重要な課題であると指摘されており、とくに、その強制執行の場面では、継続的かつ安定的にその取立てをすることが期待できる給与に係る債権をその対象とする必要性がとくに高いと指摘されている。養育費等の扶養義務に係る請求権に基づく強制執行を容易にするとの考え方は、平成15年の民事執行法改正および平成16年の民事執行法改正においても採用されたものである（法151条の2、152条3項、167条の15、167条の16）。そこで、法206条1項は、養育費等の扶養義務等（具体的には、民法（明治29年法律第89号）752条の規定による夫婦間の協力および扶助の義務、同法760条の規定による婚姻から生ずる費用の分担の義務、同法766条等の規定による子の監護に関する義務、同法877条から880条までの規定による扶養の義務がこれに含まれる）に係る請求権に基づいて、給与債権に関する情報取得手続の申立てをすることができることとしている。

また、近時では、生命・身体の侵害による損害賠償請求権についても、犯罪被害者等の保護の観点から、その履行確保の必要性が強く指摘されている。このような損害賠償請求権が発生する場面においては、一般に、債務者（加害者）が個人であることが多く、その重要な財産が給与債権のみであることが少なくないが、あらかじめ債務者（加害者）との接点のない債権者（犯罪被害者等）が突然犯罪に巻き込まれたという場面では、債務者（加害者）の財産状況を知ることができず、強制執行の申立てをすることが困難であることが少なくない。そこで、法206条1項は、人の生命・身体の侵害による損害賠償請求権に基づいて、給与債権に関する情報取得手続の申立てをすることができることとしている。なお、債務者（加害者）の行為により債権者がPTSDを発症するなど精神的機能の障害が認められるケースについては、身体的機能の障害が認められるケースと区別すべき理由はなく、精神的機能の障害による損害賠償請求権は、ここでいう「身体の侵害による損害賠償請求権」に含まれると解される。

(b) 強制執行開始のための一般的な要件

次に、給与債権に関する情報取得手続は、強制執行の準備として行われるものであることから、法206条1項ただし書は、「執行力のある債務名義の正本に基づく強制執行を開始することができないとき」には、給与債権に関する情報取得手続の申立てをすることができないこととしている（これに該当しうる例については、前記(2)d(b)参照）。

(c) 先に実施した強制執行の不奏功等の要件

また、法206条1項は、財産開示手続に関する法197条1項各号と同様に、給与債権に関する情報取得手続を実施するための要件として、先に実施した強制執行の不奏功等の要件を要求している。

(d) 財産開示手続の前置

一般に、市町村等は、債務者の給与債権に関する情報について債務者に対し守秘義務を負っているものと考えられ、原則として、その本来の目的とは異なる目的で他者に当該情報の提供をすることが制約されている。そのため、法206条2項は、不動産に関する情報取得手続の規定（法205条2項）を準用することで、財産開示手続の前置の規律を定めている。

d 不服申立て等に関する規律

給与債権に関する情報取得手続においても、その申立てを却下する決定がされた場合や、その申立てを認容する決定がされた場合に、当事者に反論の機会等を与える必要があることから、法206条2項は、この点についても、不動産に関する情報取得手続の規律（法205条3項から5項まで）を準用することとしている。

(4) 預貯金債権および振替社債等に関する情報取得手続

a 情報取得の必要性

預貯金債権は、個人および法人が広く一般的に有しており、換価が容易かつ確実で現金類似の性質を有しているため、金銭債権の債権者にとっては、強制執行の対象とする必要性が高い財産であるといえる。ところが、現在の裁判実務においては、預貯金債権に対する強制執行の申立てをするためには、差押えの対象とする預貯金債権の取扱店舗を具体的に特定しなければならないとされており、最高裁判所の判例においても、取扱店舗を限定せずに「複数の店舗に預金債権があるときは、支店番号の若い順序による」という順位付けをする方式（全店一括順位付け方式）による（差押債権額の割り付けをしない）差押命令の申立ては不適法であるとされている（最三小決平23.9.20民集65巻6号2710頁・金融法務事情1934号68頁）。そして、前述のとおり、近時では、各金融機関における情報の管理体制をめぐる状況が変化したことにより、ある金融機関の本店において、各支店において取り扱われている債務者の預貯金債権に関する情報を包括的に検索することが可能となっている。

また、近時、個人および法人が保有する金融資産としては、預貯金債権のみならず、上場株式や投資信託受益権等のような振替社債等も、大きな比重を占めている。そして、振替社債等についても、預貯金債権と同様に、ある振替機関の本店において、各支店において取り扱われている情報を包括的に検索することが可能となっている。

そこで、改正法は、預貯金債権および振替社債等に関する情報取得手続を新設することとしている（法207条）。

b　対象となる金融機関と情報の内容

法207条1項1号は、「銀行等」から「預貯金債権」に関する情報を取得する手続を定めている。ここでいう「銀行等」とは、我が国において預貯金の取扱いをする機関を指しており、具体的には、①銀行、②信用金庫、③信用金庫連合会、④労働金庫、⑤労働金庫連合会、⑥信用協同組合、⑦信用協同組合連合会、⑧農業協同組合、⑨農業協同組合連合会、⑩漁業協同組合、⑪漁業協同組合連合会、⑫水産加工業協同組合、⑬水産加工業協同組合連合会、⑭農林中央金庫、⑮商工組合中央金庫があるほか、郵政民営化前の郵便貯金の一部を承継している⑯郵便貯金簡易生命保険管理・郵便局ネットワーク支援機構がある（同号上段）。また、「銀行等」には、我が国に本店を設ける銀行等のほか、我が国に支店を設けて預貯金の受入れをしている外国銀行も含まれる[21]。

これらの銀行等が情報の提供をすべき事項は、債務者の当該銀行等に対する預貯金債権に対する強制執行または担保権の実行の申立てをするのに必要となる事項として最高裁判所規則で定めるものである（法207条１項１号下段）。具体的には、「同号の預貯金債権の存否並びにその預貯金債権が存在するときは、その預貯金債権を取り扱う店舗並びにその預貯金債権の種別、口座番号及び額」とされている（規則191条１項）。

また、法207条１項２号は、「振替機関等」から「振替社債等」に関する情報を取得する手続を定めている。ここでいう「振替機関等」とは、社債、株式等の振替に関する法律（平成13年法律第75号）２条５項の「振替機関等」であり、具体的には、振替機関および口座管理機関がある。「振替機関」とは、同法３条１項の規定により、社債等の振替に関する業務（振替業）を営む者としての指定を受けた者であり（同法２条２項）、現行の制度における振替機関としては、証券保管振替機構（国債以外の振替社債等を扱う振替機関）と、日本銀行（国債を扱う振替機関）がある。また、「口座管理機関」とは、同法44条の規定により社債等の振替を行うための口座を振替機関または他の口座管理機関に開設した者であり（同法２条４項）、現行の制度においては、証券会社等の金融商品取引業者や銀行等がある。「振替社債等」とは、同法

21　外国銀行の日本国内の支店で取り扱われている預貯金債権は、日本の銀行の預貯金債権と同様に、改正法による第三者からの情報取得手続の対象となる。

　これに対し、我が国に支店を設けて預貯金の受入れをしている外国銀行の外国支店で取り扱われている預貯金債権に関する情報については、当該情報の管理の実情を踏まえて判断されるべきであると考えられる。

　すなわち、改正法により新設された情報取得手続は、我が国における強制執行等の手続の準備のため、我が国の執行裁判所の決定により、銀行等（我が国に支店を設けて預貯金の受入れをしている外国銀行も含む）に対して預貯金債権に関する情報の提供を命ずるものである。そうだとすると、この手続の対象となる預貯金債権に関する情報は、我が国において管理されている情報を意味するものと解するのが相当であるとの考え方がありうる。外国で管理されている情報は、我が国で情報の提供を命じられた者において適切に検索することができるとは限らないと考えられ、また、当該情報が管理されている外国においてその情報を国外に提供することが当該外国の法令により禁止されている場合があるからである。そのため、日本国内に本店を有する銀行の外国支店で取り扱われている預貯金債権に関する情報が情報取得手続の対象となるかどうかについては、情報の提供を命じられた当該銀行が日本国内においてその情報を管理しているといえるかどうかを踏まえて判断される必要があると考えられる。

　なお、以上の考え方は、外国銀行の外国支店で取り扱われている預貯金債権に関する情報についても、基本的に同様に当てはまるものと考えられる。

２条１項各号に掲げられている社債等のうち、振替機関が取り扱うものを指しており（同法279条）、上場株式、投資信託受益権、社債、地方債、国債などがある[22]。

現行の振替制度では、一般投資家は、通常、振替機関から直接口座の開設を受けるのではなく、直接口座管理機関（振替機関から振替のための口座の開設を受けている金融商品取引業者や銀行等）または間接口座管理機関（他の口座管理機関から振替のための口座が開設されている金融商品取引業者や銀行等）から口座の開設を受け、当該口座で取引を行うものとされている。そうすると、振替機関と一般投資家との間に複数の口座管理機関が介在することがありうるが、そのような場合において、当該一般投資家の有する振替社債等に関する情報を把握することができるのは、当該一般投資家の口座が開設されている直近上位の口座管理機関のみであると考えられる。そのため、債務者の口座を直接に管理していない振替機関等に対して情報の提供を求めたとしても、適切な情報の提供は期待し難いことから、法207条１項２号下段は、これらの振替機関等が提供すべき情報については、債務者の有する振替社債等のうち、当該振替機関等の備える振替口座簿における債務者の口座に記載されまたは記録されたものに限られるものとしている。また、振替機関等が情報の提供をすべき事項については、強制執行または担保権の実行の申立てをするのに必要となる事項として最高裁判所規則で定めるものとされており、具体的には「債務者の有する振替社債等（中略）の存否並びにその振替

22　法制審議会における調査審議の過程では、預貯金債権や振替社債等のみでなく、例えば、生命保険解約返戻金請求権等の債権についても、第三者からの情報取得手続の対象に含めてはどうかとの意見もあった。

しかし、現在の実務においては、保険契約の内容等を厳密に特定することなく返戻金請求権の差押命令を発することとしているとされており、債権者は、探索的な形で返戻金請求権の差押えの申立てをすることができるので、各保険会社からの情報取得手続を設けたとしても、大きなメリットはないと考えられる。このほか、法制審議会における調査審議の過程では、生命保険契約に基づく将来の保険金の支払が債務者の生活維持のために重要な役割を果たす場面がありうるとの事実認識を前提として、返戻金請求権が差し押さえられ、生命保険契約が解約されてしまうと、他の財産（預貯金債権や振替社債等）が差し押さえられた場合と比較して、債務者に大きな不利益を与えることになりうるとの反論がされた。このような議論を踏まえ、改正法は、生命保険解約返戻金請求権に関する情報については、第三者からの情報取得手続の対象としていない。

社債等が存在するときは、その振替社債等の銘柄及び額又は数」とされている（規則191条2項）。

なお、具体的な事案において、預貯金債権等に関する情報取得手続の申立てをする際には、情報の提供をすべき銀行等や振替機関等を具体的に選択する必要がある[23]。事案によっては、債務者がどの金融機関に預貯金債権等を有しているかがわからない場合も想定しうるが、そのような場合には、債権者は、債務者が口座を開設していると予想される銀行等や振替機関等を複数選択して同時に申立てをするなどの工夫をすることが考えられる。

c　情報取得の要件

(a)　申立権者

まず、法207条1項は、「執行力のある債務名義の正本を有する金銭債権の債権者」が預貯金債権等に関する情報取得手続の申立てをすることができることとしている。この申立てに必要とされる債務名義の種類に限定はなく、金銭債権についての強制執行の申立てをするのに必要とされる債務名義であれば、いずれの種類のものであっても、この手続の申立てをすることができる。また、同条2項は、「債務者の財産について一般の先取特権を有することを証する文書を提出した債権者」もこの手続の申立てをすることができることとしている。

(b)　強制執行開始のための一般的な要件

次に、預貯金債権等に関する情報取得手続は、強制執行の準備として行われるものであることから、法207条1項ただし書は、「執行力のある債務名義の正本に基づく強制執行を開始することができないとき」には、預貯金債権

23　法制審議会における調査議論の過程では、債務者の預貯金債権に関する情報取得の方法として、例えば、一般社団法人全国銀行協会を通じてすべての銀行から網羅的に情報を収集することを求める意見もあった。この意見は、債務者がどの銀行等に預貯金債権を有しているかがわからなければ、債権者が、どの銀行等に対して情報の提供を求めるかを特定することが困難であるとの問題意識を踏まえたものと思われる。

しかし、一般社団法人全国銀行協会は、各銀行の預貯金債権に関する情報を保有しているわけではなく、それ以外にも、すべての銀行等のあらゆる預貯金債権に関する情報を集約している機関は我が国に存在しない。そのため、情報の提供を求める銀行等を特定することなく、債務者の預貯金債権に関する情報を取得しうる制度を設けることは、現状ではきわめて困難であると考えられる。

等に関する情報取得手続の申立てをすることができないこととしている（これに該当しうる例については、前記⑵d⒝参照）。

⒞　先に実施した強制執行の不奏功等の要件

また、法207条1項および2項は、財産開示手続に関する法197条1項各号および同条2項各号と同様に、預貯金債権等に関する情報取得手続を実施するための要件として、先に実施した強制執行の不奏功等の要件を要求している。

⒟　財産開示手続の前置

預貯金債権等に関する情報取得手続においては、不動産に関する情報取得手続や給与債権に関する情報取得手続と異なり、その実施のために、財産開示手続の前置は要求されていない。これは、預貯金債権等は、通常、その処分が容易であることから、財産開示手続を先に実施すべきものとすれば、その間に債務者によって隠匿等されてしまうおそれがある点で、特別な配慮が必要であることが考慮されたものである。

d　不服申立て等に関する規律

法207条3項は、預貯金債権等に関する情報取得手続において、その申立てを却下する決定がされた場合には、申立人が執行抗告をすることができることとしている。

これに対して、預貯金債権等に関する情報取得手続においては、不動産に関する情報取得手続や給与債権に関する情報取得手続と異なり、その申立てを認容する決定に対する執行抗告の規律は設けられていない。預貯金債権等は、通常、その処分が容易であることから、この手続が実施されている間に債務者によって隠匿等されてしまわないようにする必要があることが考慮されたものである。

⑸　手続に関するその他の規律

a　管　　轄

法204条は、第三者からの情報取得手続の管轄について、第一次的には、債務者の普通裁判籍の所在地を管轄する地方裁判所が管轄するものとし、この普通裁判籍がないときは、債務者の財産に関する情報の提供を命じられるべき者の所在地を管轄する地方裁判所が管轄するものとしている。

b　申立ての際の債務者の特定

第三者からの情報取得手続の申立てにおいて、債権者は、対象となる債務者を特定する必要がある。

この特定の具体的な方法については、最高裁判所規則で定められており、第三者からの情報取得手続の申立書には、他の民事執行手続の申立て（強制執行の申立書の記載事項につき規則21条1号参照、財産開示手続の申立書の記載事項につき規則182条1項参照）と同様に、「債務者」の氏名または名称および住所を記載しなければならないとされている（規則187条1項1号）ほか、情報の提供を命じられる第三者における調査の便宜を考慮して、これらの情報に加えて、「できる限り、債務者の氏名又は名称の振り仮名、生年月日及び性別その他の債務者の特定に資する事項を記載しなければならない」とされている（同条2項）。債務者の特定に資する事項の記載を欠いた申立てがされた場合には、仮に執行裁判所が情報の提供を命ずる旨の決定をしたとしても、第三者において債務者の同一性を確認することができないために債務者の財産に関する情報の提供をすることができないこととなりかねないからである。

ところで、債務者が転居により住所を変更したことがある場合には、例えば、情報の提供を命じられた金融機関において、債務者が預貯金口座を開設した際の過去の住所のみが登録されており、現在の住所のみによっては必要な情報を検索することができないこともありうる。そのような事態を防ぐための工夫としては、申立書における債務者の特定の際に、現在の住所のみならず、過去の住所をも併記することが考えられる。その際には、申立書に併記された住所に住んでいた者と債務者が同一人物であるかどうかが問題となりうることから、その同一性を確認するために必要な資料（例えば、住民票の写しや戸籍の附票の写し等）を添付する必要があると考えられる。

同様に、債務者が婚姻等により改姓している場合には、第三者において旧姓のみが登録されており、現在の氏名のみによっては必要な情報を検索することができないこともありうる。そのようなことが想定される場合には、申立書に債務者の旧姓を併記するとともに、その同一性を確認するために必要な資料を添付することが考えられる。

c　申立てに必要な費用等

第三者からの情報取得手続の申立てをするためには、他の民事裁判手続と同様に、申立手数料を納めなければならず（民訴費用法３条）、民訴費用法別表第１の16の項は、その額を1000円としている。この申立手数料は、１回の申立てで複数の第三者からの情報の提供を求める場合であっても、１件分の1000円を納めれば足りると考えられる。

また、第三者からの情報取得手続の申立ての際には、決定書等の送付等に要する郵券を納めなければならない（法14条１項、民訴費用法11条１項１号）。この郵券の額は、対象となる情報の種類や第三者の数に応じて変わりうると考えられる。

このほか、改正法は、預貯金債権等に関する情報取得手続においては、裁判所の決定により命ぜられた情報の提供をした銀行等や振替機関等が、最高裁判所が定める額の報酬および必要な費用を請求することができることとしているため（民訴費用法28条の３）、この手続の申立ての際には、情報の提供を求める銀行等や振替機関等の数に応じて、この報酬および必要な費用に相当する額を納めなければならない（法14条１項、民訴費用法11条１項１号）。この報酬および必要な費用の額は、法207条１項１号に規定する事項について情報の提供をした場合、同項２号に規定する事項について情報の提供をした場合についてそれぞれ2000円とされている（民訴費用規則８条の３）。

なお、法211条によれば、第三者からの情報取得手続の費用で必要なもの（執行費用）は、債務者の負担となる（法42条１項の準用）。

d　情報の提供を命ずる旨の決定の効力

法205条から207条までの規定により情報の提供を命じられた第三者は、債務者の財産に関する情報の提供をすべき義務を負うこととなり、法令または契約により守秘義務を負っていることを理由としてその情報の提供を拒絶することはできない。

なお、法には、第三者の回答拒絶や虚偽回答に対する制裁の規定は設けられていない。

e　第三者による情報の提供の方法等

法208条１項は、第三者による情報の提供の方法について、執行裁判所に対し、書面でしなければならない旨を定めている。その上で、同条２項は、執行裁判所に対して第三者による情報の提供がされたときは、最高裁判所規則で定めるところにより、執行裁判所が、申立人に回答書の写しを送付し、かつ、債務者に対し、当該情報の提供がされた旨を通知しなければならないこととしている。

これを受けて、最高裁判所規則においては、情報の提供をすべき第三者が、執行裁判所に対する回答の際に、同時に回答書の写しを提出しなければならないとされているが、当該第三者が執行裁判所の事務手続に協力する観点から申立人に回答書の写しを発送したときは、執行裁判所に回答書の写しを提出する必要はないとされている（規則192条）[24]。そして、申立人が当該第三者から回答書の写しを受領したときは、執行裁判所から重ねて回答書の写しを申立人に送付する必要はないとされている（同条２項）[25]。

また、法208条２項により債務者に対する通知をすべき時期については、個別具体的な事案に応じた執行裁判所の運用にゆだねられることとなるが、債務者による財産の隠匿等を可能な限り防止するため、基本的には、この手続により情報を取得した債権者が強制執行の申立てをするのに相当な期間が経過した後とするのが相当であると考えられる[26]。

24　第三者から申立人に直接回答書の写しを送付するといった取扱いについては、債権執行事件における第三債務者の陳述に関する運用が参考になると考えられる。債権執行事件においては、裁判所書記官から陳述の催告を受けた第三債務者は、差押えに係る債権の存否等を書面で陳述しなければならないとされているが（法147条１項、規則135条）、例えば、東京地方裁判所民事執行センターでは、陳述書を２通作成してもらい、１通は執行裁判所に書留郵便により送付し（これは事件記録に綴られる）、他の１通は差押債権者に直接普通郵便により郵送するよう第三債務者に協力を求めており、差押命令正本を第三債務者に送達する際に、差押債権者宛ての封筒をも同封する取扱いをしているとのことである。

25　なお、民事訴訟規則（平成８年最高裁判所規則第５号）47条３項によれば、裁判所が当事者の提出に係る書類の相手方への送付をしなければならない場合（送達をしなければならない場合を除く）において、当事者がその書類について直送をしたときは、その送付は、することを要しないこととされている。

f　記録の閲覧等の制限

民事執行手続においては、利害関係を有する者は、事件の記録の閲覧等をすることができるのが原則であるが（法17条）、第三者からの情報取得手続において得られた債務者の財産に関する情報については、その情報に含まれる秘密の保護にとくに配慮する必要があると考えられる。そこで、法209条は、これらの情報に関する部分についての閲覧等の請求をすることができる者の範囲を限定することとしている。具体的には、第三者からの情報取得手続に係る事件の記録中、不動産および預貯金債権等に関する情報の提供に関する部分については、申立人、債務者に対する金銭債権について執行力のある債務名義の正本を有する債権者、債務者の財産について一般の先取特権を有することを証する文書を提出した債権者、債務者および当該情報の提供をした者が閲覧等の請求をすることができることとし（同条1項）、給与債権に関する情報の提供に関する部分については、申立人、扶養義務等に係る請求権または人の生命もしくは身体の侵害による損害賠償請求権について執行力のある債務名義の正本を有する債権者、債務者および当該情報の提供をした者が閲覧等の請求をすることができることとしている（同条2項）。

g　情報の目的外利用の制限

法210条は、債権者は、第三者からの情報取得手続において得られた債務者の財産に関する情報を、当該債務者に対する債権をその本旨に従って行使する目的以外の目的のために利用し、または提供してはならないこととしており、法214条2項は、この規定に違反した場合の罰則を、30万円以下の過料としている。

「債権をその本旨に従って行使する目的」の有無は、最終的には個別具体的な事案に応じた裁判所の判断にゆだねられるべき事項であるが、一般論としては、例えば、当該債務者に対する債権を請求債権として、財産開示手続

26　法制審議会における調査審議の過程では、執行裁判所が債務者に対して通知をする具体的なタイミングについては、最終的には個別具体的な事案に応じた執行裁判所の運用にゆだねられるべき事項であるが、例えば、銀行等からの回答の内容を債権者に送付した日から1カ月後とすべきとの考え方や、8週間後とすべきとの考え方などが示された。

で把握した債務者の財産に対する強制執行の申立てをする場面が典型例であり、このほか、債務者についての倒産手続に関する申立てをする場面もこれに含まれうると考えられる。他方で、例えば、債務者に対する新規融資の可否の判断や新たな担保の取得の際の情報の利用は、「債権をその本旨に従って行使する目的」には含まれず、目的外利用として禁止されうると考えられる。

h　強制執行に関する規律の準用

法211条は、第三者からの情報取得手続について、強制執行および担保権の実行の規定のうち執行費用の負担の規定（法42条（２項を除く））や執行停止の規定（法39条、40条、182条および183条）を準用することとしている。

第３章

不動産競売における暴力団員の買受けの防止

1　改正の必要性

旧法には、買受けの申出をした者が暴力団員であることのみを理由として不動産の買受けを制限する規律は設けられていない。これは、これまでの改正の際には、競売実務において悪質な競売ブローカーが一般人の競売場への入場を妨害するなどの行為を繰り返していたという実情があったことから、まずはこれを是正し、一般の不動産取引と同様の自由かつ公正な競争環境を整えることに主眼が置かれたためである。

しかし、その後の社会情勢をみると、近時では、公共事業や企業活動等からの暴力団排除の取組みが官民を挙げて行われており、民間の不動産取引の分野においても、暴力団排除の措置が講じられるようになっている。例えば、平成23年10月までにすべての都道府県において暴力団排除条例が施行されており、それらの条例の内容は都道府県によって異なるものの、おおむね、都道府県が暴力団排除のための基本的施策等を講ずるものとされているほか、暴力団員に対する利益供与の禁止や、取引の相手方が暴力団員でないことを確認する努力義務に関する規律が設けられている。また、民間の不動産取引に関しては、平成23年に、宅地建物取引関係や不動産開発関係の業界団体（全国宅地建物取引業協会連合会を含む５団体）において、暴力団排除のために不動産取引の契約書に盛り込むべきモデル条項が策定されている。そして、銀行取引に関しても、平成20年以降、一般社団法人全国銀行協会において、銀行取引約定書等に盛り込むべき暴力団排除条項に関する参考例が公表されている。

これらの官民における取組みと異なり、旧法においては、暴力団員が不動産競売において不動産の買受けをすること自体を禁止する規定がなかったことから、不動産競売で売却された不動産が暴力団事務所として利用されるに至っている事例が生じているところであり、警察庁が平成29年に行った調査によると、全国にある約1700カ所の暴力団事務所のうち、不動産競売で売却された経歴のある不動産が利用されている件数は約200件（約11.8％）であるとされている。また、暴力団員が、不動産競売において買い受けた物件の転売により高額な利益を得た事例等があるとの指摘もされている。

このような状況を踏まえ、不動産競売における暴力団員の買受け防止の必要性が認識されるに至り、平成20年３月25日に閣議決定された「規制改革推進のための３か年計画（改定）」では、「反社会的勢力が一般企業を装ったり、その関係者・代理人等を通じて物件を競落し、転売するなど、競売制度を利用して資金を獲得しているという実態がある」ことが指摘された上で、「法務省、警察庁において、関係機関との密接な連携の下に、反社会的勢力やその関係者における不動産競売への介入に対する問題点と有効な対策について検討を開始し、できる限り早期に結論を得る」とされた。また、平成25年12月10日に閣議決定された「「世界一安全な日本」創造戦略」においても、「４　社会を脅かす組織犯罪への対処」として、「不動産競売・公売への暴力団の参加防止等の方策について検討する」とされた。

このような暴力団排除のための法の見直しの必要性は、日本弁護士連合会

「民事執行手続及び滞納処分手続において暴力団員等が不動産を取得することを禁止する法整備を求める意見書」（平成25年６月21日）においても指摘されていた。

以上のような状況を踏まえ、改正法は、不動産競売における暴力団員の買受けを防止するため、制度の見直しを行っている。これにより、暴力団員が不動産競売において不動産を買い受けることができなくなれば、民間における暴力団排除の取組みと相まって、暴力団への不動産の供給源を断つことに寄与することができ、市民生活の平穏の確保につながるものと考えられる。

2　買受け制限の対象となる者の範囲

⑴　暴力団員および元暴力団員

まず、改正法は、暴力団員による不当な行為の防止等に関する法律（平成３年法律第77号）２条６号に規定する暴力団員による買受けを制限することとしている。同号によれば、「暴力団員」とは、暴力団の構成員のことであり、また、同条２号によれば、「暴力団」とは、その団体の構成員（その団体の構成団体の構成員を含む）が集団的にまたは常習的に暴力的不法行為等を行うことを助長するおそれがある団体のことである。

また、改正法は、暴力団員でなくなった日から５年を経過しない者（以下「元暴力団員」といい、暴力団員と元暴力団員を併せて「暴力団員等」という）による買受けを制限することとしている。これは、現に暴力団員である者の買受けを制限しただけでは元暴力団員による買受けを通じた暴力団への不動産の供給がされるおそれがあること等を考慮したものである。元暴力団員の範囲を暴力団員でなくなった日から「５年」を経過しないものと定めたのは、免許の欠格要件等を定めている他の法令（宅地建物取引業法（昭和27年法律第176号）等）における元暴力団員の取扱いのほか、暴力団事務所として利用されている不動産の中には、暴力団員でなくなってから３年以上５年未満の者によって不動産競売を通じて買い受けられたものがあるとの指摘があることを踏まえたものである。

⑵　暴力団員等が役員である法人

改正法は、法人でその役員のうちに暴力団員等に該当する者があるものによる買受けを制限することとしている。これは、近時では暴力団がいわゆるフロント企業を介して活動範囲を拡大しているとの指摘や、不動産競売においては法人が買受人となる場合が多いとの指摘がされていることを考慮すれば、暴力団への不動産の供給源を断つという目的を達成するためには、暴力団との関連性があるということができる法人による買受けを制限する必要があるからである。

法人の「役員」の具体的な範囲については、その法人の種類に応じて、その業務の執行等に係る権限の有無といった観点から、当該法人の設立根拠法等の内容を踏まえた解釈により判断されることとなるものと考えられる。

⑶　他者の計算による買受けに対応するための規律

改正法は、自己の計算において最高価買受申出人に買受けの申出をさせた者が、暴力団員等または法人でその役員のうちに暴力団員等に該当する者があるもののいずれかである場合には、その買受けを制限することとしている。暴力団への不動産の供給源を断つという目的を達成するためには、暴力団員が第三者を利用して不動産の買受けをすることを防ぐ必要があるからである。

一般に、第三者の「計算において」不動産の買受けの申出をするとは、第三者から不動産の取得資金の提供を受けて当該第三者のために買受けの申出をする場合のように、不動産を取得することによる経済的損益が実質的に当該第三者に帰属していることを意味するものである。暴力団員等や暴力団員等が役員である法人の「計算において」買受けの申出をしたといえるか否かは、個別具体的な事案に応じた執行裁判所の判断にゆだねられるところであるが、例えば、暴力団員Ａが当初からその不動産を取得する意図のもとで、自分のいうことを聞く暴力団員ではないＢに指示をし、ＢがＡの提供した資金を用いて買受けの申出をした場合や、暴力団員Ａが、知人で暴力団員ではないＢとの間で、いったんＢにその資金で買受人になってもらうものの、買受けの直後に、ＡがＢから不動産を代金額と同額で譲り受ける旨の合意をし、Bがその合意を前提として買受けの申出をした場合については、暴力団員等や暴力団員等が役員である法人の「計算において」買受けの申出をしたと認定することが可能であると考えられる。

⑷　制限対象者の定義

以上に対して、改正法は、例えば、暴力団のいわゆる「準構成員」や、「暴力団員と生計を一にする親族」という概念を用いて、これに該当する者につき買受け制限の対象とすることはしていない。また、「暴力団員等が実質的に支配している法人」という概念を用いて、これに該当する法人につき買受け制限の対象とすることもしていない。これは、これらの者に該当するか否かについては、様々な事情を総合的に考慮して判断する必要があり、迅速性が要求される不動産競売手続の過程でその判断資料を得ることは、現在の実務上困難であると考えられるからである。

もっとも、法によれば、前述のとおり、これらの者が、暴力団員等や暴力団員等が役員である法人の計算において買受けの申出をした場合には、その買受けが制限されることとなる。

3　手続の全体像

不動産競売における一般的な方法である期間入札の手続の流れは、おおむね、①買受けの申出をしようとする者が入札書を執行官に提出する方法により入札をし、②執行官が開札期日において有効な入札をした者の中から最高価買受申出人を決定し、③執行裁判所が売却決定期日において売却の許可・不許可を判断するというものである。

改正法は、このような手続の流れの過程で暴力団員の買受けを防止する仕組みを導入することとしており、その全体像は、次のとおりである。すなわち、①買受けの申出をしようとする者が入札書を執行官に提出する方法により入札をする際に、暴力団員等に該当しないこと等を陳述し（法65条の２）、②執行官が開札期日において有効な入札をした者の中から最高価買受申出人を決定した後、執行裁判所が最高価買受申出人について、暴力団員等に該当するか否か等について都道府県警察へ調査の嘱託をし（法68条の４）、③執行裁判所が、都道府県警察から得られた回答等を踏まえ、売却決定期日において売却の許可・不許可の判断をする（法71条５号）というものとなっている。

もっとも、このような枠組みを前提とすると、とくに、①買受けの申出をしようとする者が、入札の際に虚偽の陳述をすることで、このような執行裁判所の判断による買受け制限の手続を妨害するといったことも想定されうる。そこで、改正法は、そのような事態に備えて、虚偽陳述に対する罰則を設けることで、買受けの申出をしようとする者の陳述の真実性を確保することとしている（法213条１項３号）。

4　買受けの申出の際の陳述

(1)　暴力団員等に該当しないこと等の陳述

法65条の２は、不動産競売における買受けの申出をするためには、買受けの申出をしようとする者が暴力団員等に該当しないこと等を陳述しなければならないこととしている。陳述の対象となるのは、前記２で概説した買受け制限の対象となる者の範囲に対応しており、まず、同条１号は、①買受けの申出をしようとする者が個人であれば、その者が暴力団員等に該当しないこと、②買受けの申出をしようとする者が法人であれば、その役員に暴力団員等が含まれていないことの陳述を要求する趣旨である。また、同条２号は、買受けの申出をしようとする者が、他者の計算において買受けの申出をしようとしている場合に関して、③当該他者が個人であれば、当該他者が暴力団員等に該当しないこと、④当該他者が法人であれば、その役員に暴力団員等が含まれていないことの陳述を要求する趣旨である。

これらの陳述は、買受けの申出をしようとする者が自ら行わなければならないのが基本であるが、買受けの申出をしようとする者に法定代理人がある場合には、その法定代理人が、買受けの申出をしようとする者（本人）が暴力団員等に該当しないこと等を陳述しなければならないこととしている。また、買受けの申出をしようとする者が法人である場合には、その代表者が、当該法人の役員が暴力団員等に該当しないこと等を陳述しなければならないこととしている。

この陳述の具体的な方法については、最高裁判所規則で定められており、所定の事項を記載した陳述書を提出することとされている（規則31条の2、38条7項、49条等）。また、この陳述をするにあたって、宣誓をする必要はない。

ある者がこの陳述をせずに買受けの申出をした場合は、当該買受けの申出は無効なものとして取り扱われるものと解され、執行官は、この陳述をしていない者を最高価買受申出人と定めることはできないものと考えられる。

⑵　虚偽の陳述に対する制裁

法213条1項3号は、法65条の2の規定により陳述すべき事項について虚偽の陳述をした者に対し、6カ月以下の懲役または50万円以下の罰金に処することとしている[27]。

この虚偽陳述の罪の構成要件は、法65条の2の規定により陳述すべき事項について虚偽の陳述をしたことである。同条の規定により陳述すべき事項とは、買受けの申出をしようとする者（またはその役員）が暴力団員等に「該当しない」こと等であるため、例えば、真実は暴力団員ではない者が、「暴力団員である」との陳述をして買受けの申出をしたとしても、この構成要件には該当しないこととなる。なお、法213条1項3号は、他の罰則規定の適用を否定する趣旨のものではないため、例えば、暴力団員等が、競売手続において、暴力団員等に該当しない旨の虚偽の陳述をして不動産を買い受けるに至った場合において、詐欺罪（刑法（明治40年法律第45号）246条）や強制

27　法制審議会における調査審議の過程では、虚偽の陳述をした者に対する制裁として、虚偽の陳述をした者は、買受けの申出の際に法66条の規定により提供した保証の返還を請求することができないものとするとの考え方についても議論がされた。

しかし、このような考え方に対しては、刑事罰と保証の不返還の制裁を二重に科することは過度な制裁であり不相当であるとの指摘がされたほか、保証の不返還の制裁を科するにあたっては買受けの申出をした者の故意を認定する必要があるが、迅速な進行が要請される競売手続の過程において、執行裁判所がそのような認定をすることは困難であるとの指摘もされた。そのため、改正法では、保証の不返還の制裁を設けることとはしていない。

執行関係売却妨害罪（同法96条の４）の構成要件に該当する場合には、これらの罪も成立しうるものと考えられる。

5　売却不許可事由の審査

⑴　売却不許可事由

法71条５号は、競売手続の過程において執行裁判所の判断により暴力団員の買受けをあらかじめ排除するため、最高価買受申出人が暴力団員等に該当すること等を売却不許可事由として定めている。具体的には、最高価買受申出人または自己の計算において最高価買受申出人に買受けの申出をさせた者が、①暴力団員等（買受けの申出がされた時に暴力団員等であった者を含む）または②法人でその役員のうちに暴力団員等に該当する者があるもの（買受けの申出がされた時にその役員のうちに暴力団員等に該当する者があったものを含む）のいずれかに該当すると認めるときは、執行裁判所は、売却不許可決定をしなければならないこととなる。

なお、競売手続の過程において暴力団員の買受けをあらかじめ排除する仕組みということであれば、このような仕組みのほか、例えば、入札から開札期日までにおいて、入札した者のすべてを対象として、暴力団員等に該当するか否か等を判断するという仕組みも考えられないではない。しかし、そのような仕組みは、その対象者の数がきわめて多数となって著しい手続の遅延を招くおそれ等がありうることから、改正法は、開札期日の後に、最高価買受申出人のみを対象として、暴力団員等に該当するか否か等を審査する枠組みを採用している。

この売却不許可事由の有無については、どの時点での最高価買受申出人の属性を判断するかが問題となるところであり、例えば、買受けの申出時には暴力団員等ではなかった者が、売却決定期日までの間に新たに暴力団の構成員となったというような事例や、買受けの申出時には暴力団員でなくなった日から５年を経過していなかったものの、その後の時間の経過により、売却決定期日の時点では暴力団員でなくなった日から５年を経過していたことが判明するといった事例も想定しうるところであるが、法71条５号は、①買受けの申出時と②売却決定期日のいずれかの時点において、最高価買受申出人が、買受け制限の対象となる者に該当すること等の事由があると認められれば、執行裁判所は売却不許可の判断をすべきこととしている。

(2) 売却不許可事由の有無の判断資料

a 最高価買受申出人に関する資料の収集

法68条の４第１項は、執行裁判所が、最高価買受申出人（法人である場合はその役員）が暴力団員等に該当するか否かを判断するために、原則として、都道府県警察に調査の嘱託をしなければならないとしている。これは、法71条５号に定める売却不許可事由の有無を適切かつ迅速に判断するためには、そのような判断を可能とする資料の存在が必要だからである。そして、都道府県警察は、暴力団に関する専門的知見を有しており、現に、関係機関等からある者が暴力団員等に該当するか否か等の照会がされた場合における回答の実績を有していることから、都道府県警察が有する知見を利用することが適切であると考えられる。

この調査の嘱託に対する回答の信用性についての評価は、個別具体的な事案に応じた執行裁判所の判断にゆだねられるべきものである。一般論としては、暴力団に関する都道府県警察の専門的な知見等に照らせば、その回答には相応の信用性があると考えられるが、執行裁判所は、その内容に必ずしも拘束されるものではなく、必要に応じて、現況調査報告書等の記録を参照するほか、最高価買受申出人（またはその役員）に対する審尋や、都道府県警察への再度の調査の嘱託等の証拠調べを行うこともできるものと考えられる。そして、執行裁判所は、これらによって得られた資料を総合考慮して、最高価買受申出人（またはその役員）が暴力団員等に該当するか否かを判断することになると考えられる[28]。

都道府県警察に調査の嘱託をするためには、最高価買受申出人（またはその役員）を特定するための事項として、その氏名（振り仮名）や住所、生年月日、性別に関する情報が必要となると考えられる。これらの事項を明らかにするための方法については、最高裁判所規則で定められており、規則31条の２（規則49条、38条７項等において準用する場合を含む）は、買受けの申出の際に提出すべき陳述書において、これらの事項を記載することとしている。

b　他者の計算による買受けの申出がされた場合の資料の収集

最高価買受申出人が他者の計算において買受けの申出をした場合には、最高価買受申出人（またはその役員）の暴力団員等への該当性に加えて、当該他者（またはその役員）の暴力団員等への該当性を判断する必要がある。そのため、法68条の４第２項は、執行裁判所は、自己の計算において最高価買受申出人に買受けの申出をさせた者があると認める場合には、同条１項の規定による調査の嘱託に加えて、当該買受けの申出をさせた者（またはその役員）についても、原則として、都道府県警察に調査の嘱託をしなければならないとしている。

この調査の嘱託をするためには、自己の計算において最高価買受申出人に買受けの申出をさせた者（またはその役員）を特定するための事項が必要となると考えられる。これらの事項を特定するための方法についても、前記ａと同様に、最高裁判所規則で定められている（規則31条の２、38条７項、49条等）。

28　法制審議会における調査審議の過程では、専ら競売手続の円滑性を確保する観点から、執行裁判所は、①警察から最高価買受申出人が暴力団員等に該当する旨の回答が寄せられた場合にのみ、（必要に応じて証拠調べを行った上で）暴力団員等に該当するか否かの実質的な判断をして売却の許可または不許可の決定をすることとし、②暴力団員等に該当しない（該当するとは認められない）旨の回答が寄せられた場合には、直ちに（ほかに売却不許可事由のない限り）売却許可決定をするという片面的な審査の枠組みを構想する考え方についても、議論がされた。

しかし、このような考え方に対しては、暴力団員等に該当するか否かは事実認定の問題にほかならず、このような考え方に基づく規律は法制的にも異例なものであるとの指摘がされたほか、現実的には、警察が暴力団員等に該当するとは認められない旨の回答をした場合に、さらに執行裁判所が暴力団員等への該当性の実質的な審査を行う必要があるというべき事案はまれであり、このような考え方に基づく規律を設けなくても、競売手続の円滑性を害することとはならないのではないかといった指摘がされた。

そのため、改正法では、このような考え方に基づく片面的な審査の枠組みを設けることとはされていない。

c　調査の嘱託の省略

最高価買受申出人が暴力団員等に該当しないと認めるべき事情がある場合には、都道府県警察に調査の嘱託をする必要性が乏しいと考えられる。そのため、法68条の4第1項ただし書は、このような場合には、執行裁判所が、この調査の嘱託をせずに売却不許可事由の有無を判断することができることとしている。最高価買受申出人が暴力団員等に該当しないと認めるべき事情がある場合については、最高裁判所規則で定められており、具体的には、許認可等を受けようとする者（その者が法人である場合にあっては、その役員）が暴力団員等に該当しないことが法令において要件とされている許認可等のうち最高裁判所が指定するものを受けて事業を行っている者である場合とするものとされている（規則51条の7）。そして、この最高裁判所が指定する許認可等については、宅地建物取引業法3条1項の免許および債権管理回収業に関する特別措置法（平成10年法律第126号）3条の許可が該当するものとされている（令和2年最高裁判所告示第1号参照）。

また、法68条の4第2項ただし書は、自己の計算において最高価買受申出人に買受けの申出をさせた者が暴力団員等に該当しないと認めるべき事情がある場合についても、同様に、調査の嘱託を省略することができることとしている。

⑶　売却の許可・不許可の決定に対する不服申立て

売却の許可または不許可の決定に対しては、その決定により自己の権利が害されることを主張するときに限り、執行抗告をすることができることとされている（法74条1項）。

このため、例えば、最高価買受申出人が暴力団員に該当するとして、執行裁判所が売却不許可決定をした場合において、当該売却不許可事由がないことを理由に執行抗告をすることができる者としては、当該最高価買受申出人のほか、債権回収という強制執行の目的が不達成になるという不利益を被る差押債権者が該当するものと考えられる。他方で、債務者は、積極的に売却を求めることができる地位にはなく、売却不許可決定により債務者の権利が害されるとはいえないことから、執行抗告をすることはできないものと考えられる。

また、執行裁判所が売却許可決定をした場面において、最高価買受申出人が暴力団員等に該当すること等を理由として執行抗告をし、売却不許可を求めることができるか否かも問題となりうる。この問題については、個別具体的な事案に応じた執行裁判所の判断にゆだねられることとなるが、例えば、債務者については、①競売手続の開始または続行をすべきでない場合（法71条1号）のほか、②売却手続に瑕疵がなければより高額で売却される見込みがある場合において、売却許可決定に対する執行抗告をすることができることとされている。これを踏まえると、仮に、暴力団員である最高価買受申出人に対し売却許可決定がされたとしても、このような事情が売却の価格を低下させる方向に働くとは通常考え難いため、債務者は、売却許可決定に対して執行抗告をすることはできないものと考えられる。

(4) 売却不許可決定がされた後の手続

最高価買受申出人が暴力団員等であることを理由として売却不許可決定がされた場合には、売却の手続をやり直すこととなるが、どこまで手続を遡るべきかが問題となる。

この点については、例えば、最高価買受申出人が不動産を買い受ける資格を有しなかった場合など当該売却自体の瑕疵により売却不許可となった場合における取扱いと同様に、解釈にゆだねることとしている。そこで、期間入札の場合を例とすれば、①再度、入札期間を定め、入札をやり直すことが考えられるほか、②当初の入札までの手続を前提に再度開札期日を開くこととし、入札までやり直すこととはしないこともありうるものと思われる。なお、期間入札において執行官が無効な入札をした者を最高価買受申出人と定めたとして売却不許可決定がされ、これが確定した場合に、当初の入札までの手続を前提に再度の開札期日を開くこととした執行裁判所の判断に違法がないとされたものがある（最三小決平26.11.4裁判集民248号39頁）。

6　不動産競売以外の競売手続への適用

法65条の２、68条の４および71条５号は、不動産強制競売に適用されるほか、担保不動産競売にも準用される（法188条）。そして、工場財団のように特別法により不動産とみなされる権利（工場抵当法（明治38年法律第54号）14条等）や、不動産競売に関する規定の適用において不動産とみなされる登記された地上権等の権利（法43条２項）についても、改正法の規律により、その競売手続における暴力団員の買受けが制限されることとなる[29]。

他方で、船舶執行に関しては、現時点では、暴力団に対して船舶の供給源を断つ必要性を示す立法事実が見当たらない。そのため、法121条は、不動産競売に関する規定のうち、不動産競売における暴力団員の買受け防止の方策のために新たに設けられた法65条の２、68条の４および71条５号の規定については、船舶執行には準用しないこととしている。また、動産執行においても同様に、暴力団員の買受けを制限する規律は設けられていない。

7　経過措置

改正法は、一部の規定を除いて、公布の日（令和元年５月17日）から起算して１年を超えない範囲内において政令で定める日（令和２年４月１日）から施行することとしているが（改正法附則１条）、施行日前に売却の手続が開始されていた場合に暴力団員の買受け防止の規定をすべからく遡及適用すると、例えば、数多くの事件において当初は有効であった買受けの申出が遡って無効となってしまうなど、買受けの申出をした者等の利害関係者に対して不測の損害を与え、その売却の手続の安定性を害するおそれがある。そこで、改正法附則２条は、施行日前に裁判所書記官が売却実施処分をした場合における当該処分の手続については、法65条の２および68条の４（これらを

29　このほか、改正法附則11条は、企業担保法（昭和33年法律第106号）の一部を改正し、企業担保権の実行手続においても暴力団員の買受けを防止することとしている（同法50条および63条）。

準用し、またはその例による場合を含む）の規定は適用しないこととし、また、この場合における売却不許可事由については、法71条（これを準用し、またはその例による場合を含む）の規定にかかわらず、なお従前の例によることとしている。

第4章

国内の子の引渡しの強制執行に関する規律の明確化

1　改正の必要性

旧法には、子の引渡しの強制執行について固有の明文規定が設けられていなかった。これは、旧法の制定当時においては、子の引渡しに関する請求権の性質についての考え方が必ずしも明確でなく、その強制執行の方法について、間接強制のほかに子の所在を直接的に変更するような強制執行の方法によることがそもそも許されるかどうかについての解釈が分かれていたためであると指摘されている。すなわち、子の引渡しの強制執行に関しては、間接強制のみが許されるとする見解（間接強制説）、直接強制が可能であるとする見解（直接強制説）、意思能力のない子に対してのみ直接強制を認める見解（折衷説）などが対立しており、かつての実務は間接強制説に立ち、子の引渡しの直接強制が申し立てられた場合にはこれを却下する例もあった。

もっとも、このような実務にはその後の変化がみられ、従来の実務では、子の引渡しの強制執行については、間接強制の方法のほか、動産の引渡しの強制執行に関する法169条を類推適用して、執行官が、債務者による子の監護を解いて債権者に子を引き渡す直接強制の方法によっても行われている。このような子の引渡しの直接強制の事件数は、平成29年の既済件数が107件であり、このうち強制執行が完了したものが35件（約33%）、強制執行が不能となったものが46件（約43%）、取下げが26件（約24%）であった。

このような現状に対しては、子の引渡しを命ずる裁判の実効性を確保するとともに、子の心身に十分な配慮をするなどの観点から、明確な規律を整備すべきであるとの指摘がされていた。また、国際的な子の返還の強制執行については、平成25年に制定されたハーグ条約実施法の中で規律が整備されたため、国内の子の引渡しの強制執行に関する規律を明確化する必要性がより強く意識されるに至っていた。

以上のような状況を踏まえ、改正法では、子の引渡しの強制執行に関する規律を明確化するための見直しがされた。

2　子の引渡しの強制執行の手続の全体像

法174条１項は、子の引渡しの強制執行は、執行裁判所が決定により執行官に子の引渡しを実施させる直接的な強制執行の方法（同項１号）と、義務の履行まで一定の金員の支払を命ずる間接強制の方法（同項２号）のいずれかにより行う旨を定めている。

このうち、上記の直接的な強制執行の方法とは、具体的には、「執行裁判所が決定により執行官に子の引渡しを実施させる方法」であり、その手続の流れは、おおむね、①債権者から執行裁判所に対してこの方法による強制執行の申立てがされ、②これを受けた執行裁判所が（これを実施するための要件が満たされていると判断した場合には）、執行官に、債務者による子の監護を解くために必要な行為をすべきことを命ずる旨の決定をし、③執行官が、この決定に基づき、債権者の申立てにより、執行の場所に赴き、債務者による子の監護を解いて、その場所に出頭している債権者（またはその代理人）に子を引き渡すというものである。

なお、現行法上、直接強制が執行官を執行機関とするものであることを踏まえると、執行裁判所を執行機関とする改正法による直接的な強制執行の法的性質については、最終的には解釈にゆだねられるところではあるものの、直接強制とは異なる執行方法ということができるものと考えられる。もっとも、改正法は、この直接的な強制執行について、執行裁判所を執行機関として、その決定により執行官に子の引渡しを実施させる方法としている一方で、ハーグ条約実施法134条1項のように法171条の規定によるものとはせずに、代替執行に関する規定を準用するものとしている。そのため、改正法による子の引渡しの直接的な強制執行は、代替執行ではないが、これに類似する執行方法（民法414条1項本文の「その他の方法による履行の強制」に当たりうるもの）として整理することができるものと考えられる。

3　間接強制と直接的な強制執行の関係

法においては、金銭の支払を目的としない請求権のうち、直接強制ないし代替執行によることができる請求権に関する強制執行の方法については、債権者の選択により直接強制ないし代替執行と間接強制のいずれの申立てをすることもできることとされている（法173条1項）。これを踏まえれば、子の引渡しの強制執行についても、債権者は、直接的な強制執行の申立てをするか間接強制の申立てをするかを自由に選択することができ、その申立ての順序には制約がないものとするのが基本的な考え方になると考えられる。子の引渡しの強制執行に関する従来の実務においても、このような考え方に基づき、直接強制と間接強制のいずれの方法による強制執行を行うかについては、基本的に、債権者の選択にゆだねられている。

また、前提として、子の引渡しを命ずる債務名義がある場合には、裁判所における実体審理を経て子の引渡しが正当と判断された以上は、これを迅速に実現することが子の利益に資すると考えられる。

しかし、子の引渡しの強制執行に関しては、強制執行が子の心身に与える負担を最小限にとどめる観点から、できる限り、債務者に自発的に子の監護を解かせることとなる間接強制の方法によることが望ましい。このため、（間接強制を実施することなく）直接的な強制執行を選択することができるのは、相応の必要性が認められる場合に限るべきであると考えられる。他方で、間接強制を実施しても債務者が子の監護を解く見込みがあるとは認められない場合や、子の急迫の危険を防止するため直ちに直接的な強制執行をする必要がある場合にまで、一律に間接強制を必ず先行して実施すること（間接強制の前置）を要求すると、運用が硬直的になると考えられる。

そこで、法174条２項では、子の引渡しの直接的な強制執行の申立ては、①（債権者の選択により間接強制が先行して実施された場合を念頭に）間接強制の決定が確定した日から２週間を経過したとき（当該決定において定められた債務を履行すべき一定の期間の経過がこれより後である場合にあっては、その期間を経過したとき）、②間接強制を実施しても、債務者が子の監護を解く見込みがあるとは認められないとき、③子の急迫の危険を防止するため直ちに強制執行をする必要があるときのいずれかに該当するときでなければすることができないこととしている。

どのような場合にこれらの要件を満たすかについては、個別具体的な事案に応じた執行裁判所の判断にゆだねられるが、一般論として、②の要件に該当しうるものとしては、例えば、債務名義を得た債権者が、債務者との間で、任意での引渡しを求める交渉をした際などに、債務者が、たとえ裁判所から間接強制金の支払を命じられたとしても、絶対に引渡しには応じない旨を述べたり、債権者からの連絡に一切応じず無視し続けるといった態度を示したりして、子の引渡しに応じない意思を明確にしているような場合等が挙げられると考えられる。また、一般論として、③の要件に該当しうるものとしては、例えば、債務者が子を虐待している場合や、債務者が、強制執行から逃れようとして、住居を定めず子を連れて転々とするなど、子の生命または身体の安全等に反する不適切な監護をするおそれがあることが推認される場合等が挙げられると考えられる。

4　執行裁判所における手続

(1)　管　　轄

子の引渡しの直接的な強制執行を管轄する執行裁判所について、法174条５項は、法171条２項の規定を準用することとしており、具体的には、債務名義の区分に応じ、確定判決、審判等の裁判や上級裁判所において成立した和解または調停に基づく申立てについては第1審裁判所が、和解または調停（上級裁判所で成立した和解および調停を除く）に基づく申立てについてはその和解等が成立した地方裁判所または家庭裁判所が管轄することになる。そのため、例えば、家庭裁判所における判決、家事審判または審判前の保全処分において子の引渡しが命じられた場合や、家庭裁判所における家事調停において子の引渡しを内容とする調停が成立した場合には、これらに基づく子の引渡しの直接的な強制執行は、当該家庭裁判所が管轄することとなる。

⑵ 債務者の審尋

子の引渡しの直接的な強制執行の申立てがされた場合に、執行裁判所が適切にその要件の充足性を判断することができるようにするためには、基本的には、債務者に主張立証の機会を与える必要があると考えられる。そこで、法174条3項では、執行裁判所が執行官に子の引渡しを実施させる旨の決定をする場合には、原則として、債務者を審尋しなければならないこととしている。

他方で、「審尋をすることにより強制執行の目的を達することができない事情があるとき」にまで債務者の審尋を要求するのは相当でないことから、法174条3項ただし書では、そのような事情がある場合には、例外的に債務者を審尋しないで決定をすることができることとしている。

どのような場合にこの要件を満たすかについては、個別具体的な事案に応じた執行裁判所の判断にゆだねられるが、一般には、例えば、債務者が子を虐待しているなど、子に急迫した危険があるときや、債務者の審尋をすることにより債務者が子の所在場所を変更するなど適正かつ迅速な強制執行の実施を妨げる行為をするおそれがあるとき等が挙げられると考えられる。

⑶ 実施決定の内容等に関する規律

執行裁判所は、子の引渡しの直接的な強制執行の申立てに理由があると認めるときは、執行官に子の引渡しを実施させる旨の決定（実施決定）をすることとなるが、この決定の内容について、法174条4項は、執行裁判所が、執行官に対し、債務者による子の監護を解くために必要な行為をすべきことを命ずるものとしている。

そして、法174条５項は、この実施決定をする場合について、子の引渡しの直接的な強制執行における費用が最終的に債務者の負担となることを前提に、法171条４項の規定を準用することとしており、具体的には、執行裁判所は、執行官に子の引渡しを実施させる旨の決定をする場合には、申立てにより、債務者に対し、執行官が当該決定に基づく行為をするために必要な費用をあらかじめ債権者に支払うべき旨を命ずることができることとしている。

なお、法174条６項は、子の引渡しの直接的な強制執行の申立ておよび費用前払決定の申立てについての裁判に対しては、執行抗告をすることができることとしている。

5　執行官の権限等

(1)　執行官の役割と権限の概要

子の引渡しの直接的な強制執行において、執行官は、執行裁判所の決定に基づき、債務者による子の監護を解くために必要な行為を行うこととなるが、この「必要な行為」について、法175条１項は、執行官が、①債務者に対する説得を行うことのほか、必要に応じ、②債務者の住居等への立入りおよび子の捜索を行うとともに、閉鎖した戸を開くため必要な処分をすること（同項１号）、③債権者等と子や債務者を面会させること（同項２号）、④債務者の住居等に債権者等を立ち入らせること（同項３号）ができることとしている。このほか、執行官は、債務者が説得に応じずに抵抗する場合には、債務者や第三者の抵抗を排除するために威力を行使したり、警察上の援助を求めたりすることができることとされている（法６条参照。なお、威力の行使については後記(4)参照）。

(2)　執行実施のための条件

a　原則（債権者本人の出頭）

国内の子の引渡しの強制執行について改正法による改正前の規律（直接強制の方法による）を前提としたこれまでの実務では、旧ハーグ条約実施法140

条3項の規定を参考に、執行の場所で子が債務者とともにいる場合（いわゆる「同時存在」の場合）でなければ、直接強制を実施することができないという運用がされている。このような運用がされているのは、債務者が不在の場で執行を行うものとすると子が事態を飲み込むことができずに不安を覚えるおそれがあること等を考慮したものとされている。

しかし、実務では、このような運用を前提として、債務者が子を祖父母に預けるなどして意図的に同時存在の状況を回避しようとする事案のほか、債務者側が執行の場所で執行官による説得等に応じずに激しく抵抗するといった事案が少なからず存在しており、また、執行の場所で子が債務者から、どちらの親と生活をしたいか、意見を述べるよう迫られるなど、同時存在を要するものとすることが子の心身に過度な負担を与えるような状況を生じさせているとの指摘がされている。実際に、平成29年に子の引渡しの直接強制が行われた事件のうち、強制執行が不能になったものの割合は約43%にも達しているが、その執行不能の原因については、債務者の不在や抵抗を理由とするものが執行不能事件のうちの約4割を占めているとされている。

そこで、法においては、旧ハーグ条約実施法140条3項のような規定を設けないこととし、このような子と債務者の同時存在の要件は不要とした上で、債務者の不在により子が執行の場所で不安を覚えることがないよう、法175条5項において、原則として債権者本人の出頭を要求することとしている。このような規律を明確にすることで、これまでは債務者の不在や抵抗を理由として執行不能とせざるをえなかった事案において、子の引渡しの直接的な強制執行の実効性が相当程度高まるものと考えられる。

b　例外（債権者の代理人の出頭）

債権者が、例えば、病気や事故に伴う入院等のやむをえない事情により、執行の場所に出頭することができない場合に、一切の例外なく強制執行をすることができないこととすると、子の引渡しの実現という目的に照らし、過度に硬直的な運用となりうるものと考えられる。他方で、債権者が執行の場所に出頭することができない場合であっても、子と親密な関係を築いている親族等が債権者に代わって出頭すれば、子が不安を覚えることを避けることができるものと考えられる。

そこで、法175条6項は、債権者本人が執行の場所に出頭することができない場合であっても、債権者の代理人が債権者に代わってその場所に出頭することが、当該代理人と子との関係、当該代理人の知識および経験等の事情に照らして子の利益の保護のために相当と認められるときは、執行裁判所の決定に基づき、例外的に、当該代理人が当該場所に出頭したときでも、子の引渡しの直接的な強制執行を実施することを認めることとしている。

ここでいう「当該代理人の知識および経験」については、執行の場所において子を安心させるために必要な知識および経験（例えば、当該子の好きな物についての知識やこれまでに当該子と接触してきた経験など）を有しているかどうかを考慮することが想定されている。

どのような者を「代理人」とすべきであるかについては、個別具体的な事案に応じた執行裁判所の判断にゆだねられるが、基本的には子との同居や交流経験のある親族のように、子との間に一定の精神的なつながりがある者である必要があるものと考えられる。そのため、結果として、例えば、当該子の養育実績のある親族（祖父、祖母等）が選ばれることが多くなるのではないかと考えられる。

(3) 執行の場所に関する規律

法175条1項は、子の引渡しの直接的な強制執行は、基本的には債務者の住居等の債務者の占有する場所において実施することとした上で、同条2項は、執行官がそれ以外の場所で強制執行をするためには、①執行官が、子の心身に及ぼす影響、当該場所およびその周囲の状況その他の事情を考慮して相当と認めるときでなければならず、②当該場所の占有者の同意またはこの同意に代わる執行裁判所の許可を要することとしている。

①の相当性の要件については、個別の事案における具体的な事情に基づいて執行官により判断されるものであるが、一般に、執行の場所およびその周囲の状況等に照らして、第三者の目に触れる可能性など子のプライバシーや心身への影響が少ないと認められる場合等がこれに当たるものと考えられるほか、例えば、子の祖父母の自宅等がその典型例として想定されうる。他方

で、保育所・幼稚園や学校において強制執行を実施することは、一般論としては可能であるといいうるが、他の園児や学童の目に触れる可能性や、子のプライバシーや心身への影響等の具体的事情を考慮してもなお相当と認められることが必要であり、仮に相当と認められる場合であっても、保育所・幼稚園や学校の管理者の同意を得ることが必要となるため、実際上は、これらの場所で強制執行が実施されることは余り想定されないものと考えられる。また、公道や公園において強制執行をすることも、一般論としては可能であるといいうるが、そのためには、自動車の通行等に伴う危険の有無・程度のほか、近隣の者の目に触れる可能性や、子のプライバシーや心身への影響等の具体的事情を考慮して、相当と認められることが必要となるため、これらを十分に踏まえた運用が必要であると考えられる。

②の占有者の同意が要求されるのは、法に基づく子の引渡しの直接的な強制執行においては、執行官に対し、執行の場所への立入りや閉鎖した戸の解錠等をする権限を認めて子の引渡しを実施させることとなるところ、このような執行官による権限の行使は、執行の場所の占有者の財産権等の侵害を伴うものと考えられるからである。このことからすれば、公道のように、通常は強制執行によって財産権等を侵害されるおそれのある特定の占有者が存在しない場所においては、占有者の同意は、そもそも問題とならないものと考えられる。

もっとも、債務者の占有する場所以外の場所における強制執行において、常にその場所の占有者の同意を要することとすると、諸事情により当該占有者の同意が得られない場合には、執行不能となってしまうこととなる。しかし、債務者が祖父母に子を預けるなどした結果、その場所が子の住居となっているような場合には、その場所で強制執行を行う必要性がとくに高いものと考えられる。そこで、法175条３項は、子の住居が債務者の占有する場所以外の場所である場合において、当該場所の占有者の同意が得られない場合であっても、執行裁判所は、債務者と当該場所の占有者との関係、当該占有者の私生活または業務に与える影響その他の事情を考慮して相当と認めるときは、債権者の申立てにより、当該占有者の同意に代わる許可をすることができることとして、子の引渡しの直接的な強制執行を実施可能なものとしている。どのような場合にこの要件を満たすかについては、個別具体的な事案に応じた執行裁判所の判断にゆだねられるが、例えば、子が債務者によって祖父母の自宅に預けられ、そこで生活しているような場合であって、強制執行が実施されても祖父母の生活に重大な悪影響がないとき等には、この要件を満たしうると考えられる。

なお、法175条４項は、執行官が、同意に代わる許可を受けて債務者による子の監護を解くために必要な行為をするときは、その職務の適正を保障する観点から、職務の執行にあたり、当該許可を受けたことを証する文書を提示しなければならないこととしている。

⑷　威力の行使に関する規律

法６条１項は、執行官は、職務の執行に際し抵抗を受けるときは、その抵抗を排除するために、威力を用いることができることとしているところ、法175条８項は、その例外として、まず、執行官は、子に対して威力を用いることはできないこととしている。なお、ここでいう「威力」とは、人の意思を制圧する程度の有形力の行使をいい、一切の有形力の行使が禁止されるわけではないものと考えられ、具体的には、子が口頭で拒絶の意思を示していても、身体的な抵抗までは示さないという場合において、例えば、執行官が子の手を引いたり肩を押したりするなどして子を誘導することは、子の意思を制圧しない程度の有形力の行使として許されるものと考えられる。

また、執行官は、原則として、子以外の者（債務者等）に対しては威力の行使をすることができるが、子以外の者に対する威力の行使であっても、その事実上の影響が子に及ぶような場合に無制限に威力の行使を認めることとすると、子の心身に有害な影響を及ぼすおそれがある。そのため、法175条８項は、子以外の者に対して威力を用いることが子の心身に有害な影響を及ぼすおそれがある場合には、例外的に、執行官が当該子以外の者に対しても威力の行使をすることができないこととしている。

⑸　執行の場所における指示

法175条９項は、執行官が、債務者による子の監護を解くために必要な行為をするに際し、債権者またはその代理人に対し、必要な指示をすることができることとしている。

6　執行裁判所および執行官の責務（子の心身への配慮）

子の引渡しの直接的な強制執行の場面においては、その過程で子の心身に負担が生じうることから、法176条は、執行裁判所および執行官の責務として、当該強制執行が子の心身に有害な影響を及ぼさないように配慮しなければならないこととしている。この規定は、個別の事案に応じ、児童心理の専門家を執行補助者等として活用するなど、これまでの執行実務において行われてきた子の心身の負担に配慮した様々な工夫や、それを実現するための執行官と執行補助者等との適切な連携に向けた工夫といった運用を一層促す趣旨で設けられたものである。

この「配慮」の具体的な内容については、個別の事案に応じた運用にゆだねられるところではあるが、法制審議会における調査審議の過程を踏まえれば、例えば、執行を実施するための執行裁判所と執行官との事前の打合せにおいて、①児童心理の専門家を執行補助者として立ち会わせることの要否を吟味すること、②実際に児童心理の専門家を立ち会わせるとして、執行官、専門家の役割分担、子への声掛けの順序、子を安心させるための話題、現場にいる債務者への説得事項や方法等について、綿密な打合せを行うこと、③執行の現場において、子の心理状態をよく見極めながら債権者側と債務者や子とを対面させるタイミングに意を払うこと、④執行官が債務者に対する説得を行っている際には、児童心理の専門家が子の相手をするなど臨機応変に対応しつつ、子の心理の平穏を保つための工夫を行うことなどが考えられる。

とくに、子の引渡しの直接的な強制執行が子の心身に有害な影響を及ぼさないように配慮をするにあたっては、児童心理の専門家を活用することが有用であると考えられるところであり、これまでの執行実務においても、既済事件のうちの約６割の事件において、児童心理の専門家が執行補助者等として執行の現場に立ち会っているとのことであるが、子の心身への配慮について定めた法176条の趣旨に照らせば、このような執行実務における運用は、今後も継続し発展していくことが期待されるところである（なお、法制審議会における調査審議の過程を踏まえれば、この規定は、「子の引渡しを実現するに当たつては」と定めているとおり、執行裁判所や執行官が子の引渡しを実現しようとする上で所要の配慮をすべき旨を定めるものと考えられるため、この規定は、例えば、子の引渡しの実現に向けて個別具体的な事案に応じた運用上の工夫をしないことを正当化するものではないと考えられる)。

なお、児童心理の専門家の関与については、これを義務的なものとするとの考え方もありうるが、これに対しては、専門家の確保を図ろうとすることで、強制執行の手続の実施時期が結果として後ろ倒しになる可能性があることや、専門家の立会いに要する費用が当事者の負担となること等を踏まえて検討する必要があると考えられる。そのため、改正法では、個別の事案に応じた柔軟な対応を可能とする観点から、児童心理の専門家の関与を義務付けることまではしていない。

7　経過措置

改正法は、一部の規定を除いて、公布の日（令和元年5月17日）から1年を超えない範囲内において政令で定める日（令和2年4月1日）から施行することとしている（改正法附則1条)。

そして、改正法は、国内の子の引渡しの強制執行に関する規定（法174条から176条まで）を新設することとしているが、改正法による改正前の子の引渡しの直接的な強制執行は、動産の引渡しの強制執行に関する規定を類推適用することによって行われてきたところであり、両者の手続にはその手続の骨格や申立ての要件等の点で差異がある。そのため、施行日前に申し立てられた子の引渡しを目的とする請求権についての強制執行の事件について改正法による改正後の規定を遡及適用すると、当事者に不測の損害を与え、手続の安定性を害するおそれがある。そこで、改正法附則4条は、法174条から

176条までの規定は、施行日前に申し立てられた子の引渡しを目的とする請求権についての強制執行の事件については、適用しないこととしている。

第5章

国際的な子の返還の強制執行に関する規律の見直し

1　改正の必要性

ハーグ条約は、国境を越えた子の不法な連れ去り等をめぐる事案を解決するための国際的な協力の枠組みとして、締約国間で協力し、子を常居所地国である締約国に返還するための手続等を定めるものであり、ハーグ条約実施法は、我が国においてこの条約を実施するために、子の返還手続等を定めるため、平成25年に制定されたものである。そして、ハーグ条約実施法第4章は、子の返還を命ずる裁判の実効性を担保する観点から、「子の返還の執行手続に関する民事執行法の特則」を設けており、この特則によれば、子の返還の強制執行は、具体的には、間接強制の方法（法172条）や代替執行の方法（法171条）によって行われることとなる。

平成25年のハーグ条約実施法の制定過程では、衆議院法務委員会および参議院法務委員会の附帯決議において、「政府は、本法の施行後、当分の間、一年ごとに、国境を越えた子の連れ去り事案の実態及び本法の運用実態を調査、検証し、その内容を国会に報告するとともに公表すること。また、本法の施行後三年を目途として、本法の施行の状況について検討を加え、その結果に基づいて必要な措置を講ずること」とされた。そして、ハーグ条約実施法が施行された平成26年4月以降の運用状況をみると、平成31年3月末までの5年間に、決定や調停等により我が国から外国に子を返還することが確定したものが42件あり、うち34件について既に子の返還が実現している。

他方で、平成26年4月から平成31年3月末までの間にハーグ条約実施法に基づく代替執行が実施された事案は、７件あるが、このうち６件については執行不能により、残り１件については取下げにより終了している（つまり、代替執行により子の返還が実現した例は０件であった）。このため、我が国における子の返還の手続については、その強制執行について効果的な手段がないとの指摘がされていた。例えば、日本弁護士連合会「ハーグ条約実施法の見直しに関する意見書」（平成29年２月17日）やハーグ条約の実施に関する外務省領事局長主催研究会の「参加有識者による議論のとりまとめ」（同年４月）においては、子の返還の強制執行の手続に関し、①間接強制の前置については、返還決定の確定後に債務者が任意に子を返還しないときは、たとえ間接強制を用いたとしても任意の履行は期待することができない場合も多いのが現実である、②子が債務者とともにいる場合に限って解放実施をすることができるとする、いわゆる同時存在の原則については、債務者が子と同時に存在しないように画策すれば結果的に執行不能とすることも可能となるため、強制執行を事実上妨げる目的で利用されるおそれがある上、子が高葛藤の場面に直面し、かえって子の福祉を害するおそれもある等の指摘がされた。なお、米国国務省が2018年５月に公表した「国際的な子の連れ去り問題についての年次報告書2018」では、我が国がハーグ条約について「不履行のパターンを示す国」に分類されており、その具体的な問題点として、①連れ去り親（債務者）の住居において子と債務者がともにいる場合に限って執行官による強制執行をすることができるとされていることや、②強制執行の手続に長時間を要していることなどが指摘されていた（2019年５月、2020年５月および2021年４月に公表された各年次報告書では、我が国は「不履行のパターンを示す国」に分類されていない）。

また、ハーグ条約２条は、同条約の目的の実現を確保するため、締約国がすべての適当な措置をとり、その際、利用可能な手続のうち最も迅速なものを用いる旨を規定しているが、法に基づく国内の子の引渡しの直接的な強制執行の手続は、旧ハーグ条約実施法の強制執行に関する規律よりも迅速な手続となることが見込まれうる。

以上を踏まえ、改正法は、ハーグ条約実施法に基づく国際的な子の返還の強制執行に関する規律を見直し、これを法に基づく国内の子の引渡しの強制執行に関する規律と同内容のものとすることとしている。

2 間接強制と直接的な強制執行の関係（間接強制前置の見直し）

前記**第4章3**のとおり、法においては、金銭の支払を目的としない請求権のうち、直接強制ないし代替執行によることができる請求権に関する強制執行の方法については、債権者の選択により直接強制ないし代替執行と間接強制のいずれの申立てをすることもできることとされているが、旧ハーグ条約実施法136条は、強制執行が子の心身に与える負担を最小限にとどめる観点から、できる限り、債務者に自発的に子の監護を解かせる間接強制の方法によることが望ましいとの考え方に基づき、子の返還の代替執行の申立てをするための要件として、一律に、それに先立つ間接強制の実施を要求していた。

もっとも、①間接強制を実施しても債務者が子を返還する見込みがあるとは認められない場合や、②子の急迫の危険を防止するため直ちに子の返還の代替執行をする必要がある場合にまで、一律に間接強制の前置を要求すると、運用が硬直的になると考えられる。また、ハーグ条約２条は、同条約の目的の実現を確保するため、締約国がすべての適当な措置をとり、その際、利用可能な手続のうち最も迅速なものを用いる旨を規定しているところであるが、前記**第4章3**のとおり、法に基づく国内の子の引渡しの直接的な強制執行の手続は、間接強制の前置を一律には要求していない点で、旧ハーグ条約実施法の代替執行の手続よりも迅速な手続となることが見込まれうる。

そこで、ハーグ条約実施法136条は、国際的な子の返還の代替執行の申立ての要件を、法174条２項と同内容のものとしており、間接強制の前置を不要とすることとしている。

3　解放実施のための条件（同時存在の見直し）

旧ハーグ条約実施法140条3項は、子の返還の代替執行においては、執行の場所で子が債務者とともにいる場合（いわゆる「同時存在」の場合）でなければ、執行官が債務者による子の監護を解くために必要な行為（解放実施）をすることができないこととしていた。これは、債務者が不在の場で執行を行うものとすると子が事態を飲み込むことができずに不安を覚えるおそれがあること等を考慮したものとされている。

しかし、このような子と債務者の同時存在を要求することに対しては、実務において、債務者が、子を祖父母に預けるなどして意図的に同時存在の状況を回避しようとする事案のほか、債務者側が執行の場所で執行官による説得等に応じずに激しく抵抗するといった事案が少なからず存在しており、また、執行の場所で子が債務者から、どちらの親と生活をしたいか、意見を述べるよう迫られるなど、同時存在を要するものとすることが子の心身に過度な負担を与えるような状況を生じさせているとの指摘がされるなどしていた。

そこで、ハーグ条約実施法140条1項は、法175条の規定を準用することとして、このような子と債務者の同時存在の要件は不要とした上で、債務者の不在により子が執行の場所で不安を覚えることがないよう、原則として債権者本人（子の返還申立事件の申立人）の出頭を要求することとしている。また、ハーグ条約実施法140条1項において準用する法175条6項は、債権者本人が執行の場所に出頭することができない場合であっても、債権者の代理人が債権者に代わってその場所に出頭することが、当該代理人と子との関係、当該代理人の知識および経験等の事情に照らして子の利益の保護のために相当と認められるときは、執行裁判所の決定に基づき、例外的に、当該代理人が当該場所に出頭したときでも、執行官が債務者による子の監護を解くために必要な行為（解放実施）をすることを認めることとしている（「当該代理人の知識および経験」の意義等については、前記**第4章5(2)b**参照）。

なお、ハーグ条約実施法に基づく国際的な子の返還の代替執行においては、債務者に代わって常居所地国に子を返還する者である「返還実施者」が指定され（旧ハーグ条約実施法138条）、執行官が債務者による子の監護を解くために必要な行為（解放実施）を行う際には、返還実施者が執行の場所に出頭しなければならないとされている（国際的な子の奪取の民事上の側面に関する条約の実施に関する法律による子の返還に関する事件の手続等に関する規則（平成25年最高裁判所規則第5号）88条2項）。そのため、ハーグ条約実施法に基づく子の返還の代替執行においては、債権者以外の者が返還実施者に指定された場合には、原則として、債権者および返還実施者の双方が執行の場所に出頭する必要があることとなる。

4　その他の規律の見直し

(1)　債務者の審尋に関する規律の見直し

旧ハーグ条約実施法に基づく代替執行の手続は、法171条の規定により行われるため、子の返還を実施させる決定（旧ハーグ条約実施法138条）をするためには、例外なく、債務者を審尋しなければならないとされていた（法171条3項）。

しかし、子に急迫した危険があるときなど、「審尋をすることにより強制執行の目的を達することができない事情があるとき」にまで債務者の審尋を要求するのは相当でないことから、ハーグ条約実施法138条2項は、国内の子の引渡しの直接的な強制執行に関する法174条3項と同様に、そのような事情がある場合には、例外的に債務者を審尋しないで決定をすることができることとしている。

(2)　執行の場所に関する規律の見直し

旧ハーグ条約実施法140条1項・2項は、国際的な子の返還の代替執行における執行の場所については、債務者の住居等の債務者の占有する場所を基本とした上で、それ以外の場所を執行の場所とするためには、①執行官が、子の心身に及ぼす影響、当該場所およびその周囲の状況その他の事情を考慮して相当と認めるときでなければならず、②当該場所の占有者の同意を要することとしていた。

もっとも、②の要件については、債務者の占有する場所以外の場所における強制執行において、常にその場所の占有者の同意を要することとすると、諸事情により当該占有者の同意が得られない場合には、執行不能となってしまうこととなる。しかし、債務者が祖父母に子を預けるなどした結果、その場所が子の住居となっているような場合には、その場所で強制執行を行う必要性がとくに高いものと考えられる。

そこで、ハーグ条約実施法140条1項は、法175条3項の規定を準用することとして、子の住居が債務者の占有する場所以外の場所である場合において、当該場所の占有者の同意が得られない場合であっても、執行裁判所は、債務者と当該場所の占有者との関係、当該占有者の私生活または業務に与える影響その他の事情を考慮して相当と認めるときは、債権者の申立てにより、当該占有者の同意に代わる許可をすることができることとして、子の返還の代替執行を実施可能なものとしている。

⑶ 執行裁判所、執行官および返還実施者の責務（子の心身への配慮）

国際的な子の返還の代替執行の場面においては、国内の子の引渡しの直接的な強制執行の場面と同様に、その過程で子の心身に負担が生じうる。そこで、ハーグ条約実施法140条1項および141条3項は、子の返還の代替執行の手続について法176条の規定を準用することとして、執行裁判所、執行官および返還実施者の責務として、強制執行が子の心身に有害な影響を及ぼさないように配慮しなければならないこととしている。

5 経過措置

改正法は、一部の規定を除いて、公布の日（令和元年5月17日）から1年を超えない範囲内において政令で定める日（令和2年4月1日）から施行することとしている（改正法附則1条）。

そして、改正法は、法の一部改正に伴い、ハーグ条約実施法に基づく国際的な子の返還の強制執行についても、その申立ての要件や、執行場所における執行官の権限等に関する規定を整備することとしているが（ハーグ条約実施法136条、138条２項、140条および141条３項）、施行日前に申し立てられた子の返還の強制執行の事件について改正法による改正後の規定を遡及適用すると、当事者に不測の損害を与え、手続の安定性を害するおそれがある。そこで、改正法附則８条は、施行日前に申し立てられた子の返還の強制執行の事件については、なお従前の例によることとしている。

第６章

法のその他の見直し

1　差押禁止債権に関する規定の改正

(1)　改正の必要性

差押禁止債権を規定する法152条は、①債務者が国および地方公共団体以外の者から生計を維持するために支給を受ける継続的給付に係る債権（同条１項１号）、②給料、賞与等の債権およびこれらの性質を有する給与に係る債権（同項２号）については、原則としてその給付の４分の３に相当する部分を差し押さえてはならないこととしている。もっとも、この規定による差押禁止債権の範囲は画一的なものであるため、個別具体的な事案における不都合を回避する観点から、債務者または債権者は、差押禁止債権の範囲の変更の申立てをすることができることとされている（法153条）。

もっとも、こうした規律に対しては、近時、比較的少額の給与等の債権が差し押さえられる事案において、差押禁止債権の範囲の変更の制度が活用されない限り債務者が最低限度の生活を維持することが困難となりうるにもかかわらず、この制度が活用されずほとんど機能していないとの指摘がされていた。そして、最近の裁判所による一部の庁の実情調査によっても、近時、比較的少額の給与等の債権が差し押さえられる事案は一定数存在するにもかかわらず、そのような事案において債務者からこの制度の申立てがされることはほとんどないことが判明するに至った。

この原因については、①給与等により生活している債務者の中には、法的な知識に乏しい者が多数含まれており、そもそもこの制度の存在が十分に認知されていないとの指摘や、②金銭債権に対する債権執行事件においては、債権差押命令が債務者に送達された日から1週間が経過すれば債権者が第三債務者から直接その債権の取立てをすることができることとの関係で、債務者が債権差押命令の送達の日から1週間のうちに差押禁止債権の範囲の変更の申立てをすることは事実上困難であるとの指摘がされていた。

以上のような状況を踏まえ、改正法は、差押禁止債権の範囲の変更の制度をより活用しやすくする方向で、差押禁止債権に関する規定の改正を行っている。

⑵ 手続の教示に関する規定の新設

法145条4項は、裁判所書記官が、差押命令を債務者に送達するに際し、差押禁止債権の範囲の変更の申立てをすることができる旨を債務者に対して教示しなければならない旨を規定している[30]。

これは、現状において差押禁止債権の範囲の変更の申立てが活用されていない原因のうち、①給与等により生活している債務者の中には、法的な知識に乏しい者が多数含まれており、そもそもこの制度の存在が十分に認知されていないとの指摘に対応するものである。

裁判所書記官が債務者に対して教示をすべき事項や教示の方法については、最高裁判所規則で定められており、具体的には、法153条1項または2項の規定による差押命令の取消しの申立てに係る手続の内容を書面で教示しなければならないとされている（規則133条の2）。

---

30 手続の教示が求められるのは、給与等の債権が差し押さえられた場合に限られない。また、少額訴訟債権執行の差押処分や、債権およびその他の財産権に対する仮差押命令を送達する場面においても、この手続の教示が求められることとなる（法167条の5第2項や民事保全法50条5項において準用する法145条4項）。

⑶　取立権の発生時期の見直し

a　見直しの趣旨

法155条２項は、現状において差押禁止債権の範囲の変更の申立てが活用されていない原因のうち、②金銭債権に対する債権執行事件においては、債権差押命令が債務者に送達された日から１週間が経過すれば債権者が第三債務者から直接その債権の取立てをすることができることとの関係で、債務者が差押命令の送達の日から１週間のうちに差押禁止債権の範囲の変更の申立てをすることは事実上困難であるとの指摘に対応するものである。

すなわち、差押禁止債権の範囲の変更（法153条１項）については、差押えに係る金銭債権の取立てが完了した後には、これを申し立てることができないと解されている一方で、金銭債権を差し押さえた債権者は、債務者に対して差押命令が送達された日から１週間を経過すればその債権の取立てをすることができることとなることから（法155条１項）、差押禁止債権の範囲の変更の申立てをしようと試みる債務者にとっての実質的な準備期間は、差押命令の送達の日から１週間という短期間となっている。

ところが、給与等の債権が差し押さえられた場面における差押禁止債権の範囲の変更の裁判に関する近時の裁判実務においては、裁判所が、債務者の給与等の額のほか、債務者の他の収入および資産の状況、債務者の家計の状況や浪費の有無、同居者の収入および資産の状況等を総合的に考慮して判断する傾向にあり、こうした実務の傾向を踏まえると、この場面で債務者が差押禁止債権の範囲の変更の申立てをするためには、これらの考慮要素に関する資料収集等の準備のために相応の期間を要するものと考えられる。とくに、給与等により生活している債務者の中には、法的な知識に乏しい者が多数含まれることが想定され、債務者がこの場面で自らまたは弁護士に依頼してこれらの準備をした上で差押禁止債権の範囲の変更を差押命令の送達の日から１週間のうちに申し立てることは、事実上困難であるとの指摘がされている。

そこで、法155条２項は、差押えの対象が給与等の債権である場合には、債権者がその債権を取り立てることができるようになる時期（取立権の発生時期）を後ろ倒しにし、債務者に対して差押命令が送達された日から4週間を経過したときとすることとする旨を規定することにより、給与等の債権を差し押さえられた債務者が差押禁止債権の範囲の変更の申立てをするための準備期間を確保することとしている。

b　請求債権が扶養義務等に係る金銭債権である場合の特例

法155条2項かっこ書は、差押えの対象が給与等の債権である場合であっても、差押債権者の債権に法151条の2第1項各号に掲げる義務（扶養義務等）に係る金銭債権が含まれているときには、例外的に、取立権の発生時期を後ろ倒しにしないこととしている。そのため、この場面における取立権の発生時期は、旧法と同様に、債務者に対して差押命令が送達された日から1週間を経過したときとなる。

このような例外を設けたのは、①扶養義務等に係る金銭債権は、その権利実現が債権者の生計維持に不可欠なものであり、速やかにその実現を図る必要があるため、その取立権の発生時期を後ろ倒しにすべきではないと考えられる一方で、②扶養義務等に係る金銭債権の額の算定の際には、差押禁止債権の範囲の変更において考慮すべき事情である債権者の必要生計費と債務者の資力が既に考慮されていると考えられるため、これを請求債権とする差押えがされた場面においては、一般論としては債務者に対して差押禁止債権の範囲の変更の申立ての機会を保障する実質的な必要性が乏しいと考えられるからである。

なお、このような例外規定の適用においては、差押命令に係る請求債権のうちに扶養義務等に係る金銭債権とそれ以外の一般の金銭債権の双方が含まれている場合の取扱いが問題となるが、法155条2項は、そのような場合には、請求債権のうち扶養義務等に係る金銭債権に基づく差押えに対応する部分のみならず、それ以外の一般の金銭債権に基づく差押えに対応する部分をも含め、当該請求債権全部についての取立権の発生時期を、債務者に対して差押命令が送達された日から1週間が経過したときとしている。

c　転付命令、譲渡命令等、配当等の実施に関する規律の見直し

金銭債権が差し押さえられた場合の換価の方法としては、差押債権者による取立て（法155条）のほか、第三債務者の供託（法156条）、転付命令（法159条）、譲渡命令等（法161条）、配当等の実施（法166条）がありうる。そのため、法155条２項により取立権の発生時期を後ろ倒しにすることに伴い、これらの換価方法についても、その効力の発生時期等を見直す必要がある。

まず、転付命令の効力について、旧法159条は、転付命令に対しては執行抗告をすることができるものとするとともに（同条４項）、転付命令は確定しなければその効力を生じないとした上で（同条５項）、差押命令および転付命令が確定した場合においては、差押債権者の債権等は、転付命令に係る金銭債権が存する限り、その券面額で、転付命令が第三債務者に送達された時に弁済されたものとみなすものとしている（旧法160条）。また、譲渡命令等の効力についても、旧法161条は、譲渡命令等に対しては執行抗告ができるものとするとともに（同条３項）、譲渡命令等は確定しなければその効力を生じないとしている（同条４項）。さらに、配当等を実施すべき時期については、旧法には特段の規律はないが、通常は、差押えに係る金銭債権についての第三債務者の供託等の配当等の実施事由が生じた場面では、速やかにその手続が実施されることとなる。

このような旧法の規律を前提とすれば、差押禁止債権の範囲の変更を求める債務者は、転付命令もしくは譲渡命令等が確定し（執行抗告の申立てがされない限り、債務者に対してこれらの命令が送達された日から１週間。法10条参照）、または配当等が実施されるまでの短期間に、差押禁止債権の範囲の変更の申立てをしなければならないが、前記**a**のとおり、そのような短期間のうちに、債務者が差押禁止債権の範囲の変更を申し立てることは事実上困難であると考えられる。

そのため、取立権の発生時期を後ろ倒しにする趣旨を踏まえ、差押債権者による取立て以外の方法による換価の場面においても、債務者が差押禁止債権の範囲の変更の申立てをする機会をより実質的に保障するため、法159条６項、161条５項および166条３項は、それぞれ、原則として（差押債権者の債権に扶養義務等に係る金銭債権が含まれているときを除き）、給与等の債権が差し押さえられた場合における転付命令の効力の発生時期、譲渡命令等の効力の発生時期、配当等の実施時期を後ろ倒しにし、債務者に対して差押命令が送達された日から4週間が経過したときとする旨を規定している。

⑷　経過措置

改正法は、一部の規定を除いて、公布の日（令和元年5月17日）から1年を超えない範囲内において政令で定める日（令和2年4月1日）から施行することとしている（改正法附則1条）。

そして、改正法は、債務者が差押禁止債権の範囲の変更の申立て（法153条）をしやすくするため、差押債権者が差押えに係る金銭債権の取立てをすることができるようになる時期を後ろ倒しにする旨の規定を整備することとしているが（法155条2項）、施行日前に申し立てられた民事執行の事件についてこの規定を遡及適用すると、当事者に不測の損害を与え、手続の安定性を害するおそれがある。そこで、改正法附則3条1項は、施行日前に申し立てられた民事執行の事件に係る金銭債権を差し押さえた債権者の取立権の発生時期については、なお従前の例によることとしている。また、同条3項は、転付命令および譲渡命令等の効力について、同条4項は、配当等を実施すべき時期について、それぞれ同内容の経過措置を設けている。

⑸　旧法の規律が維持された事項

法制審議会における調査審議の過程では、債務者の保護を図る観点から、差押禁止債権の範囲そのものを拡張する方向での見直しをすべきであるとの指摘がされ、具体的には、例えば、支払期に受けるべき給付の4分の3に相当する額が一定の金額に満たないときはその全額を差押禁止とすべきであるとの指摘がされた。

しかし、そのような見直しをするにあたっては、例えば国税徴収の場面のように、「一定の金額」として債務者の扶養家族の人数に応じた差押禁止の額を定めるといったことが想定されうるが、迅速な手続が求められる債権執行の手続において、執行裁判所が、差押命令を発令するにあたり、債務者の扶養家族の人数を調査した上で差押禁止の範囲を判断することは、困難であると考えられる。また、給与債権のうちの一定の金額を差押禁止とすると、債務者が比較的少ない額の給与等を複数の勤務先から得ているような場合には、それぞれの給与債権について差押禁止部分があることになるため、結果として、債務者が必要以上の保護を受ける結果となりかねないという問題が生じうる[31]。このほか、法制審議会における調査審議の過程では、債務者の個別の事情を無視して、一定の金額の全額を差押禁止としてしまうとすれば、債務者の保護が過剰になるおそれがある旨の指摘がされた。

他方で、差押禁止債権の範囲変更の制度（法153条）を利用すれば、債権者および債務者の生活の実情等に応じて、より柔軟で当事者間の衡平に適った解決を図ることができると考えられる。

このような議論の状況から、法制審議会においては、まずは債務者が差押禁止債権の範囲の変更の手続を利用しやすくする見直しをすることとし、差押禁止債権の範囲そのものの見直しについては、今後の事例の集積を待つべきであって、時期尚早であるとされた。改正法は、このような議論を踏まえ、差押禁止債権の範囲そのものを見直すこととはしていない[32]。

31　こういった不都合を回避するためには、債権者の側において、債務者の就労の状況や世帯の総収入等を把握して差押禁止債権の範囲の変更（減縮）の手続をとることが必要となるが、結局のところ、国税徴収法（昭和34年法律第147号）が徴収職員に滞納者の財産に関する質問および検査の権限を認めていること（同法141条）とは異なり、一般的に債権者が自ら債務者の勤務先や収入の額等の生活の状況に係る事情を調査することができる制度が存在しない現状において、債権者が差押禁止債権の範囲の変更（減縮）の申立ての負担を負うこととなることが合理的であるといえるかが問題となると考えられる。

32　このほか、法制審議会における調査審議の過程では、年金等の差押禁止債権や給与等を原資とする金銭が金融機関の預貯金口座に振り込まれた際には、当該預貯金口座の全部または一部を差押禁止とする制度を導入すべきであるとの意見も示された。しかし、そのような制度を導入するためには、ある預貯金口座に振り込まれた金員の原資が何であるかを金融機関において適切に識別することができるようにする必要があるが、実務上はそのようなことは困難であるといった問題がある。また、差押禁止債権の範囲の変更の制度（法153条）を利用すれば、債権者および債務者の生活の実情等に応じて、より柔軟で当事者間の衡平に適った解決を図ることができると考えられる。そのため、改正法は、そのような制度を導入するための改正をしていない。

2　債権執行事件の終了に関する規定の改正

⑴　改正の必要性

債権執行事件では、強制競売のような執行裁判所による換価手続を通じてではなく、差押債権者による取立てを通じて換価・満足が行われるのが通常であるが、旧法においては、このような場面における債権執行事件の終了は、取立ての届出や申立ての取下げといった差押債権者の協力に依存しており、他の民事執行事件と比べて、事件の終了に関する規律が不安定であった。

すなわち、金銭債権の差押えは、執行裁判所が、債務名義を有する債権者の申立てにより、差押命令を発することにより行われるが、この差押命令が第三債務者に送達されると、差押えの効力が発生し、第三債務者の債務者に対する弁済が禁止される一方で（旧法145条１項・４項）、債務者に対して差押命令が送達された日から１週間が経過すると、差押債権者に取立権が与えられ（旧法155条１項）、この取立てに応じて第三債務者が差押債権者に支払をするとその債権が支払を受けた限度で弁済されたものとみなされる（同条２項）。そして、差押債権者は、第三債務者から支払を受けたときは、直ちに、その旨を執行裁判所に届け出なければならないとされており（同条３項）、差押債権者の債権全額についてこの届出がされた時に債権執行事件が終了することとなる。もっとも、差押債権者がこの届出を怠っていたとしても、これに対する制裁はなく、執行裁判所が職権的に事件を終了させる方法はなかった。

また、差押えに係る金銭債権が少額であるなどの事情により、差押債権者が取立ての意欲を失うに至った場面においては、差押債権者が差押命令の申立てを取り下げることにより、債権執行事件が終了することとなる。しかし、このような場面であっても、差押債権者が差押命令の申立てを取り下げる義務はなく、執行裁判所が職権的に事件を終了させる方法はなかった。

このため、実際には、差押債権者による取立ての届出や申立ての取下げがされないまま、長期間にわたって漫然と放置されている事件が多数発生しており、平成29年の司法統計によれば、債権執行事件の未済件数９万2764件のうち、申立てから２年以上が経過したものが、３万5118件（約38％）であった。

このように差押債権者によって債権執行事件が放置されることに対しては、長期間にわたって差押えの拘束を受け続ける第三債務者にとって大きな負担となっているなどの指摘がされていた。例えば、預貯金債権の差押えの場面では、第三債務者（銀行等）は、差押えの対象となっている預貯金口座を、通常の預貯金口座とは別に管理し、各支店の窓口やATMで預貯金を引き出せないようにする措置を講じなければならないこととなるが、このような特別な口座管理には様々な事務的な負担が伴うとされており、第三債務者は、差押命令の効力が継続する限り、この負担を負い続けることとなるとの指摘がされていた。また、事件の進行・管理の職責を負う執行裁判所にとっても、将来に向かって係属している事件の数が増え続けることになりかねないとの問題が指摘されていた。

以上のような状況を踏まえ、改正法は、債権執行事件の終了に関する規定の改正を行っている。

(2) 取立ての届出等がされない場面における規律

法155条５項から８項までの規定は、金銭債権の差押えがされた後、差押債権者が長期間にわたって取立ての届出等をせずに事件を放置している場合に、執行裁判所が、職権で、事件を終了させることができる仕組みを設けることとしている。これらの規定に基づく手続の流れは、おおむね次のとおりとなる[33]。

a 差押債権者がすべき届出の時期および内容

まず、法155条４項（同条２項の新設前の旧法155条３項。前記１(3)参照）は、差押債権者は、第三債務者から支払を受けたときは、直ちに、その旨を執行

33 なお、取立ての届出等がされない場面において執行裁判所が職権で事件を終了させるための規定（法155条４項から８項までの規定）は、少額訴訟債権執行についても準用され、この場合における差押処分の取消しは、裁判所書記官の処分によって行われる（法167条の14第１項）。

裁判所に届け出なければならないこととしている（この点については、旧法155条からの実質的な改正はされていない）。

その上で、法155条5項は、差押債権者は、差押えに係る金銭債権を取り立てることができることとなった日から、第三債務者からの支払を受けることなく2年を経過したときは、その旨を執行裁判所に届け出なければならないこととしている（届出の方式については規則137条の2参照）。この2年の期間の起算点は、差押債権者が同条1項の規定により差押えに係る金銭債権を取り立てることができることとなった日（取立権の発生日）であり、債務者に対して差押命令が送達された日から1週間（ただし、同条2項の規定により読み替えられる場合には4週間。前記1(3)参照）を経過した日である。差押えに係る金銭債権に期限が付されているなどの理由により直ちにはその取立権を行使することができないなどの事情があっても、この起算点は変わらない。

さらに、法155条5項は、差押債権者がこれらの届出（同条4項または5項の届出）をした後も、最後にその届出をした日から（同項かっこ書参照）、第三債務者からの支払を受けることなく2年を経過したときは、同様に、その旨を執行裁判所に届け出なければならないこととしている。また、同条8項は、支払を受けていない旨の届出は、同条5項に規定する2年の期間が経過する前にすることもできることとした上で、その場合であっても、その後、最後にその届出をした日から、第三債務者からの支払を受けることなく2年を経過したときには、差押債権者は、執行裁判所にその旨を届け出なければならないこととしている。

これらの届出義務によれば、差押債権者は、差押えに係る金銭債権を取り立てることができることとなった日以降、少なくとも2年ごとに、執行裁判所に対し、第三債務者からの支払の有無についての届出をしなければならないこととなり、その結果として、事件の進行・管理の職責を負う執行裁判所が、差押債権者が差押命令に基づく取立てを継続する意思を有しているかどうかを把握することができるようになると考えられる。

b　差押命令の取消しの要件

差押債権者が第三債務者から長期間にわたって全く支払を受けていない場合であっても、差押えに係る金銭債権に期限が付されているなどの理由によりその取立てをすることができないといった事情があることもありうる。このような事情がある場合において、差押債権者が取立てを継続する意思があるといいうるのであれば、差押命令を取り消すのは相当ではないと考えられる。

他方で、このような事情がある場合も含め、差押債権者が、差押債権を取り立てることができることとなった日（差押債権者が第三債務者からの支払の有無についての届出をした場合にあっては、最後に当該届出をした日）から2年を経過したにもかかわらず、執行裁判所に対して当該支払の有無についての届出をしない場合には、もはや、当該差押債権者に取立てを継続する意思がないものと評価することができる。

そこで、法155条6項は、このような場合において、これらの届出義務が生じた後4週間以内にこれらの届出がされないときは、執行裁判所は、職権で、差押命令を取り消すことができることとしている。

なお、法155条は、執行裁判所がこの取消決定をする際の手続に関する特段の規律は設けていないため、この取消決定をするにあたって差押債権者の審尋をするかどうかは任意的である（法5条参照）。もっとも、差押債権者に対する手続保障の観点からは、あらかじめ、執行裁判所の裁判所書記官が、差押債権者に対し、その後の取扱い等に関する事務的な連絡をすることが相当であると考えられる。そして、規則137条の3によれば、執行裁判所が法155条6項の規定により差押命令を取り消すにあたっては、あらかじめ、差押債権者に対し、第三債務者からの支払の有無についての届出がされなければ、差押命令が取り消されることとなる旨を通知することとされている。

c　取消決定に対する不服申立て

法によれば、差押命令を取り消す旨の決定に対しては、その決定の告知を受けた日から1週間の不変期間内に執行抗告をすることができ（法10条2項、12条1項）、また、この取消決定は、確定しなければ効力を生じないとされている（同条2項）[34]。このため、法155条6項の規定に基づく差押命令の取消決定がされた場合であっても、この取消決定が差押債権者に告知されてから1週間を経過するまでは、いまだこの取消決定の効力は生じておらず、差押命令の効力はなお存続していることとなる。そして、取消決定がいまだ確定していない段階で、差押債権者が執行裁判所に対して第三債務者からの支払の有無についての届出をした場合には、当該差押債権者がなお取立てを継続する意思を有しているものと評価しうる。

そこで、法155条7項は、同条6項の規定により差押命令が取り消された場合であっても、差押債権者が当該決定の告知を受けてから1週間の不変期間内（当該決定に対する執行抗告をすることができる期間内）に支払の有無についての届出をしたときは、当該決定はその効力を失うこととしている。

このような仕組みは、取立ての意思があったにもかかわらず執行裁判所に対する届出を失念してしまっていた差押債権者にとって、いわば、執行抗告に代わる簡易な救済手段として機能することとなりうる。

(3) 債務者への差押命令の送達がされない場面における規律

債権が差し押さえられたまま漫然と長期間が経過するという事態は、実務上は、債務者に対する差押命令の送達が未了の場面でも生ずることがある。すなわち、債権執行事件においては、差押命令が債務者に送達されない限り、差押債権者は差押えに係る債権の取立てをすることができないが、債務者の所在不明などの理由により、この送達をすることができないことがあ

---

34 なお、少額訴訟債権執行事件において、裁判所書記官が、法167条の14第1項において準用する法155条6項により、差押処分を取り消す旨の処分をしたときは、差押債権者は、当該処分に対する執行異議の申立てをすることができる（法167条の4第2項）。そして、この執行異議の申立ては、当該処分の告知を受けた日から1週間の不変期間内にしなければならず、また、この執行異議の申立てを却下する裁判に対しては、執行抗告をすることができ、差押処分を取り消す旨の処分は、確定しなければ効力を生じないこととなる（法167条の14第2項において準用する法167条の5第6項から8項まで）。

差押債権者は、このような規定により執行異議の申立てや執行抗告の申立てをすることもできるほか、より簡易な救済手段として、差押債権者が当該処分の告知を受けてから1週間の不変期間内に支払の有無についての届出をすることで、当該処分の効力を失わせ、差押処分の効力を維持することもできる（法167条の14第1項において準用する法155条7項）。

る。このような場合には、差押債権者が債務者の所在調査をした上で、執行裁判所に送達をすべき場所を申し出るのが通例であるものの、例えば、差押えに係る債権が少額であることが判明した場合などには、差押債権者がこの所在調査を行う意欲を失う場合がある。このような場面では、差押命令を債務者に送達することができず、その結果として、換価・満足の手続を進行することができない状態が長期間継続することとなりかねない。

そのため、法145条7項および8項は、債務者に対する差押命令の送達をすることができない場合に、執行裁判所が、職権で、差押命令を取り消すことができる仕組みを設けることとしている。具体的には、まず、債権執行事件において、差押命令を債務者に送達することができないときには、執行裁判所が、差押債権者に対し、相当の期間を定め、その期間内に送達をすべき場所の申出（または公示送達の申立て）をすべきことを命ずることができることとしている（同条7項）[35]。その上で、執行裁判所の定める相当の期間内に、差押債権者がこの申出（または公示送達の申立て）をしないときは、執行裁判所は、職権で、差押命令を取り消すことができることとしている（同条8項）。なお、この取消決定に対しては、その決定の告知を受けた日から1週間の不変期間内に執行抗告をすることができ（法10条2項、12条1項）、また、この取消決定は、確定しなければ効力を生じないこととなる（同条2項）[36]。

⑷ 経過措置

改正法は、金銭債権の差押えがされた後、差押債権者が長期間にわたって取立ての届出等をせずに事件を放置している場合に、執行裁判所が、職権で、事件を終了させることができる仕組みを設けることとしている（法155

35 実際の運用においては、訴訟手続において被告に訴状を送達することができなかった場合と同様の取扱いをすることが考えられる。すなわち、民事訴訟法138条2項において準用する同法137条1項によれば、訴状の送達をすることができないときは、裁判長が補正命令を発することができるとされているが、実務上は、補正命令の発令に先立ち、裁判所書記官が原告に事務的な連絡をして、被告の住所の調査等を促すのが通常である。債務者に対する差押命令の送達をすることができない場面でも、直ちに法145条7項の命令を発するのではなく、まずは、執行裁判所の裁判所書記官が、差押債権者に対し、債務者の住所の調査等を促すのが相当であると考えられる（規則10条の3参照）。

条5項から8項まで)。

そして、施行日前に差押債権者の取立権が発生した事件について考えると、当該差押債権者が、施行日後も引き続き、取立ての届出も申立ての取下げもしないまま長期間にわたって漫然と事件を放置することがありうるが、このような場面においては、もはや当該差押債権者に取立てを継続する意思がないものと評価することができ、債権執行事件を係属させ続ける意義が乏しいと考えられるため、基本的には法155条5項から8項までの規定を適用するのが相当であると考えられる(なお、仮に、当該差押債権者が、旧法の規定を念頭に、その取立ての届出または申立ての取下げがない限り事件が半永久的に係属し続けるものと期待していたとしても、そのように事件を漫然と放置していることに照らせば、基本的には、その期待は、法的な保護に値しないものと考えられる)。

もっとも、施行日前に差押債権者の取立権が発生した場面においては、施行日の時点で既に取立権の発生から2年を経過してしまっているものもありうるが、仮にこのような事件において執行裁判所が差押命令を取り消すこととした場合に、法155条5項から8項までの規定をそのまま適用してしまうと、施行日後に直ちに執行裁判所が差押命令を取り消すことができることとなってしまい、差押債権者に対して不測の損害を与えかねない。

そこで、改正法附則3条2項は、施行日前に取立権が発生した場合における法155条5項から8項まで(これらを準用し、またはその例による場合を含む)の規定の適用については、同条5項の規定による届出義務が発生するために必要な期間の起算点を改正法の施行日(すなわち、令和2年4月1日)に

---

36 なお、債務者に対する差押命令の送達をすることができない場面において執行裁判所が職権で事件を終了させるための規定(法145条7項および8項の規定)は、少額訴訟債権執行についても準用され、この場合における差押処分の取消しは、裁判所書記官の処分によって行われる(法167条の5第2項)。裁判所書記官が差押処分を取り消す旨の処分をしたときは、差押債権者は、当該処分に対する執行異議の申立てをすることができる(法167条の4第2項)。そして、この執行異議の申立ては、当該処分の告知を受けた日から1週間の不変期間内にしなければならず、また、この執行異議の申立てを却下する裁判に対しては、執行抗告をすることができ、差押処分を取り消す旨の処分は、確定しなければ効力を生じないこととなる(法167条の5第6項から8項まで)。

することとしている。

⑸ その他の事件の終了に関する規律

a 不動産執行事件

一般論としては、不動産執行事件においても、例えば差押命令を債務者に送達することができないことにより、事件を進行させることができなくなることがありえないではない。このような場合に不動産執行事件を終了させるためには、差押債権者が強制執行の申立てを取り下げる必要がある。

もっとも、不動産執行事件においては、通常、差押債権者がその申立ての際に数十万円の予納金を納めていることから、事件を進行させることができない場合には、差押債権者がその予納金の返還を受けるため、自発的に申立てを取り下げるインセンティブが働いている。そして、実際に、不動産執行事件においては、差押命令の送達困難を理由として長期間にわたって漫然と放置されているといった事件が多数あるわけではないようである。

そのため、改正法は、不動産執行事件については、執行裁判所が職権で事件を終了させる仕組みを設けていない[37]。

b 債権仮差押命令事件

法制審議会における調査審議の過程では、債権執行事件と同様に、債権仮差押命令事件についても、裁判所が職権で事件を終了させるための規律を設けるべきではないかといった指摘もされた。

しかし、債権執行事件においては差押命令が送達された後に差押債権者による取立ておよびその届出がなければ事件が終了しないのに対し、債権仮差押命令事件においては、換価・満足（差押債権者による取立て等）が予定されておらず、仮差押命令が第三債務者に送達されれば仮差押えの効力が生じ（民事保全法50条、法145条５項）、債務者への送達前であっても保全執行をす

37 なお、不動産強制競売開始決定を債務者に送達することができなかった事案において、債権者に対して債務者の送達場所の補正を命じた上で、所定の期間内にその補正がないことを理由として、開始決定を取り消した裁判例がある（東京地決平３.11.７金融法務事情1314号31頁）。改正法が施行された後も、この裁判例と同様の解釈をすることが禁止されるわけではないと考えられるので、引き続き、個別の事案における具体的な事情に応じた解釈による対応がされることとなると考えられる。

ることができるとされている（民事保全法43条３項）。

そのため、債権仮差押命令事件については、事件が終了せずに漫然と放置されるといった事態は生じないと考えられることから、改正法では、その終了事由を見直すこととはしていない[38]。

第７章

改正法附則（施行期日）

前述のとおり、改正法は、一部の規定を除いて、公布の日（令和元年５月17日）から１年を超えない範囲内において政令で定める日（令和２年４月１日）から施行することとしている（改正法附則１条）。

ただし、改正法により新設された第三者からの情報取得手続のうち、債務者の不動産に関する情報取得手続（法205条）については、登記所における不動産に係る情報管理体制を新たに整備することが不可欠であり、そのためには、登記情報システムの改修を含め、相当の時間を要することが予想される。そこで、改正法附則５条は、法205条１項の規定は、改正法の公布の日から起算して２年を超えない範囲内において政令で定める日（令和３年４月30日）までの間は、適用しないものとして、不動産に関する情報取得手続の

38　なお、債権の仮差押えがされた場面において、仮差押債権者が本案の訴えを提起せず、または本執行に移行するための手続をしない場面では、仮差押命令の効力が長期間にわたって継続することとなる。このような状態は、長期間にわたって仮差押えの拘束を受ける債務者や第三債務者にとって不利益ではないかとの指摘もありうる。

もっとも、このような場面に対応するための仕組みとしては、既に、民事保全法に、起訴命令（同法37条１項）や事情の変更による保全取消し（同法38条）の制度が用意されている。

また、債権の仮差押えの場面においては、通常、その発令の際に仮差押債権者が担保を立てなければならないことから、仮差押債権者が本案の訴えを提起せず、または本執行に移行するための手続をしない場面では、この担保を取り戻すため、自発的に仮差押命令の申立てを取り下げるインセンティブが働いているので、仮差押債権者が、本案の訴えの提起等をせずに漫然と仮差押命令を放置するといったことは、生じにくいとも考えられる。

実質的な導入時期を後ろ倒しにするものとしており、具体的には、令和３年５月１日からその手続の運用が開始されている（民事執行法及び国際的な子の奪取の民事上の側面に関する条約の実施に関する法律の一部を改正する法律附則第五条の政令で定める日を定める政令参照）。

（内野宗揮・山本翔・吉賀朝哉・松波卓也）

第 2 編

規則解説編

—改正民事執行法の施行に伴う民事執行規則等の一部改正の概要—

改正法が、令和元年５月17日に公布され、令和２年４月１日（改正法附則１条、令和元年政令第189号）に施行された。改正法においては、①債務者財産の開示制度の実効性の向上、②不動産競売における暴力団員の買受け防止の方策、③子の引渡しの強制執行に関する規律の明確化等の観点からの改正がされた。これにより、民事執行規則等についても所要の改正がされることとなり、改正規則が令和元年11月27日に公布され改正法の施行日と同日の令和２年４月１日に施行された。

筆者は、改正規則の立案作業に関与した者であり、本編では、改正規則のうち、子の引渡しの強制執行以外の項目の概要を説明する。

1　改正規則制定の経緯

令和元年５月17日に改正法が公布されたことから、最高裁判所においては、改正法が、新たな制度を設けるものである上、規則の改正を検討すべき部分が多岐にわたることから、民事規則制定諮問委員会への諮問を経ることが相当であるとされ、同月29日の裁判官会議において、同委員会への諮問が議決された。これを受けて、同委員会（委員長・高橋宏志東京大学名誉教授）は、調査審議を進め、同年９月４日、「民事執行規則及び国際的な子の奪取の民事上の側面に関する条約の実施に関する法律による子の返還に関する事件の手続等に関する規則の改正に関する要綱」を採択した[1]。その後、最高裁判所において、同要綱に基づいて立案作業を進め、改正規則は、同年10月30日の裁判官会議で議決されて成立し、同年11月27日に公布された。

2　債務者財産の開示制度の実効性の向上

(1)　規則185条

本条１項は、財産開示期日において開示義務者に宣誓（法199条７項、民事

1　民事規則制定諮問委員会の議事録は、最高裁判所のウェブサイト（https://www.courts.go.jp/saikosai/index.html）の「各種委員会」のページに掲載されている。

訴訟法201条1項）させる際、裁判長が、宣誓の趣旨および法律上の制裁を告知する旨を規定している。法律上の制裁は、旧法においては、30万円以下の過料であったが、改正法により、6カ月以下の懲役または50万円以下の罰金（法213条1項6号）という刑事罰に改められ、条文番号も改められたことから、裁判長が説明すべき内容についても、同号の内容に改めることとしたものである。

(2) 規則187条

a 本条の趣旨

本条は、改正法で新たに設けられた第三者からの情報取得手続（法第4章第2節。以下、単に「情報取得手続」ともいう）の申立書の記載事項および添付書類について規定している[2、3]。

b 申立書の記載事項（1項）

情報取得手続の申立ては、民事執行の基本申立てであるから、書面でしなければならない（規則1条）。情報取得手続が、債務者が所有する財産の有無、所在等を第三者に申告させる手続であることに照らすと、いたずらに第三者に負担を掛けることは避けるべきであり、その申立ては、債務者ごとにされるべきである。

申立書の記載事項は、①申立人、債務者および情報の提供を命じられるべき者の氏名または名称および住所、代理人の氏名および住所（1号）、②申立ての理由（2号）、③不動産に係る情報取得手続を申し立てるときは、検索を求める土地等の所在地の範囲（3号）である。このほか、第三者からの情報取得手続の申立てである以上、その趣旨を明らかにすべきであることは当然である[4]。

---

2 なお、不動産に係る情報取得手続に関する規定については、令和3年5月1日から申立てをすることが可能となった（改正法附則5条、民事執行法及び国際的な子の奪取の民事上の側面に関する条約の実施に関する法律の一部を改正する法律附則第五条の政令で定める日を定める政令（令和2年政令第358号））。

3 申立手数料は1個の申立てにつき1000円である（民訴費用法別表第1の16イ）。このほか、預貯金債権または振替社債等に係る情報取得手続については、第三者ごとに2000円（同一の第三者に対し、預貯金債権および振替社債等に係る情報の提供を求める場合には4000円）の報酬の予納が必要となる（同法28条の3、民訴費用規則8条の3）。

①のうち、「情報の提供を命じられるべき者」とは、不動産に係る情報取得手続については東京法務局（民事執行法第205条第１項に規定する法務省令で定める登記所を定める省令）であるほかは、給与債権に係る情報取得手続については法206条１項各号に掲げる者の中から、預貯金債権に係る情報取得手続については法207条１項１号に掲げる者の中から、振替社債等に係る情報取得手続については振替機関等の中から、それぞれ申立人が選択した者である。

②の「申立ての理由」は、第三者に対する情報の提供をすべき旨の決定をするための要件を明らかにするものである。その要件は、財産開示手続の実施決定をするための要件と同様であり、債務名義に基づく申立てである場合には、強制執行開始の要件が満たされていることおよび申立日前６カ月以内の強制執行等の不奏功等について主張する必要がある。なお、給与債権に係る情報取得手続については、扶養義務等に係る請求権または人の生命もしくは身体の侵害による損害賠償請求権についての債務名義である必要がある（法206条１項柱書）。申立ての理由の記載にあたっては、本条４項において、規則27条の２第２項が準用されていることから、申立てを理由付ける事実を具体的に記載し、立証を要する事由ごとに証拠を記載しなければならない。

③の趣旨は、次のようなものである。不動産に係る情報の提供を命じられた登記所は、システムを利用して債務者名義の土地等を検索することになるが、全国の土地等を対象に検索をした場合には、申立件数にもよるが、登記所における抽出作業には相応の時間を要することが予想され、ひいては情報が提供されるまでに長期間を要することにもなりかねず、申立人が、債務者の有する土地等が存在する可能性が低いと考える地域の土地等まで情報提供を求めることは、結果的に申立人自身にとっても不利益となる可能性がある。そこで、申立人に検索対象の地域をある程度限定させることによって、申立人が適切な時期に回答を得ることができるようにすることが望ましいと考えられることから、申立人が検索を求める土地等の所在地の範囲を記載事

4　情報の提供を命じられた第三者が提供すべき情報は規則189条（後記(4)）以下に定められているが、このうち一部の情報の提供を求めることはできないと解される。

項としたものである。具体的には、「東京都」や「東京都および埼玉県」といった記載が考えられる[5]。

c　債務者の特定に資する事項の記載（2項）

情報の提供を命じられた第三者においては、債務者を特定してその財産の存否等を回答すべき義務があるところ、当該第三者は、申立人と債務者との間の紛争に巻き込まれる者であることから、できる限りその負担の軽減を図る必要がある。また、第三者によっては、氏名や住所以外の情報が示されなければ債務者の検索に困難を来す場合があるとの指摘もある。他方で、申立人においては、通常は、債務者の氏名または名称の読み方（振り仮名）を把握しているものと考えられるし、債務者の住民票の写しを取得することができることから（住民基本台帳法（昭和42年法律第81号）12条の3第1項1号参照）、生年月日や性別についても把握していることが多いと考えられる。もっとも、氏名または名称の振り仮名については、住民票の写しや登記事項証明書に必ずしも記載があるわけではなく、申立人が把握していない場合がありうる。

そこで、このような事情を考慮して、申立人が把握している限りにおいて、第三者における債務者の特定に資する事項の記載を求めることとしたものである。これらの事項の記載を欠いたとしても、申立てが却下されるものではないが、これらの事項を記載することにより、第三者においては迅速に債務者を特定できることになり、ひいては申立人が回答を早期に得られるという利益にもつながることから、記載が励行される[6]。「その他の債務者の特定に資する事項」としては、必要に応じて、債務者の旧姓や旧住所を記載することなどが考えられる。

d　添付書類（3項）

不動産に係る情報取得手続または給与債権に係る情報取得手続の申立て

5　「全国」という記載をしても、申立てとして不適法になることはないが、回答までに長期間を要する可能性がある。

6　債務者の氏名または名称の振り仮名が不明な場合であっても、第三者の負担をできる限り軽減する観点からは、想定される複数の振り仮名を記載すべきであろう。

は、原則として、財産開示期日における手続が実施された場合において、当該財産開示期日から3年以内に限りすることができることから（法205条2項、206条2項）、申立ての日前3年以内に財産開示期日における手続が実施されたことを証する書面を添付しなければならない。

その他の添付書類に関する規定は設けられていないが、財産開示手続の場合と同様、執行力のある債務名義の正本および送達証明書等が必要となることは当然である。

(3) 規則188条

本条は、情報取得手続の申立てを認容する決定（以下「情報提供命令」という）を告知すべき者の範囲について規定するものである。民事執行の手続に関する裁判を告知すべき者の範囲は、一般に、規則2条に定められているが、わかりやすさの観点から、同条の特則として、情報提供命令を告知すべき者の範囲を、申立人および情報の提供を命じられた第三者と明確に規定している。

なお、不動産に係る情報取得手続または給与債権に係る情報取得手続を求める場合については、情報提供命令は、債務者には送達される（法205条3項、206条2項）。これに対して、預貯金債権または振替社債等に係る情報取得手続については、財産の隠匿を防止するため、情報提供命令は、債務者には送達を要しないこととされており、同様の趣旨から、規則において告知をすることもしないこととしている（債務者に対しては、第三者から執行裁判所に対し情報の提供がされた場合に、その旨が通知されるのみとなる（法208条2項））。

情報取得手続の申立てを却下する決定は、申立人にのみ告知される（規則2条2項）。

(4) 規則189条

本条は、法205条1項の個別委任に基づいて、情報の提供を命じられた登記所が提供すべき情報について規定している。

登記所が提供すべき情報は、債務者が所有権の登記名義人である土地等に対する強制執行または担保権の実行の申立てをするのに必要となる事項であり、これらの申立てをする場合の申立書には、強制執行の目的や担保権の実行に係る財産の表示をする必要があることから（規則21条３号、170条１項３号)、その土地等の存否およびその土地等を特定するに足りる事項を提供すべき情報とすることとしている。具体的には、土地の場合には、所在、地番等の情報を、建物の場合には、所在、家屋番号等の情報を提供すべきこととなる。

(5) 規則190条

a 本条の趣旨

本条は、法206条１項１号および２号の個別委任に基づいて、市町村ならびに日本年金機構、国家公務員共済組合、国家公務員共済組合連合会、地方公務員共済組合、全国市町村職員共済組合連合会および日本私立学校振興・共済事業団（以下「日本年金機構等」という）が提供すべき情報について規定している。

b 市町村が提供すべき情報（１項）

市町村が提供すべき情報は、債務者が支払を受ける地方税法317条の２第１項ただし書に規定する給与に係る債権に対する強制執行または担保権の実行の申立てをするのに必要となる事項であり、これらの申立てをする場合の申立書には、第三債務者となる給与の支払をする者の氏名または名称および住所を記載する必要があるから（規則133条１項)、給与の支払をする者の存否ならびにその者の氏名または名称および住所を提供すべき情報としている。

なお、給与の支払をする者が国である場合には、支出官等を代表者として差押命令を送達する必要があるところ（政府ノ債務ニ対シ差押命令ヲ受クル場合ニ於ケル会計上ノ規程１条１項)、債務者の所属する部局によって支出官等が異なるから、その部局の名称および所在地を提供すべき情報としている[7]。

7　申立人は、債務者の所属する部局の名称および所在地の情報の提供を受けた後、当該部局に対して、具体的な支出官等の官職・氏名や差押命令の送達先について確認することになる。

c　日本年金機構等が提供すべき情報（2項）

日本年金機構等が提供すべき情報は、債務者が支払を受ける厚生年金保険法3条1項3号に規定する報酬または同項4号に規定する賞与に係る債権に対する強制執行または担保権の実行の申立てをするのに必要となる事項であるところ、市町村が提供すべき情報と同様に、報酬または賞与の支払をする者の存否ならびにその者の氏名または名称および住所を提供すべき情報としている。報酬または賞与の支払をする者が国である場合には、債務者の所属する部局の名称および所在地の情報を提供すべきであることも、市町村の場合と同様である。

⑹　規則191条

a　本条の趣旨

本条は、法207条1項1号および2号の個別委任に基づいて、銀行等および振替機関等が提供すべき情報について規定している。

b　銀行等が提供すべき情報（1項）

銀行等が提供すべき情報は、債務者の有する預貯金債権に対する強制執行または担保権の実行の申立てをするのに必要となる事項であるところ、預貯金債権の存否ならびに差押債権となる預貯金債権を特定する事項等として、その預貯金債権を取り扱う店舗ならびにその預貯金債権の種別、口座番号および額を提供すべき情報としている。

預貯金債権の差押えの実務においては、個別の債権を特定して記載するのではなく、取扱店舗の特定をした上で、順位付けをした概括的な表記による特定が許容されている[8]。しかし、そのような申立てについては、執行裁判所が許容しているにすぎず、債権者としては、実効的に請求債権を回収するためには、具体的に存在する預貯金債権に関する情報を参考にした上で差押命令を申し立てる必要がある。そこで、取扱店舗や預貯金債権の内容に関する事項を、銀行等が提供すべき情報としたものである。

8　相澤眞木＝塚原聡編著『民事執行の実務［第4版］債権執行編（上）』119〜120頁（金融財政事情研究会、2018年）。

c　振替機関等が提供すべき情報（2項）

振替機関等が提供すべき情報は、債務者の有する振替社債等に対する強制執行または担保権の実行の申立てをするのに必要となる事項であるところ、振替社債等の存否ならびに差し押さえるべき振替社債等を特定する事項等として、その振替社債等の銘柄および額または数を提供すべき情報としている。

振替社債等の差押えの実務においては、取扱店舗を特定することなく、順位付けをした概括的な表記による特定が許容されているが[9]、預貯金債権と同様の観点から、振替社債等の内容に関する事項を、振替機関等が提供すべき情報としたものである。

(7)　規則192条

a　本条の趣旨

本条は、情報の提供を命じられた第三者による情報の提供の方法等について規定するものである。

b　情報提供書の写しの提出（1項本文）

法208条の規定によれば、情報の提供を命じられた第三者は、執行裁判所に対し、情報の提供を、書面（以下「情報提供書」という）でしなければならず、その提供を受けた執行裁判所は、最高裁判所規則で定めるところにより、情報提供書の写しを申立人に対して送付するものとされている。情報提供書の写しを誰が作成すべきかについては、法の定めるところではないが、債権執行の実務においては、第三債務者に陳述書を2通作成してもらい、1通は執行裁判所に送付し、ほかの1通は差押債権者に直接送付するという取扱いが問題なくされていることにかんがみて、第三者に情報提供書の写しの作成の協力を求めてもそれほどの負担になることはないと考えられたことから、本条1項本文において、第三者が情報の提供をする場合には、情報提供書およびその写しを提出させることとしたものである[10]。

9　相澤眞木＝塚原聡編著『民事執行の実務［第4版］債権執行編（下）』284頁（金融財政事情研究会、2018年）。

c　情報提供書の写しの直接の送付（1項ただし書および2項）

上記のとおり、債権執行の実務において、差押債権者に対する陳述書の直接の送付の取扱いが問題なくされていることにかんがみると、申立人に円滑に情報を提供するためには、第三者に対し、情報提供書の写しの作成に加えて、情報提供書の写しを申立人へ直送することについて協力を求めることが有益であると考えられる。そして、このような協力が得られる場合には、情報提供書の写しを執行裁判所に提出する必要はないことから、本条1項ただし書において、その旨を規定している[11]。

なお、第三者において、申立人が情報提供書の写しを受領したことを確認させることは、第三者の負担となることや、現在の郵便事情からすると、通常の場合、発送した郵便は遅滞なく到達すると考えられることから、第三者が情報提供書の写しを執行裁判所に提出する必要がなくなる場合を、情報提供書の写しを「送付したとき」ではなく、「発送したとき」としている。

また、情報提供書の写しが第三者から申立人に発送され、申立人が情報提供書を受領したときは、執行裁判所から改めて申立人に当該書面を送付することは要しないと考えられる。そこで、本条2項において、その旨を規定している。なお、万が一第三者が発送した情報提供書の写しを申立人が受領できなかったことが判明したときには、執行裁判所において、情報提供書の写しを作成し、これを申立人に対して送付することになると考えられる。

(8)　規則193条

a　本条の趣旨

本条は、情報取得手続の申立ての取下げの通知等をすべき者について定め

10　なお、第三者から執行裁判所に対して情報提供書が提出されたときは、債務者にその旨を通知しなければならないが（法208条2項）、この通知をすべき時期については、とくに改正後の規則によっても規定されておらず、運用にゆだねる趣旨である。第三者から提供を受けた情報をもとに債権者が強制執行の申立てをするのに必要な時間を考慮すると、執行裁判所に情報提供書が提出されてから（複数の第三者に対して情報の提供を求めた場合には、最後の情報提供書が提出されてから）1カ月程度経過した後に債務者に対する通知をすることになろう。

11　第三者の負担を軽減するために、申立人から切手を貼付した申立人宛ての封筒を提出してもらい、情報提供命令を第三者に送付する際にこれを同封することが考えられる。

ている。債権執行に関する規則136条と同趣旨の規定である。

b　取下げの通知（1項）

民事執行の申立てが取り下げられたときは、規則14条の規定により、その旨を民事執行を開始する決定の送達を受けた相手方に通知しなければならないこととされている。情報取得手続に関しては、情報提供命令は、第三者に対して、告知はされるが、必ずしも送達されるわけではない。そこで、同条の特則として、情報取得手続の申立てが取り下げられたときは、情報提供命令の送達を受けた債務者および情報提供命令の告知を受けた第三者に対して通知しなければならないこととしている[12、13]。

c　執行停止の通知（2項）

いわゆる執行停止の文書は、債務者から提出されるのが通常であるから、債務者への通知は不要と考えられるが、法39条1項7号ならびに183条1項6号および7号の書面は、裁判であるから、当然に申立人にも告知されるはずであり、また、法39条1項8号の書面も申立人が関与して作成された文書であるはずであることから、改めて文書の提出があった旨等を申立人に通知することは、通常は不要である。しかし、情報取得手続においては、債権執行と同様、情報の提供を禁じる旨の通知が第三者に対してされたことを申立人に通知することは、意味があると考えられるので、その旨を通知することとしたものである。

他方、第三者は、これらの文書の作成に関与しておらず、手続の停止およ

12　したがって、情報提供命令が債務者に送達される前に取り下げられたときは、債務者に対して通知する必要はないし、同様に、同命令が第三者に告知される前に取り下げられたときは、第三者に対して通知する必要はない。また、預貯金債権または振替社債等に係る情報取得手続の申立て（法207条1項・2項）については、情報提供命令が発令された後に取り下げられた場合であっても、債務者は、情報提供命令の送達を受けない以上、取下げの通知はされないことになる。

13　なお、取下げの時点で既に第三者から情報提供書が発送されている場合がありうる上、申立ての取下げから取下げの通知が第三者に到達するまでにはおのずから一定の期間を要することから、取下げの後に、第三者からの情報提供書が執行裁判所等に到達する場合がありうる。この場合の取扱いについては、規則の定めるところではないが、取下げの通知が第三者に到達するまでにされた情報提供書の作成および発送は、情報提供命令に基づく正当な行為とみることが可能であろう。執行停止・取消文書が提出された後に情報提供書が到達した場合も同様と考えられる。

び情報の提供の禁止の事態を認識できない状況にあるから、その事態を手続上も知らされるべき立場にあるので、これを通知すべきこととしたものである[14]。

d　取消決定の告知（3項）

民事執行の手続を取り消す旨の決定に対しては、執行抗告をすることができるから（法12条1項）、規則2条1項2号により、申立人および相手方に告知しなければならない。情報取得手続に関しては、わかりやすさの観点から、同号の特則として、情報提供命令を取り消す旨の決定がされたときは、当該取消しの決定を、申立人、当該情報提供命令の送達を受けた債務者および当該情報提供命令の告知を受けた第三者に対して告知しなければならないこととしたものである[15]。

3　不動産競売における暴力団員の買受け防止の方策

(1)　手続の概要等

改正法により設けられた不動産競売における暴力団員の買受けを防止するための手続の概要は以下のとおりである。すなわち、①買受けの申出をしようとする者が、その申出の際に、暴力団員等に該当しないこと等を陳述し（法65条の2）、②執行官が開札期日において有効な入札をした者の中から最高価買受申出人を決定した後、執行裁判所が都道府県警察へ調査の嘱託をし（法68条の4）、③執行裁判所が、都道府県警察から得られた回答等を踏まえ、売却決定期日において売却の許可・不許可の判断をする（法71条5号）というものである。

14　情報提供命令が第三者に告知される前に執行停止の文書が提出された場合は、これを第三者に通知する必要はない。

15　したがって、取下げの場合と同様、情報提供命令が債務者に送達される前に取り消されたときは、取消しの決定を債務者に対して告知する必要はないし、情報提供命令が第三者に告知される前に取り消されたときは、取消決定を第三者に対して告知する必要はない。また、預貯金債権または振替社債等に係る情報取得手続の申立てについては、情報提供命令が発令された後に取り消された場合であっても、債務者は、情報提供命令の送達を受けない以上、取消決定の告知はされないことになる。

法65条の２の陳述は、「不動産の買受けの申出」について必要となる。これに当たるものとしては、規則上、期間入札における入札（規則47条）が通常であるが、このほかにも、期日入札における入札（規則38条）、競り売りにおける買受けの申出（規則50条）およびいわゆる特別売却における買受けの申出（規則51条）がある。また、差押債権者による無剰余回避のための買受けの申出（法63条２項１号）および保全処分の申立てをした差押債権者による買受けの申出（法68条の２第２項）についても不動産の買受けの申出に該当する。したがって、これらのいずれの場面においても、法65条の２の陳述が必要となる。同条の陳述の詳細については、規則に委任されているが、規則は、差押債権者による無剰余回避のための買受けの申出の場面についての規定（規則31条の２）を、期間入札における入札等、他の場面に準用する形（規則49条、38条７項等）となっている。以下においては、典型的な期間入札における入札を例にして説明する。

⑵　規則31条の２

a　本条の趣旨

本条は、法65条の２の個別委任を受けて、同条の陳述の方式、記載事項、添付書類等について規定するものである（以下、規則49条、38条７項による準用を前提とすることとし、これらの規定については改めて引用しない。なお、これらの規定によれば、期間入札の手続においては、規則31条の２の「差押債権者」は「入札人」と、「執行裁判所」は「執行官」と読み替えられることになる）。

b　陳述の方式、記載事項（１項１号）

入札人がすべき陳述は、当該入札人が最高価買受申出人になった場合には、その陳述をもとに都道府県警察に対して調査の嘱託がされることからすると、陳述の内容の正確性が求められる。そこで、本条１項１号は、陳述の方式として、入札人（その者に法定代理人がある場合にあっては当該法定代理人、その者が法人である場合にあってはその代表者）が記名押印した陳述書を提出させることとしている。陳述書は、入札書とともに執行官に提出する必要がある。

陳述書の記載事項は、①入札人の氏名（振り仮名）または名称および住所、②入札人が個人であるときは、その生年月日および性別、③入札人が法人であるときは、その役員の氏名（振り仮名）、住所、生年月日および性別、④自己の計算において入札人に買受けの申出をさせようとする者がある場合であって、その者が個人であるときは、その者の氏名（振り仮名）、住所、生年月日および性別、⑤自己の計算において入札人に買受けの申出をさせようとする者がある場合であって、その者が法人であるときは、その者の名称および住所ならびにその役員の氏名（振り仮名）、住所、生年月日および性別、⑥入札人（その者が法人である場合にあっては、その役員）および自己の計算において入札人に買受けの申出をさせようとする者（その者が法人である場合にあって、その役員）が暴力団員等に該当しないことである[16]。

入札人またはその役員の氏名（振り仮名）、住所、生年月日および性別の記載が必要となるのは、これらの者を特定する事項であるとともに、都道府県警察に対する調査の嘱託に際して必要となる事項であるからである。また、執行裁判所が、自己の計算において買受けの申出をさせた者があると認める場合には、その者（その者が法人である場合にはその役員）についても都道府県警察に調査を嘱託することとなることから（法68条の４第２項本文）、④および⑤の記載も必要となる。なお、⑥の「暴力団員等」とは、法65条の２第１号に規定する暴力団員等をいい、具体的には、暴力団員による不当な行為の防止等に関する法律２条６号に規定する暴力団員または暴力団員でなくなった日から５年を経過しない者をいう。

c　陳述書の添付書類（1項2号および3号）

陳述書の添付書類としては、①入札人が個人であるときは、住民票の写しその他のその氏名、住所、生年月日および性別を証するに足りる文書（１項２号）、②自己の計算において入札人に買受けの申出をさせようとする者がある場合であって、その者が個人であるときは、その者の住民票の写し等（１項３号）が必要となる。旧規則においては、売却許可決定書における最高価買受申出人の記載の正確性を担保する目的から、住民票の写し等の提出

16　本条１項１号に定める記載事項の記載を欠いた場合には、陳述として不十分であるから、買受けの申出は無効になると考えられる。

の協力が求められていたが（旧規則38条6項）、改正後においては、個人の場合については、その提出が義務付けられることになる[17]。これは、都道府県警察に対する調査の嘱託にあたっては、入札者等を特定する事項の正確性を確認する必要があると思われることから、住民票の写し等の提出を求めるものである。「その他のその氏名、住所、生年月日および性別を証するに足りる文書」としては、戸籍謄本および戸籍の附票などが考えられよう。

なお、本条の規定によれば、入札人が法人であるときや自己の計算において入札人に買受けの申出をさせようとする者が法人であるときのその役員の住民票の写し等や法人の全部事項証明書等の提出は要しないこととなる。これは、法人の役員全員について住民票の写し等の提出を必要とすると、法人の入札人の負担が著しく増大すると考えられる一方、法人の代表者が役員に暴力団員等が含まれていることを隠蔽するために、故意に役員を特定する事項について虚偽の事実を記載するときには、買受けの申出の際に、当該法人でその役員のうちに暴力団員等に該当する者がないとの虚偽の陳述も同時に行われると思われるから、虚偽陳述に対する制裁が機能することによって、役員を特定する事項についての真実性が担保されうると考えられたことによるものである。もっとも、法人が入札する場合には、資格証明書の提出は必要である（規則49条、38条3項）。

d　その他の添付書類（2項）

法68条の4第1項ただし書は、最高価買受申出人（その者が法人である場合にあっては、その役員）が暴力団員等に該当しないと認めるべき事情があるものとして最高裁判所規則で定める場合には、最高価買受申出人が暴力団員等に該当するか否かについて都道府県警察に対する調査の嘱託を要しない旨を規定している。また、同条2項ただし書は、執行裁判所が自己の計算において最高価買受申出人に買受けの申出をさせた者があると認める場合において、当該買受けの申出をさせた者（その者が法人である場合にあっては、その役員）が暴力団員等に該当しないと認めるべき事情があるものとして最高

17　住民票の写し等の提出を欠いた場合には、必要な書類が提出されないことになるから、買受けの申出は無効になると考えられる。

裁判所規則で定める場合には、当該買受けの申出をさせた者が暴力団員等に該当するか否かについて都道府県警察に対する調査の嘱託を要しない旨を規定している。

これを受けて、規則51条の7は、都道府県警察に対する調査の嘱託を要しない場合として、最高価買受申出人または自己の計算において最高価買受申出人に買受けの申出をさせた者が、指定許認可等を受けて事業を行っている者である場合と規定している（「指定許認可等」の意義については、後記(4)b参照）。

最高価買受申出人または自己の計算において最高価買受申出人に買受けの申出をさせた者が指定許認可等を受けて事業を行っている者かどうかを判断するためには、これらの者に指定許認可等を受けていることを証する文書（免許証等）の写しを提出させることが簡便である。もっとも、期間入札の場合、開札後、最高価買受申出人が決定してからそのような文書の写しを提出させることとすると、原則として開札期日から3週間以内の日に売却決定期日を指定しなければならないとされており（規則46条2項）、この間に都道府県警察へ調査の嘱託をする必要があることとの関係で、かなり窮屈な日程となる。

そこで、本項は、入札人に対し、入札人が指定許認可等を受けて事業を行っている者である場合には、買受けの申出をする際に、当該指定許認可等を受けていることを証する文書の写しを提出することを求めている（1号）。また、自己の計算において入札人に買受けの申出をさせようとする者が指定許認可等を受けて事業を行っている者である場合には、その者が当該指定許認可等を受けていることを証する文書の写しを提出することを求めている（2号）。仮に、指定許認可等を受けている入札人が入札の際に、これらの文書の写しを提出しなかった場合において、当該入札人が最高価買受申出人になったときは、これらの者が暴力団員等に該当するか否かについて都道府県警察に対して調査の嘱託をすることになることから、これらの文書の写しの提出は義務付けられておらず、あくまで任意の提出の協力を求めるものである。

なお、入札人がその商号自体から指定許認可等を受けていることが明らかであるような場合には、資格証明書の提出があれば足り、別に当該指定許認可等を受けていることを証する文書の写しを提出するまでもないと考えられる。

⑶ 規則46条

本条は、期間入札における入札期間等の指定に関する規定である。旧規則本条2項においては、裁判所書記官が法64条4項の規定により売却決定期日を指定するときは、やむをえない事由がある場合を除き、開札期日から1週間以内の日を指定しなければならないとされていたが、改正規則により、「1週間以内」が「3週間以内」に改められた。

これは、改正法により、執行官が開札期日において有効な入札をした者の中から最高価買受申出人を決定した後、原則として、執行裁判所が都道府県警察へ調査の嘱託をすることとされたことから（法68条の4）、これに要する期間を考慮したものである。通常は、3週間以内に警察から回答がされることとなるが、具体的な事案に応じて、この期間に回答がされない場合も想定される。このような場合については、「やむをえない事由」があることになろう。

⑷ 規則51条の7

a 本条の趣旨

本条は、法68条の4第1項ただし書および2項ただし書の個別委任に基づいて、最高価買受申出人等が暴力団員等に該当するか否かについての都道府県警察に対する調査の嘱託を要しない場合を定めるものである。

b 調査の嘱託を要しない場合（1項・2項・3項）

法令の規定により許認可等を受けて事業を営んでいる者については、当該法令において、その者（その者が法人であるときはその役員）が暴力団員等でないことを当該許認可等の基準として定めている場合があり、そのような許認可等を受けて事業を営んでいる者については、その者（その者が法人であるときはその役員）が暴力団員等でないことが担保されているといえる。

したがって、最高価買受申出人が当該許認可等を受けて事業を営んでいる者である場合には、その者について改めて警察に調査を嘱託する必要はないと考えられる。また、自己の計算において最高価買受申出人に買受けの申出をさせた者についても同様である。

規則における具体的な規定の仕方としては、本条1項において、最高価買受申出人が指定許認可等を受けて事業を行っている者である場合、本条2項において、自己の計算において最高価買受申出人に買受けの申出をさせた者が指定許認可等を受けて事業を行っている者である場合とした上で、本条3項において「指定許認可等」の内容について定めるという形を採っている。

もっとも、どのような許認可等が指定許認可等に当たるかについては、具体的には、行政庁が許認可等をする際の運用の実情を踏まえた機動的な指定が必要であると考えられることから、最高裁判所が指定することとしている。現在、宅地建物取引業法3条1項の免許および債権管理回収業に関する特別措置法3条の許可が指定許認可等として指定されている（令和2年最高裁判所告示第1号）。

c　最高裁判所長官による告示（4項）

本条3項により、指定許認可等が指定された場合には、これを周知する必要があることから、本条4項は、最高裁判所長官が、これを官報で告示することとしている。上記のとおり、令和2年最高裁判所告示第1号が告示されている（令和2年3月17日官報）。

(5)　他の手続への準用

不動産競売における暴力団員の買受けを防止するための法の規定は、担保不動産競売にも準用される（法188条）。工場財団のように特別法により不動産とみなされる権利（工場抵当法14条等）や、不動産競売に関する規定の適用において不動産とみなされる登記された地上権等の権利（法43条2項）についても適用される。規則の前記各規定は、これらの手続について準用（規則173条1項）または適用される。また、改正法により、企業担保権の実行手続においても不動産競売における暴力団員の買受けを防止するための法の規定を準用することとされたことから（企業担保法50条）、規則の前記各規定も準用することとしている（企業担保権実行手続規則（昭和33年最高裁判所規則

第5号）22条の2）。

他方、不動産競売における暴力団員の買受けを防止するための法の規定は、船舶執行には準用されていない（法121条参照）。したがって、規則の前記各規定も船舶執行における準用条文から除外されている（規則83条参照）。規則において強制執行の方法が定められている航空機執行、自動車執行、建設機械執行および小型船舶執行についても同様である（規則97条等参照）。

4　債権執行事件の終了に関する規律の見直し

(1)　規則137条の2

a　本条の趣旨

法155条5項は、金銭債権を取り立てることができることとなった日（規則137条の取立届または本条の支払を受けていない旨の届出をした場合にあっては、最後に当該届出をした日）から支払を受けることなく2年を経過したときは、支払を受けていない旨の届出をしなければならない旨を定めている。届出義務が生じた後、4週間以内に取立届（差押債権の全部の支払を受けた旨の届出を除く）または支払を受けていない旨の届出を提出しない場合には、差押命令は取り消されることになる（法155条6項）。

本条は、差押債権者が法155条5項の規定によってする支払を受けていない旨の届出の方式について、書面によるべきこととした上で、その記載事項を定めている。取立届同様、金銭債権に対する強制執行についてのみ適用がある[18]。

b　支払を受けていない旨の届出の記載事項（1項）

支払を受けていない旨の届出の記載事項は、①事件の表示、②債務者および第三債務者の氏名または名称、③第三債務者から支払を受けていない旨である。①および②は事件および事件記録を迅速的確に特定索出するために必要と考えられる事項である。③については、支払を受けていない旨の届出の

18　振替社債等のうち取立て可能なものおよび電子記録債権については準用される（規則150条の5第4項、150条の15第1項参照）。規則137条の3についても同様である。

性質上、当然必要となるものである。

c　第三債務者から支払を受けていない理由の記載（2項）

法155条5項は、支払を受けていない旨の届出については、単に支払を受けていない旨を届け出れば足り、支払を受けていない理由については、とくに執行裁判所に報告することは必要としていないと考えられる。しかしながら、支払を受けていない理由の報告を求めることによって、執行裁判所としては、事件進行の見通しを把握することができ、事件管理に資する上、差押債権者にとっても、その債権管理に資すると考えられる。そこで、本条2項は、任意的な記載事項として、差押債権者が、第三債務者から支払を受けていない理由の記載を求めている。具体的には、差押債権が期限付きのものであれば、その旨および具体的な期限を記載するといったことが想定される。なお、第三債務者から支払を受けていない理由の記載は、あくまで任意の協力を求めるものであり、この記載を欠いたからといって、届出が無効となるものではない。

(2)　規則137条の3

a　本条の趣旨

本条は、執行裁判所が法155条6項の規定により差押命令を取り消すにあたって、裁判所書記官が、あらかじめ、差押債権者に対してすべき通知について規定するものである。支払を受けていない旨の届出同様、金銭債権に対する強制執行についてのみ適用がある。

b　裁判所書記官による差押命令の取消しの予告

前記(1)aのとおり、金銭債権を取り立てることができることとなった日（取立届または支払を受けていない旨の届出をした場合にあっては、最後に当該届出をした日）から2年を経過した後4週間以内に取立届（差押債権の全部の支払を受けた旨の届出を除く）または支払を受けていない旨の届出をしないときは、執行裁判所は、差押命令を取り消すことができることとされた（法155条6項）[19]。法においては、差押命令を取り消すにあたっては、執行裁判所や裁判所書記官が、差押債権者に対して、取消しに先立って特段の通知をすることは求められていない[20]。しかしながら、差押債権者が、取立届や支払を受けていない旨の届出の提出を失念していることもあると考えられることから、裁判所書記官が、事前に、注意喚起の趣旨で、これらの届出の提出を促すことが相当である。そこで、執行裁判所が差押命令を取り消すにあたっては、裁判所書記官が、あらかじめ、差押債権者に対し、これらの届出をしないときは、差押命令が取り消されることとなる旨を通知することとしたものである。

この通知については、規則3条1項により、民事訴訟規則4条が準用されるから、電話等の相当と認める方法によることができる。また、差押債権者の所在が明らかでないとき等には、この通知をすることを要しない。

c　取消しの予告を通知すべき時期

差押債権者に対して、本条の通知をすべき時期については、規則上はとくに規定がなく、運用にゆだねられているが、期間経過の注意喚起の趣旨であることからすると、差押命令の告知時や差押命令の送達通知時に同時に通知することや、法155条6項の規定に基づき差押命令を取り消す直前に通知することは相当ではない[21]。通知を受けた差押債権者が取立届や支払を受けていない旨の届出を提出するまでの時間的余裕を考慮して通知をすることが求められよう[22]。

19　もっとも、同項の規定により差押命令が取り消された場合であっても、差押債権者が、取消決定の告知を受けてから1週間の不変期間内に取立届（差押債権の全部の支払を受けた旨の届出を除く）または支払を受けていない旨の届出を提出したときは、取消決定はその効力を失うものとされており（法155条7項)、差押債権者は、執行抗告をするまでもなく、簡易な方法により取消決定の効力を失わせることができる。

20　したがって、本条の通知を欠いた場合であっても、法155条6項の規定に基づく取消決定の効力には影響はない。

21　本条の通知を行うことは前提とした上で、差押命令の告知時や差押命令の送達通知時に、差押債権者に対し、取立届や支払を受けていない旨の届出を提出しない場合には、差押命令が取り消されることがありうる旨を教示することは何ら問題ない。

22　なお、本条の通知をすることとなる事件は、2年にわたり、取立届も支払を受けていない旨の届出も提出されなかった事件であることからすると、差押債権者に対して本条の通知をする際に、同時に取下げを促すことも考えられる。

5　差押禁止債権に関する規律の見直し

⑴　規則133条の２

a　本条の趣旨

改正法により新たに設けられた法145条４項は、差押禁止債権の範囲の変更の申立て（法153条）の制度をより利用しやすくするという観点から、裁判所書記官は、差押命令を送達するに際し、債務者に対し、最高裁判所規則で定めるところにより、法153条１項または２項の規定による当該差押命令の取消しの申立てをすることができる旨その他最高裁判所規則で定める事項を教示しなければならないものと規定している。本条は、法145条４項の個別委任を受けて、債権差押命令を送達するに際し、裁判所書記官が債務者に対してすべき教示の方式等を規定している。

b　教示の方式（１項）

本条１項では、教示の方式として、債務者に対する教示の実効性を考慮して、書面ですることとしている。具体的には、債務者に対して差押命令を送達する際に、教示内容が記載された書面を同封する取扱いが想定される[23]。

c　教示内容（２項）

本条が定める教示内容は、法153条１項または２項の規定による差押命令の取消しの申立てに係る手続の内容である[24]。具体的には、申立てをすべき裁判所、申立てをすべき時期および申立てに必要な書類等について教示が必要となる。これに加えて、債権執行の仕組みや取立権の発生時期などについても教示することは、本条２項が定めるところではないが、積極的にすべきことが求められよう。

23　なお、差押えの効力は、差押命令が第三債務者に送達された時に生ずる（法145条５項）ことからすると、債務者に対する教示を欠いた場合であっても、差押えの効力には影響がないと解される。

24　本条と同様の趣旨の規定として、裁判所書記官が、当事者に対し、少額訴訟による審理および裁判の手続の内容を記載した書面を交付しなければならないとする民事訴訟規則222条１項がある。

(2) 規則145条

a 本条の趣旨

本条は、債権執行以外の手続の規定中債権執行に準用すべきものを選抜して列挙した上、必要な読替えを施している。

改正法により、差押債権が給与等の債権（法152条1項各号・2項）である場合には、差押債権者（数人あるときは、そのうち少なくとも1人以上）の債権に扶養義務等（法151条の2第1項各号）に係る金銭債権が含まれているときを除き、債務者に差押禁止債権の範囲の変更の申立て（法153条）をするための準備期間を保障する必要があることから、債務者に対して差押命令が送達された日から4週間を経過するまでは、取立てをすることができないものとされた（法155条2項）。これと同様に、配当等（配当および弁済金の交付）についても、債務者に対して差押命令が送達された日から4週間を経過するまではこれを実施してはならないものとされた（法166条3項）。

本条は、配当等の手続について、不動産の強制競売における配当等の手続に関する規則59条2項の規定を準用しているが、法166条3項の規定に対応して、改正規則により、読替えの内容を改めている。

b 配当等の期日の指定

旧規則による準用および読替えによれば、債権執行においては、特別な事情がある場合を除き、配当等を実施すべきこととなった日[25]から1カ月以内の日を配当等の期日としなければならないこととされていた。しかしながら、配当等を実施すべきこととなった日から1カ月以内の日が、債務者に差押命令が送達された日から4週間以内である事態も生じうる。そこで、法166条3項の趣旨に従い、確実に債務者に差押命令が送達された日から4週間の期間を確保するために、改正規則により、差押債権が給与等の債権である場合には、特別な事情がある場合を除き、配当等を実施すべきこととなった日または債務者に対して差押命令が送達された日から4週間を経過した日のいずれか遅い日から1カ月以内の日としなければならないこととされた。

25 配当等を実施すべき場合は、法166条1項に列記されている。

もっとも、差押債権者（数人あるときは、そのうち少なくとも１人以上）の債権に扶養義務等に係る金銭債権が含まれているときは、特別な事情がある場合を除き、配当等を実施すべきこととなった日から１カ月以内の日を配当等の期日としなければならない。

なお、差押債権が給与等の債権以外の債権である場合には、特別な事情がある場合を除き、配当等を実施すべきこととなった日から１カ月以内の日を配当等の期日としなければならず、この点に変更はない。

6　附　　則

(1)　施行期日

改正規則の施行期日は、原則として、改正法の施行の日（令和２年４月１日）とされている（改正規則附則１条）。なお、注２のとおり、不動産に係る情報取得手続に関する規定については、令和３年５月１日から申立てをすることが可能になったことから、これに関する規則の規定についても同日以降適用されることとなった。

(2)　経過措置

改正法附則２条によれば、不動産競売における暴力団員の買受け防止に関する法の規定については、改正法の施行の日前に裁判所書記官が売却実施処分をした場合には適用されないとされていることから、これに関する規則の規定についても、同様の経過措置を定めている（改正規則附則２条）。なお、差押債権者による無剰余回避のための買受けの申出および保全処分の申立てをした差押債権者による買受けの申出については、これらの申出が施行日前に既にされている場合も想定されるが、このような場合において、売却実施処分が施行日である令和２年４月１日以降にされるときは、これらの差押債権者は、売却実施処分がされた時点で、暴力団員等に該当しないこと等の陳述をする必要があると考えられる。

（谷藤一弥）

第 3 編

運用実務編

第1章

第三者からの情報取得手続に関する運用（含・財産開示手続の運用変更）

Ⅰ　はじめに

民事執行法等を改正する改正法が令和元年５月10日に成立して同月17日に公布され、また、改正法に対応して、改正規則が令和元年11月27日に公布されました。改正法および改正規則は、不動産に係る情報取得手続に関する規定を除き、令和２年４月１日から施行されており、令和３年５月１日からは、この規定の適用も開始されています[1]。

東京地方裁判所民事執行センター（以下「当センター」といいます）では、改正法および改正規則の施行前後を通じ、新しい制度・手続について内部で検討を行うとともに、最高裁判所事務総局民事局および大阪地方裁判所民事執行センターとの間でも多数回にわたり意見交換を重ねるなど、実務における実情も踏まえた上での運用の検討と改善を随時行っています。本章では、債務者財産の開示制度の実効性向上を目的として新設された第三者からの情報取得手続（単に「情報取得手続」ともいいます）について、新たに開始された不動産に係る情報取得手続に関する事項を含め、各種書式の紹介とともに、東京・大阪両地方裁判所でおおむね一致している運用を説明します[2]。また、本改正を契機として財産開示手続に関する従来の運用を変更した部分についても、補論として触れています。

1　不動産に係る情報取得手続は、登記所における不動産に係る情報管理体制の整備に要する時間を確保する必要から、適用開始時期が他の規定よりも後ろ倒しされていました（改正法附則５条）。

2　各種書式例については、当センターのウェブサイト（インフォメーション21）および大阪地方裁判所のウェブサイトに掲載しています。最新の情報は、これらのウェブサイトを参照してください。

Ⅱ　情報取得手続の概要

第三者からの情報取得手続とは、金銭債権についての債務名義を有する債権者や一般の先取特権を有する債権者の申立てにより、執行裁判所が、債務者以外の第三者（具体的には、登記所・市町村等・金融機関）に対して、債務者の財産（具体的には、不動産[3]・給与債権[4]・預貯金債権[5]および振替社債等[6]）に係る情報の提供を命ずる旨の決定（情報提供命令）をし、情報提供命令を受けた第三者が、執行裁判所に対し、書面により当該情報を提供するという手続です。

債務者の財産状況を調査する制度として平成15年の民事執行法改正において創設された財産開示手続は、開示義務者の不出頭等により債務者の財産状況が開示されない事件が多く、その実効性が必ずしも十分でないという指摘がされていました。また、近時では、金融機関や公的機関において、債務者の財産に関する情報をある程度包括的に回答することができるようになってきているとの指摘もあります。こうした従前の財産開示手続の利用や運用の実情と、金融機関や公的機関における情報の管理体制をめぐる状況の変化を踏まえて、債権者の権利実現の実効性をさらに向上させる方策の１つとして、改正法において、情報取得手続が新設されました[7]（なお、財産開示手続についても申立権者の範囲の拡大や罰則の強化を内容とする改正がされています。後記XII）。給与債権・預貯金債権および振替社債等に係る情報取得手続につ

3　債務者が所有権の登記名義人である土地または建物その他これらに準ずるものとして法務省令で定めるものをいいます（法205条１項）。なお、法務省令は定められていません。

4　債務者が支払を受ける地方税法317条の２第１項ただし書に規定する給与に係る債権（法206条１項１号）と、厚生年金保険の被保険者である債務者が支払を受ける厚生年金保険法３条１項３号に規定する報酬または同項４号に規定する賞与に係る債権をいいます（法206条１項２号）。

5　民法466条の５第１項に規定する預貯金債権をいいます（法207条１項１号）。

6　社債、株式等の振替に関する法律２条１項各号に掲げられている社債等のうち、振替機関が取り扱うものを指し（同法279条）、具体的には、上場株式、投資信託受益権、社債、地方債、国債などがあります（法207条１項２号）。

7　本書18頁参照。

いては令和２年４月１日に、不動産に係る情報取得手続については令和３年５月１日に、それぞれ開始されています（改正法附則５条、令和２年政令第358号）。

情報取得手続（法第４章第２節）は、財産開示手続（法第４章第１節）と同様、債権者が債務者の財産から債権の満足を受けるための手続である点で、強制執行等の手続に通じる性質を有する反面、強制執行等と異なり最終的な債権の満足に至るものではないことを考慮して、「債務者の財産状況の調査」（法第４章）として、強制執行、担保権の実行としての競売および形式的競売と並ぶ民事執行の１つとして位置付けられています（法１条）[8]。

以下では、不動産に係る情報（以下「不動産情報」といいます）、給与債権に係る情報（以下「勤務先情報」といいます）ならびに預貯金債権および振替社債等に係る情報（以下「預貯金情報」「振替社債等情報」といい、併せて「預貯金等情報」といいます）に関する各情報取得手続の運用について、手続の流れに沿って説明をします。

Ⅲ　情報取得手続の申立て

1　管　　轄

債務者の普通裁判籍の所在地を管轄する地方裁判所が、当該普通裁判籍がないときは情報の提供を命じられるべき者（すなわち第三者）の所在地を管轄する地方裁判所が、執行裁判所として管轄します（法204条、20条、民事訴訟法４条）。債務者の普通裁判籍がない場合とは、債務者が個人である場合でいえば、日本国内に債務者の住所・居所がなく、最後の住所も不明である場合をいいます[9]。

8　財産開示手続につき、谷口園恵＝筒井健夫編著『改正 担保・執行法の解説』137頁（商事法務、2004年）参照。

9　相澤眞木＝塚原聡編著『民事執行の実務［第４版］債権執行編（上）』38頁（金融財政事情研究会、2018年）。

この管轄は専属管轄です（法19条）。管轄に違背して申立てがされた場合、管轄権のない執行裁判所は、債権差押命令の申立て等の場合と同様に[10]、申立てを取り下げた上で管轄裁判所に新たな申立てをするよう勧告するなどすることが一般的と考えられますが、これに応じないときは、職権で管轄裁判所に移送することになります（法20条、民事訴訟法16条１項）。移送決定に対しては、申立人は即時抗告をすることができます（法20条、民事訴訟法21条）。なお、情報提供命令発令前の移送決定については、第三者および債務者に対して告知する必要はないと考えられます[11]。

2　申 立 書

(1)　書面による申立て

申立ては、書面でする必要があります（規則１条）。

申立書のひな型は後掲**【書式例１】**～**【書式例７】**のとおりであり、当事者目録、請求債権目録（または担保権・被担保債権・請求債権目録）および所在地目録（不動産情報を対象とする申立ての場合）を別紙として引用する形式としています。

申立書の必要的記載事項は次の①～③です（規則187条１項）。

①　申立人、債務者および情報の提供を命じられるべき者（第三者）の氏名または名称および住所ならびに代理人の氏名および住所（１号）（具体的には、後記Ⅳで項を改めて説明します）

②　申立ての理由（２号）（具体的には、後記Ⅴで項を改めて説明します）

③　不動産情報を対象とする申立てのときは、登記所に検索を求める土地等の所在地の範囲（３号）（後掲**【書式例１】【書式例２】**の表紙１枚目参照）

上記③は、例えば「東京都」「大阪府および京都府」など都道府県名を記

10　相澤＝塚原編著・前掲注９・40頁参照。

11　相澤＝塚原編著・前掲注９・38頁、最高裁判所事務総局編『条解民事執行規則［第四版］上』19頁注(7)（法曹会、2020年）参照。

載することが想定されますが、「東京都千代田区」のように、さらに詳細地域を指定することも可能です。一方、「東京23区」「関東地方」「東京都（千代田区を除く）」など検索を求める範囲（都道府県名等）を具体的に明示しない記載は許されません。なお、「全国」という記載をしても申立てとして不適法とはいえませんが、登記所における検索作業に相応の時間を要することが予想されますので、結果的に情報提供までの期間を長期化させるおそれがあります[12]。

次に、申立書の任意的記載事項として、債務者の特定に資する事項があります（規則187条2項。具体的には、後記Ⅳ3(2)のとおり）。

このほか、申立ての趣旨として、情報提供を求める財産の種類（不動産、給与債権、預貯金債権、振替社債等の別およびその根拠条文）を明記して、第三者に対し法定の情報の提供を命じるよう求める旨を本文に記載します。民事執行の申立書一般に必要な事項として、申立年月日や執行裁判所の表示等を記載し、申立人または代理人の記名押印をすべきことは当然です（規則15条の2、民事訴訟規則2条）。

(2) 申立ての単位

債務者のプライバシーや営業秘密に属しうる情報を提供させ、記録や提供された情報の閲覧等の可否の判断を債務者ごとに行う必要があることに加え、第三者の過度の負担を避けるべきであるという情報取得手続の性質上、申立ては、債務者ごとに行う必要があります。これに対し、複数の債権者が1名の債務者に対して1通の申立書で申し立てることは可能です。

また、情報提供の対象となる財産の種類によって、情報提供命令の送達の要否や事件記録を閲覧等できる者の範囲が異なるなどの手続上の差異があることから、東京・大阪両地方裁判所においては、申立ては、対象となる財産

12　登記所は、今後開発される検索システムを利用して債務者名義の土地等を検索することになるが、システムの仕様や申立件数によっては、全国の土地等を対象に検索をする場合には、検索作業に相応の時間を要することが予想されるため、検索対象を債務者名義の土地等が存在する可能性がある地域に限定することで、申立人が早期に情報提供を受けられるように、規則187条1項3号において、検索を求める土地等の所在地の範囲を申立書の記載事項としたものとされています（本書92頁、成田晋司＝闞隆太郎「民事執行規則等の一部を改正する規則の概要」NBL1162号5頁参照）。

の種類ごとに、別個の申立書により申し立てることを求めることとしています。具体的には、「不動産」「給与債権」「預貯金債権」「振替社債等」の別に、別個の申立書により申立てを行うことを求めるものです。

なお、同一の債務名義に基づき同時に複数の申立てを行う場合には、後記Ｖ１⑴エのとおり、債務名義正本や送達証明書等の執行開始要件の立証資料の引用（写しの提出）を許容することとしています。ただし、例えば勤務先情報と預貯金情報の申立てを同時に行った場合、給与債権に係る情報提供命令は債務者に送達されることから（法206条２項、205条３項）、預貯金債権に係る情報提供がされる前に債務者に対して情報取得手続が行われていることが伝わり、債務者が換価性の高い預貯金を引き出して費消したり他の口座に移したりするおそれがありますので、密行性を重視する場合には留意が必要です。

以上に対し、例えば、勤務先情報につき複数の第三者（○○市、日本年金機構、○○共済組合）を１通の申立書で申し立てたり、預貯金情報や振替社債等情報につきそれぞれ複数の第三者（(○○銀行、△△信用金庫)、(○○銀行、◎◎証券会社)）を各１通の申立書で申し立てたりすることは問題ありません。

3　申立手数料等

⑴　申立手数料

申立て１件につき1000円です（民訴費用法３条１項、別表第１の16イ）。申立書等に収入印紙を貼付して納付してください。

情報取得手続は債務者の財産に係る情報を取得することを目的とする手続ですから、１名の債権者が数個の債務名義に基づいて申し立てても、債務者が１名であれば、１個の申立てとなります。第三者の数による影響（加算）はありません。これに対し、複数の債権者が申し立てる場合には、債務名義や申立書が１通であっても数個の申立てとなります。

⑵　費用の予納（法14条）

申立人は、債務者や第三者への郵送費用等を予納する必要があります（民訴費用法11条１項１号）。

加えて、預貯金債権および振替社債等（以下「預貯金等」といいます）の情報提供を求める申立てにおいては、第三者である金融機関に対する報酬（第三者ごとに2000円。民訴費用法28条の３、民訴費用規則８条の３）の相当額も予納する必要があります（民訴費用法11条１項１号）。

東京・大阪両地方裁判所においては、申立て１件（申立人１名の場合）につき、不動産情報の申立てについては、6000円、勤務先情報の申立てについては、第三者１名の場合6000円、第三者が１名増すごとに2000円加算、預貯金等情報の申立てについては、第三者１名の場合5000円、第三者が１名増すごとに4000円加算をした合計額を、保管金として予納することを求めることとしています。申立書の受付後に交付される保管金納付書を利用して（郵送申立ての場合はこの送付のための94円分の切手を別途提出するようお願いします）、指定の銀行口座に振り込んでください。

また、預貯金等に係る情報取得手続の場合には、規則では、第三者から申立人に対し情報提供書（法208条１項の書面）が直送されることが予定されているところ（規則192条１項ただし書）、東京・大阪両地方裁判所では、預貯金等に係る情報取得手続の場合には、直送用の封筒（申立人の住所および氏名を記載し、郵便料金が申立人負担のもの）の提出を求めることとしています（後記Ⅶ１⑵参照）。もっとも、直送するかどうかは第三者にゆだねられているため（規則192条１項）、直送用の封筒を提出した場合でも、必ずしも申立人に情報提供書が直送されるとは限りません。

4　添付書類等

⑴　申立書の添付書類

必要に応じて、後記Ｖで説明する執行力のある債務名義の正本、送達証明書、先取特権の証明文書等やその他の要件立証資料のほか、申立人、第三者および債務者の資格証明書（代表者事項証明書等)、弁護士申立ての場合の委任状、債務者の生年月日等の特定事項を示す公的書類（住民票等)、申立人や債務者の氏名や住所等が債務名義上の表示と異なる場合の同一性（つながり）を証する公的書類（住民票、戸籍の附票、商業登記事項証明書等）等を添付し、添付した書類を申立書に記載します。

なお、不動産情報、勤務先情報および預貯金等情報の各申立てそれぞれに一般的に必要な書類等については、**【資料１】【資料２】【資料３】**も参照してください。

(2) 債務名義等の返還（還付）申請

強制執行の場合と異なり、情報取得手続には、事件終了時における債務名義正本の債権者への交付の規定（規則62条２項、145条等参照）はありませんが、情報取得手続は後の強制執行の準備としての性質を有することから、申立人において債務名義等の返還（いわゆる還付。以下「還付」といいます）を希望する場合には、これを還付することができると考えられます。申立人において、債務名義正本や送達証明書等の強制執行の開始に必要な書類の還付を求める場合は、申立て時に、還付を求める書類の写し各１部を添付した還付申請書（当センターにおける書式は後掲**【書式例８】**）を提出してください。

なお、先取特権の証明文書の還付申請の場合は、後掲**【書式例８】**を参考に原本還付申請書を作成し、後記Ｖ２(1)イのとおり、不動産に係る申立ての場合は写し２部を（法205条３項参照)、預貯金等に係る申立ての場合は写し１部を、添付してください。

Ⅳ 申立人・第三者および債務者（当事者目録の記載事項）

申立書には、申立人、債務者および第三者（情報の提供を命じられるべき者）の氏名または名称および住所ならびに代理人の氏名および住所を記載する必要があります（規則187条１項１号)。

1　申 立 人

(1)　申立権者

ア　債務名義に基づく申立て

債務名義に基づく情報取得手続の申立権者は、執行力のある債務名義の正本を有する金銭債権の債権者です（ただし、勤務先情報を対象とする申立てには下記の限定があります。法205条１項１号、206条１項、207条１項）。

債務名義の種類に限定はなく、金銭債権についての強制執行の申立てをすることができる債務名義であれば、いずれでも情報取得手続の申立てができます。

金銭債権の内容について、不動産情報および預貯金等情報を対象とする申立てについては、限定はありません。これに対し、勤務先情報を対象とする申立てができる請求権は、①法151条の２第１項各号に掲げる義務に係る請求権[13]（すなわち、養育費や婚姻費用等の支払請求権）または②人の生命もしくは身体の侵害による損害賠償請求権に限られます（法206条１項柱書）。

上記②の請求権には、人の生命または身体の侵害による慰謝料請求権も含まれます。例えば、名誉毀損や不貞による慰謝料請求権は通常これに含まれないと解されますが、パワハラによりPTSDを発症するなど、精神的機能の障害を負った場合の慰謝料請求権は、これに含まれるものと考えられます[14]。

また、養育費等の保証人が弁済による代位をした場合に取得した請求権が上記①の請求権に、交通事故の人身損害について保険金を支払い、被保険者の損害賠償請求権を代位取得した保険会社（保険代位）の請求権が上記②の請求権に、それぞれ含まれるものとする考え方があります[15]。

13　具体的には、民法752条の規定による夫婦間の協力および扶助の義務（法151条の２第１項１号）、民法760条の規定による婚姻から生ずる費用の分担の義務（同項２号）、民法766条等の規定による子の監護に関する義務（同項３号）、民法877条から880条までの規定による扶養の義務（同項４号）に係る請求権となります。定期金債権には限りません。

14　本書29頁参照。

もっとも、上記①または②の請求権であることは、債務名義の表示上その趣旨が明らかになっている必要があります。和解調書や調停調書等において、債務者が支払義務を負う金員の名目が「本件事故による人身損害に係る損害賠償債務として」といったものであれば、上記請求権に該当することは明らかです。また、単に「本件事故による損害賠償債務として」であっても、調書中の請求の表示（引用された訴状の請求の原因等を含みます。この場合、引用された訴状等の写しを提出してください）によって訴訟物が本件事故による人身損害賠償請求権であると認めることができるときは、問題はありません。これに対し、損害賠償請求権に人身損害が含まれることが明らかでない場合[16]、あるいは、債権の名目が「本件解決金」や「和解金」とされており、請求の表示の記載（引用された訴状の請求の原因等を含みます）によっても、これが人身損害に係る損害賠償請求権を含むものであることが明らかではない場合には、勤務先情報を対象とする申立ては認容できないことになります。公正証書の場合も、公正証書全体の記載自体から、上記①または②の請求権であると判断できることが必要となります。和解条項や調停条項、公正証書等を作成する際には、以上の点に注意してください。

イ　先取特権に基づく申立て（不動産・預貯金等に係る申立てに限る）

不動産情報および預貯金等情報を対象とする申立てについては、債務者の財産について一般の先取特権を有することを証する文書を提出した債権者も申立権者となります（法205条１項２号、207条２項）。

一般の先取特権としては、民法306条および特別法上の一般の先取特権（保険業法117条の２等）がありますが、雇用関係の先取特権（民法306条２号、308条）が典型例です（後掲**【書式例２】**参照）。なお、建物の区分所有等に関する法律７条所定の先取特権は、一般の先取特権には該当しないと考えられま

15　内野宗揮編『Q&A令和元年改正民事執行法制』104～105頁（金融財政事情研究会、2020年）参照。

16　なお、債務名義が「人の生命若しくは身体の侵害による損害賠償請求権」についてのもの（法206条１項柱書）であるためには、債務名義に表示された請求権の一部が「人の生命・身体の侵害による損害賠償請求権」であれば足りると考えられます。内野編・前掲注15・103頁（注２）。

す。

(2) 記載事項

申立人の氏名または名称、住所または本店所在地、法人の場合は代表者の資格および氏名を記載するほか、申立人・第三者間での問合せがありうることから、申立人の電話番号等も記載してください。

申立人の氏名や住所等が債務名義正本の表示から変更している場合には、これらを併記し、同一性（つながり）を証明する公的書類（住民票、戸籍の附票、商業登記事項証明書等）を提出します。

申立人が弁護士等の代理人によって申し立てるときまたは申立人に法定代理人があるときは、当該代理人を表示します。なお、情報取得手続に関しても、許可代理人の規定（法13条）が適用されます。

2 第三者

(1) 第三者となりうるものおよび第三者が提供すべき情報

第三者（情報の提供を命じられるべき者。規則187条１項１号）となりうるものは、対象となる財産の種類ごとに、以下の者に限定されており[17]、第三者が提供すべき情報も、以下のとおり法定されています。これ以外の情報の提供を求めたり、逆にこのうちの一部の情報のみの提供を求めたりすることはできません[18]。

ア 不動産情報を対象とする申立て

第三者は、東京法務局となります（法205条１項、民事執行法二百五条第一項に規定する法務省令で定める登記所を定める省令（令和３年法務省令第15号））。代表者（登記官の氏名等）を記載する必要はありません。

第三者が提供すべき情報は、「債務者が所有権の登記名義人である土地又

---

17 例えば生命保険解約返戻金請求権に関する情報が情報取得手続の対象とされなかったこと、全国銀行協会が情報の提供を命じられるべき者にされなかったことなどにつき、本書33頁注22、34頁注23参照。

18 本書92頁注４。

は建物その他これらに準ずるものとして法務省令で定めるもの（土地等）の存否及びその土地等が存在するときは、その土地等を特定するに足りる事項」です（規則189条）。なお、法務省令は定められていないため、土地または建物の情報となります。具体的には、土地の場合には、所在、地番等を、建物の場合には、所在、家屋番号等を提供すべきことになります[19]。債務者の単独所有の場合に限らず、共有や区分所有の場合も含まれます。他方で、被相続人の死亡により債務者への相続登記未了の不動産は、「債務者が所有権の登記名義人である」不動産には含まれないと考えられます[20]。

イ　勤務先情報を対象とする申立て

第三者となりうるものは次のａ、ｂのとおりであり、この中から、申立人において申立書（当事者目録）に記載することにより選択したものが第三者となります（法206条１項柱書）。

ａ　市町村（特別区を含みます。以下同じ）（法206条１項１号）

ｂ　日本年金機構、国家公務員共済組合、国家公務員共済組合連合会、地方公務員共済組合、全国市町村職員共済組合連合会または日本私立学校振興・共済事業団[21]（法206条１項２号）

第三者が提供すべき情報は「債務者に対して給与[22]（報酬又は賞与[23]）の支払をする者の存否並びにその者が存在するときはその支払をする者の氏名又

19　本書94～95頁。

20　山本和彦監修『論点解説令和元年改正民事執行法』63頁（金融財政事情研究会、2020年）、内野編・前掲注15・63頁参照。

21　日本年金機構、国家公務員共済組合連合会、全国市町村職員共済組合連合会および日本私立学校振興・共済事業団はいずれも法人名です。これに対し、国家公務員共済組合および地方公務員共済組合は各種共済組合の総称であって具体的な法人名ではないので、申立書には「○○省共済組合」「○○市共済組合」などと各法人名を記載する必要があります。国家公務員共済組合は、具体的には、裁判所共済組合、法務省共済組合、日本郵政共済組合などであり（国家公務員共済組合法３条１項・２項、２条７号）、現在20組合あります。地方公務員共済組合は、具体的には、都職員共済組合、公立学校共済組合、警察共済組合などであり（地方公務員等共済組合法３条１項・２項）、現在64組合あります（本書26頁注18、27頁注19、20参照）。

22　地方税法317条の２第１項ただし書に規定する「給与」をいいます（法206条１項１号）。

23　厚生年金保険法３条１項３号に規定する「報酬」または同項４号に規定する「賞与」をいいます（法206条１項２号）。

は名称及び住所（その者が国である場合は、債務者の所属する部局の名称及び所在地）」となります（規則190条）。

なお、給与の支払をする者が国である場合、後の差押えの際には、支出官等を代表者として当事者目録に明記する必要がありますが[24]、申立人において、「債務者の所属する部局の名称及び所在地」の情報の提供を受けた後、当該部局に対して、具体的な支出官等の官職・氏名や差押命令の送達先について確認することになります[25]。

上記ａの機関が保有する勤務先情報は、給与の支払者から毎年１月31日までに同月１日現在の住所地の市町村に提出される給与支払報告書（地方税法317条の６第１項）や、同年４月１日現在において給与の支払を受けなくなった者がある場合に同月15日までに当該市町村に提出される届出書（同条２項）等により得られるものです。したがって、基本的には、情報取得手続の申立てをする年の１月１日時点で債務者が居住していた市町村を第三者とすることが想定され、当該申立てに基づき情報提供命令が発令された場合には、第三者である市町村から、その前年の給与の支払者についての情報（債務者が４月１日までの間に従業員でなくなった場合には、給与の支払者がない旨の情報）が提供されることになるものと考えられます[26]。このように、第三者である市町村から提供される情報は、原則としてその前年の勤務先情報ですから、その年の１月１日以降に債務者が転職した場合、その転職先の情報が得られるわけではありませんし、その年の１月１日以降に債務者が転入した市町村からは、前年の勤務先情報は得られません。

他方で、上記ｂの機関は、それぞれの実施する事務に係る被保険者情報を管理しているにとどまるため、債務者が厚生年金保険に加入していない、あるいは債務者が加入している厚生年金保険の実施機関でない機関を第三者に選択した場合には、情報を得られないことになります[27]。なお、債務者が国

24　相澤＝塚原編著・前掲注９・80頁以下の第三債務者の記載例参照。

25　本書95頁注７。

26　本書26頁、阿多博文「改正民事執行法と弁護士実務―第三者からの情報取得手続の概要と影響―」金法2129号26頁参照。

家公務員ではあるが、どの国家公務員共済組合に所属しているかわからない場合には、国家公務員共済組合連合会を第三者とすることが考えられます。同様に、債務者が市町村の職員ではあるが、全国市町村職員共済組合連合会傘下の共済組合のいずれに属しているかが特定できない場合には、全国市町村職員共済組合連合会を第三者とすることが考えられます[28]。

上記aおよびbの各公的機関の中から、情報を得られる可能性のある複数の機関を同時に選択することも可能です。

ウ　預貯金情報を対象とする申立て

第三者となりうるものは、銀行等（銀行、信用金庫、信用金庫連合会、労働金庫、労働金庫連合会、信用協同組合、信用協同組合連合会、農業協同組合、農業協同組合連合会、漁業協同組合、漁業協同組合連合会、水産加工業協同組合、水産加工業協同組合連合会、農林中央金庫、株式会社商工組合中央金庫または独立行政法人郵便貯金簡易生命保険管理・郵便局ネットワーク支援機構をいいます）となります（法207条１項１号、２項）。銀行等には、日本国内に支店を設けて預貯金の受入れをしている外国銀行も含まれます[29]。

これらの中から、申立人において申立書（当事者目録）に記載することにより選択したものが第三者となります（法207条１項柱書、２項）。債務者が口座を有していると予想される複数の銀行等を同時に選択することも可能です。

第三者が提供すべき情報は、「債務者が第三者に対して有する預貯金債権[30]の存否並びにその預貯金債権が存在するときは、その預貯金債権を取り扱う店舗並びにその預貯金債権の種別、口座番号及び額」となります（規則191条１項）。

情報提供命令を受けた第三者は、そのすべての本支店における債務者の預

27　本書26〜27頁。勤務先情報を対象とする申立てにおける第三者の選択について述べたものとして、鷹取信哉「債務者財産の開示制度の概要と実務上の留意点」自由と正義2019年12月号20頁、山本監修・前掲注20・68頁〔鷹取信哉〕、内野編・前掲注15・93頁があります。

28　内野編・前掲注15・91頁参照。

29　本書31頁。

貯金債権の情報を提供する必要があります[31]。特定の支店に情報提供命令が送付された場合（外国銀行の場合等）でも、第三者である当該銀行等が提供すべき情報は、すべての本支店における債務者の預貯金債権の情報となります。ただし、日本国内に所在する本支店の情報に限定され、銀行等（外国銀行を含みます）の海外支店において取り扱われている預貯金債権の情報は対象とならないものと考えられます[32]。

上記の「額」とは、調査基準日時点での預貯金残高の全額をいいます。請求債権目録記載の金額を超える残高がある場合や、他の債権者が先に差押えや仮差押えをしていたとしても同様です。なお、先行する差押え等の有無のほか、預貯金口座の取引履歴等、規則191条１項に定めるもの以外の情報の

30　別段預金については、その性質に応じて解釈されることになると考えられますが、別段預金のうち、執行実務において差押えの対象となるとの運用がされているものについては、情報提供の対象となると考えられます。これに対し、休眠預金等（民間公益活動を促進するための休眠預金等に係る資金の活用に関する法律（平成28年法律第101号）２条２項）については、金融機関から預金保険機構に対し休眠預金等移管金の全額が納付されたときに預金者等が有する預金等債権は消滅し、休眠預金等代替金支払請求権は当該金融機関に対する債権ではないため（同法７条）、休眠預金等に関する債権は、情報提供の対象となる「債務者の当該銀行等に対する預貯金債権」（法207条１項１号）には該当しないと考えられます。

31　なお、預貯金債権についての情報取得手続が開始された後においても、債権差押命令において預貯金債権を差し押さえるにあたっては、第三債務者となる金融機関に過度の負担と危険を負わせることを避けるため、（インターネット専業銀行の場合を除いて）取扱店舗を特定する必要があるとの従前からの取扱いには変更はありません。情報取得手続においては、一定の調査基準日時点における情報を提供するにとどまるのに対し、債権差押命令の場合は、第三債務者への送達により直ちに弁済禁止等の効力が生じるため、送達を受けた金融機関は速やかに差押債権を調査する必要があり、差押えの効力が及ぶ部分については支払停止措置をとり、効力が及んでいない部分については払戻請求に応じなければならないなど、金融機関における債権特定の判断の重要性、迅速性が異なるためです。情報取得手続を経た後の債権執行手続については、本書243頁も参照。

32　情報取得手続が、日本における強制執行等の準備のための制度であり、日本の執行裁判所の決定により行われるものであることからすれば、対象となる預貯金債権に関する情報は、日本国内において管理されている情報を意味するものと解されること、外国で管理されている情報については、第三者において適時に検索をして回答することができるとは限らないこと、また、当該情報の国外への提供が当該外国の法令により禁止されている場合があると考えられることなどからすると、銀行等の海外支店で取り扱われている預貯金債権に関する情報は、第三者が提供すべき情報には含まれないと考えられます（本書32頁注21、中原利明「改正民事執行法と金融実務―金融機関に対する情報提供命令への対応―」金法2129号31～33頁）。

提供を求めることはできません。

エ　振替社債等（具体的には、上場株式、投資信託受益権、社債、地方債、国債等）に係る情報を対象とする申立て

第三者となりうるものは、振替機関等（社債、株式等の振替に関する法律2条5項。振替機関[33]および口座管理機関[34]をいいます）となります（法207条1項2号、2項）。

上記振替機関等の中から、申立人において申立書（当事者目録）に記載することにより選択したものが第三者となります（法207条1項柱書、2項）。後記のとおり、提供される情報は、当該振替機関等の備える振替口座簿における債務者の口座に記載または記録された情報に限られるため、通常は、証券保管振替機構や日本銀行ではなく、債務者が口座の開設を受けていると予想される直近上位の口座管理機関（証券会社や銀行等）を選択することになると考えられます[35]。複数の証券会社等を同時に選択することも可能です。

第三者が提供すべき情報は、「債務者の有する振替社債等（社債、株式等の振替に関する法律279条に規定する振替社債等であって、第三者である振替機関等の備える振替口座簿における債務者の口座に記載され、又は記録されたものに限ります）の存否並びにその振替社債等が存在するときは、その振替社債等の銘柄及び額又は数」となります（規則191条2項）。

なお、債務者の有する単位未満株式や単元未満株式（いわゆるミニ株）については、執行実務では差押えの対象となるとの運用がされていることから、本手続でも同様に、形式的に証券会社の名義となっていた（証券会社の口座に記録されていた）としても、上記の提供すべき情報に該当するものと考えられます[36]。

33　社債、株式等の振替に関する法律3条1項の規定により、社債等の振替に関する業務（振替業）を営む者としての指定を受けた者であり（同法2条2項）、現行制度における「振替機関」としては、証券保管振替機構（国債以外の振替社債等を扱う振替機関）と、日本銀行（国債を扱う振替機関）があります（本書32～33頁）。

34　社債、株式等の振替に関する法律44条の規定により社債等の振替を行うための口座を振替機関または他の口座管理機関に開設した者であり（同法2条4項）、現行の制度においては、証券会社等の金融商品取引業者や銀行等があります（本書32頁）。

35　本書33頁参照。一般投資家が振替機関に口座を有することは考え難いためです。

⑵　記載事項

原則として、第三者の資格証明書に記載の本店または主たる事務所の所在地ならびに代表者の資格および氏名を当事者目録に記載してください。なお、外国銀行の場合は、本店所在地のほか、日本における営業所の所在地を併記し、日本における代表者を記載してください。

市町村等の登記のない法人の場合は、申立人において、主たる事務所の所在地および代表者を調査し、当事者目録に記載してください（なお、国家公務員共済組合の住所および代表者につき、国家公務員共済組合法７条、５条、８条、地方公務員共済組合の住所および代表者につき、地方公務員共済組合法４条２項、12条１項参照）。

⑶　第三者の告知先（情報提供命令正本の送付先）

前記⑴**ア**につき、東京法務局の告知先は、民事行政部不動産部門となります。

前記⑴**イａ**につき、市町村の告知先は、市町村役場の個人住民税担当課となります。

前記⑴**イｂ**の各機関の告知先は、（登記上の）本店または主たる事務所となります。

前記⑴**ウ・エ**の金融機関の告知先は、原則として当該金融機関の本店となりますが、ゆうちょ銀行の場合は、発令した地方裁判所が所在する都道府県を受け持つ各貯金事務センターとなるなど例外もあります。また、外国銀行の場合は、当事者目録に記載された日本における営業所に送付することとしています。

なお、外国銀行の日本における営業所を除き、上記の告知先を当事者目録に記載する必要はありません。

36　内野編・前掲注15・126頁（注）。

3　債務者

(1)　債務者

債務名義上の債務者または（不動産および預貯金等に係る申立てにおける）一般の先取特権の債務者をいいます。

なお、債務名義上の債務者の表示が「ＢことＡ」となっている場合でも、債務名義作成段階または情報取得申立段階でＡとＢとのつながり（同一性）の立証がない限り[37]、情報取得手続における債務者は「Ａ」であり、「Ａ」の財産の情報しか取得できないものと考えられます（上記立証がない限り、後記(2)の債務者の特定に資する事項として記載できるものも、「Ａ」に関するものに限られ、「ＢことＡ」または「Ｂ」に関するものを記載することはできません）。

申立書の当事者目録には、債務者の氏名または名称、住所または本店所在地、法人の場合は代表者の資格および氏名を記載します。

債務者が未成年者[38]や成年被後見人である場合等、法定代理人がある場合には、当該代理人の資格、氏名および住所も記載します。なお、情報取得手続にも特別代理人の規定（法20条、民事訴訟法35条）が準用されますから、破産手続終結後の法人の場合等には、特別代理人を選任することが考えられます。

(2)　債務者の特定に資する事項

申立書の当事者目録には、できる限り、債務者の氏名または名称の振り仮名、生年月日および性別その他の債務者の特定に資する事項を記載する必要があります（規則187条２項）。「その他の債務者の特定に資する事項」としては、債務者の旧姓や旧住所等が考えられます（後掲**【書式例１】**～**【書式例５】**参照）。なお、債務者の生年月日や旧姓、通称、旧住所を記載する場合には、生年月日や住所等のつながりを証明する公的書類（住民票、戸籍の附票、商業登記事項証明書等）の提出が必要です。

37　債務名義作成段階あるいは執行段階でのAとBとのつながり（同一性）の証明については、相澤＝塚原編著・前掲注９・189頁を参照。

38　営業の許可がある場合を除きます（民法６条）。

債務者の特定に資する事項の記載は任意的とされていますが、これらを記載することにより、第三者において債務者の特定が容易になり、ひいては申立人が情報をより確実にかつ早期に得られることにつながると考えられるため、記載が励行されます[39]。記載がなくとも発令は可能ですが、下記にもあるとおり、債務者の特定に資する事項につき記載がないと、第三者において債務者の特定ができず、「該当情報なし」との回答になるおそれがありますので、注意してください。

不動産情報に係る申立てにおいて、債務者が外国人である場合には、氏名および住所が本来アルファベット等であっても、登記記録上は片仮名で表記されており、また、氏名について、住民票上の通称名または漢字表記名により登記記録が作成されていることもありえます。したがって、申立てに際しては、債務者の氏名および住所の片仮名表記、住民票上の通称名ならびに漢字表記名を債務者の特定に資する事項等として記載することを検討することが望まれます。

預貯金等情報を対象とする申立ての場合でも、金融機関によっては、システム上、振り仮名検索しかできないところもあると指摘されており[40]、振り仮名等の記載がないことを理由に、第三者において該当する情報がない旨の情報提供がされるおそれも否定できません。したがって、申立人においては、正確な振り仮名がわからない場合であっても、通常想定される振り仮名（複数可）を記載することが望まれます。

もっとも、執行裁判所としては、下記(3)のとおり、申立書（当事者目録）に振り仮名の記載がなければ、振り仮名の記載のない情報提供命令正本を第三者に送付することになりますが、この場合でも、第三者としては、一切読み方がわからないといった場合でない限り、通常想定される振り仮名で検索をするなどして、命じられた債務者の情報を提供する必要があるものと考えられます[41]。

また、日本年金機構等に勤務先情報の提供を求める場合も、債務者の特定

39　本書93頁、成田＝關・前掲注12・6頁。
40　中原・前掲注32・36頁、成田＝關・前掲注12・7頁注6。

に資する事項として、生年月日や性別の記載がないと、債務者の特定ができないことを理由に、第三者において該当する情報がない旨の情報提供がされるおそれも否定できませんので、住民票等をもとに、生年月日や性別を記載することが望まれます。

振り仮名や旧住所等は、複数併記も可能です。

(3) 記載にあたっての注意

申立書の当事者目録は、原則として、そのまま情報提供命令においても別紙として引用され、第三者は、同目録に記載された債務者特定事項等に基づき情報を提供しますので、記載にあたっては、誤記等のないよう十分注意してください。とくに、不動産情報に係る場合、第三者たる登記所は、公的書類（戸籍謄本、住民票、法人の登記事項証明書等）に基づき作成した不動産登記記録と合致する情報を提供するため、少しでも齟齬があると「該当情報なし」との回答になる可能性もありますので、公的書類と完全に一致する正確な記載をしてください。

V 申立ての要件および立証資料

申立書には、申立ての理由（規則187条１項２号）として、情報取得手続の申立ての要件に該当する事実を具体的に記載し、かつ、立証を要する事由ごとに証拠を記載する必要があります（同条４項、27条の２第２項）。

なお、民事訴訟では特別の規定のない限り原則として証明を必要とし、これは民事執行でも同様ですから、疎明で足りる旨の規定のある法197条１項２号を除き、法197条１項１号および205条２項の要件は、いずれも証明が必要です。

41　成田＝關・前掲注12・７頁注６、山本翔「民事執行法改正と金融機関の実務対応―立案担当者による解説―」銀行法務21・855号29頁参照。

1　債務名義に基づく申立ての場合

不動産情報および勤務先情報を対象とする申立ての場合は次の(1)から(3)までが、預貯金等情報を対象とする申立ての場合は次の(1)および(2)が必要です（後掲**【書式例1】【書式例3】【書式例4】【書式例6】**参照）。

(1)　申立人が執行力のある債務名義の正本を有する金銭債権の債権者であること

ア　執行力のある債務名義の正本

情報取得手続の申立権者については前記Ⅳ1(1)アのとおりです。いずれの情報を対象とする申立てにおいても、債務名義の種類に限定はありませんが、金銭債権の内容については、勤務先情報を対象とする申立てについてのみ、手続を利用できる請求権の内容が限定されています。

債務名義の種類は法22条に列挙されています。金銭の支払を命ずる仮処分命令（民事保全法52条2項。以下「仮払仮処分命令」といいます）についても、情報取得手続を利用できると考えられます（仮払仮処分命令については、後記4で項を改めて説明します）。

債務名義の正本には原則として執行文が必要です（法25条本文）。執行文を要しない債務名義の代表例として、①仮執行宣言付支払督促（法25条ただし書）、②少額訴訟における確定判決または仮執行宣言付判決（同）、③金銭の支払を命ずる旨の家事審判（家事事件手続法75条）、④同法別表第2に掲げる事項（婚姻費用や養育費等）に関する調停調書（同法268条1項）、⑤仮払仮処分命令（民事保全法52条2項）があります[42]。ただし、これらの執行文が不要とされている債務名義についても、承継執行文および事実到来（条件成就）執行文（法27条1項・2項）が必要な場合には、単純執行文の要否にかかわらず、別途該当する執行文が必要です[43]。

なお、家事審判の場合は、単純執行文は不要ですが、確定証明書が必要です。

42　その他の執行文を要しない債務名義等につき、相澤＝塚原編著・前掲注9・91頁以下参照。

イ　執行開始要件を備えていること

当該執行力のある債務名義の正本に基づく強制執行を開始することができないときは、情報提供命令を発令することができない（法205条１項ただし書、206条１項ただし書、207条１項ただし書）とされていることから、執行開始要件を備えることが必要です。

具体的には、債務者への当該債務名義の正本または謄本の送達が必要であり（申立てに関係する部分の更正決定がされた場合には、その正本または謄本の送達も必要）、承継執行文または事実到来執行文が付与された場合には、当該執行文および法27条の規定により債権者が提出した文書の謄本の送達が必要です（法29条）。さらに、確定期限の到来や定期金債権の一部の不履行、引換給付における反対給付をしたことの証明等（法30条、151条の２、31条）なども必要です。

なお、仮払仮処分命令の場合は、債務者に対する債務名義正本の送達は不要ですが（民事保全法43条３項）、最初の財産開示手続または情報取得手続の申立時点で定期金の支払期限または仮払仮処分命令の発令日から２週間が経過している場合には、債権者に保全命令が送達された日を明らかにするため、債権者に対する送達日が明らかになる送達証明書が必要です。仮払仮処分命令の取扱いについては後記４のとおりです。

その他、債務者について破産手続開始決定、民事再生手続開始決定、会社更生手続開始決定または特別清算開始命令があったときは、破産債権や再生債権等に基づく情報取得手続の申立てをすることはできません（破産法（平成16年法律第75号）42条６項、249条１項、民事再生法（平成11年法律第225号）39条１項、123条３項、会社更生法（平成14年法律第154号）50条１項、134条３項、会社法（平成17年法律第86号））515条１項本文）。したがって、情報提供命令の発令前にこれらの事実が判明した場合には、申立ては却下されることに

43　なお、例えば、離婚に係る公正証書において、公正証書作成後に離婚届を提出する旨の条項と併せて養育費の支払についても定めがある場合に、養育費支払請求権が法律上の離婚の成立を条件とする旨の条項となっているときには、事実到来執行文が必要です。

なります。なお、発令時にこれらの事実があったことが発令後に判明した場合には、停止・取消事由になると解されます（手続の停止・取消しについては後記Ⅷ3参照）。また、後記Ⅷ4のとおり、情報取得手続は、死者を債務者とした申立てはできませんから、情報提供命令発令前に債務者の死亡が判明した場合、申立ては却下されます。

ウ　添付書類

執行力のある債務名義正本を添付すべきことは当然です（具体的には、前記**ア**のとおり）。また、送達証明書等の執行開始要件を証明する資料（必要に応じ、確定証明書、承継執行文または事実到来執行文の送達証明書、引換給付における反対給付をしたことの証明等）を添付します（具体的には、前記**イ**参照）。ただし、これらの写しを許容する場合につき、後記**エ**参照。

エ　債務名義等の引用（写しの提出）の取扱い

東京・大阪両地方裁判所においては、同一庁に係属中の他の情報取得事件で使用している債務名義正本や送達証明書等の執行開始要件の立証資料については、これを引用することを認めています。もっとも、財産開示事件や他の強制執行事件で使用している債務名義等を引用することはできません。

引用する場合は、申立書に「なお、令和○年（情チ）第○号第三者からの情報取得事件において提出した債務名義および送達証明書を引用する」などと記載し、当該債務名義正本等の写しを提出してください。

⑵　強制執行等の不奏功またはその見込みの要件（情報取得の必要性の要件）

次の**ア**（1号要件）または**イ**（2号要件）のいずれかの要件を満たすことが必要です。

ア　1号要件

強制執行または担保権の実行における配当等の手続（申立ての日より6カ月以上前に終了したものを除く）において、申立人が請求債権の完全な弁済を得ることができなかったこと（法197条1項1号）の証明が必要です。

6カ月内に実施された配当または弁済金の交付（配当等。法84条3項参照）において、申立人が請求債権全額の弁済を受けられなかったことが必要です。申立人において、配当表写しや弁済金交付計算書写しのほか、必要に応じて不動産競売開始決定写し、債権差押命令写し等を提出して、上記事実を立証する必要があります（債務名義の奥書がある場合には、奥書により債権者および債務者を確認することができるため、配当表または弁済金交付計算書の写しで足りることが多いと思われますが、債務名義の奥書がない場合には、上記確認ができないため、配当表または弁済金交付計算書の写しに加えて、差押命令等の写しの提出を求めることになります）。

なお、東京・大阪両地方裁判所においては、従前からの財産開示手続における運用と同様に、動産執行における執行不能や不動産執行における無剰余取消し、滅失・売却困難・売却の見込みなし等の理由による取消し、債権差押えで第三債務者から「該当なし」との陳述があった場合や直接取立てをした場合などには、同号にいう「配当等の手続」には該当しないとする運用を行っています。したがって、上記のような場合には、後記**イ**の2号要件に基づく申立てを検討することになります。

また、先行する財産開示手続や情報取得手続の申立ての時点では配当等から6カ月内でしたが、その後の情報取得手続等の申立ての時点では配当等から6カ月以上経過していた場合にも、後記**イ**の2号要件に基づく申立てとし、財産調査結果報告書を提出する必要がありますのでご注意ください。

イ　2号要件

知れている財産に対する強制執行を実施しても、申立人が当該請求債権の完全な弁済を得られないことの疎明（法197条1項2号）が必要です。

申立人において、債権者として通常行うべき調査を行い、その結果判明した財産に対して強制執行等を実施しても、請求債権の完全な満足を得られないことを主張し、その疎明をする必要があります。自ら実施した強制執行等が不奏功に終わったことは疎明資料の1つではありますが、実際に何らかの強制執行等を実施することは必ずしも必要ありません。また、申立ての日の前の3年以内に実施された財産開示期日に債務者が出頭しなかったりみるべき財産が発見されなかったりしたことや、先行する情報取得手続においてみるべき財産が発見されなかったこと等も、有力な疎明資料の1つになると考えられます。

ウ　添付書類

１号要件に基づく申立ての場合は、配当表写しまたは弁済金交付計算書写しおよび必要に応じて、不動産競売開始決定写し、債権差押命令写し等の証明資料を提出します。

２号要件に基づく申立ての場合は、疎明資料として、財産調査結果報告書および添付資料を提出します。当センターにおける債務者の財産調査結果報告書のひな型は、後掲**【書式例９】**（債務者が個人の場合）および**【書式例10】**（債務者が法人の場合）のとおりです[44]。添付資料の例については、同ひな型の疎明資料一覧を参照してください。なお、大阪地方裁判所における同報告書のひな型も、同地方裁判所のウェブサイトに掲載されています。

⑶　財産開示手続の前置―不動産および給与債権に係る申立てに限る―

ア　要件の内容

不動産情報および勤務先情報を対象とする申立てにおいては、申立ての日の前の３年以内に財産開示期日における手続が実施されたことを主張し、これを証する書面を添付する必要があります（法205条２項、206条２項、規則187条３項）。

「財産開示期日における手続が実施された」とは、財産開示手続の実施決定が確定し、財産開示期日が指定され、当該期日における手続が実施されたことにより、開示義務者（債務者等）が現実に財産開示手続における陳述義務を果たすべき状況になったことが必要です。具体的には、財産開示期日に開示義務者が出頭して債務者の財産に関する陳述をした場合に限らず、財産開示期日に開示義務者が出頭せず、または陳述を拒んだことにより債務者の

44　東京・大阪両地方裁判所においては、財産開示手続において２号要件を疎明する場合にも、後掲**【書式例９】【書式例10】**の財産調査結果報告書の書式を利用することができることとし、裁判所ウェブサイトの該当欄に掲載している書式も改訂されています。なお、強制執行の不奏功等の要件は、財産開示手続と同一の要件として規定されていますが、債権者の権利実現の実効性を向上させるという令和元年改正の趣旨を踏まえ、１号要件、２号要件とも、従前の取扱い（相澤眞木＝塚原聡編著『民事執行の実務［第４版］債権執行編（下）』337頁以下（金融財政事情研究会、2018年）参照）よりも証明資料・疎明資料を簡素化しています。後記XII参照。

財産に関する情報を取得することができなかった場合などもこれに該当します[45]。財産開示手続の申立てをした債権者と情報取得手続の申立てをした債権者が異なる場合でもこれに該当します[46]。

「証する書面」として、財産開示期日調書の写し（裁判所の事件記録を謄写したもの。なお、債務者不出頭等により期日調書に債務者名が記載されていないときは、実施決定の写しも必要となります）を証拠資料として提出することが可能です。加えて、東京・大阪両地方裁判所においては、財産開示手続の当事者または当該債務者に対する債務名義を有する他の債権者等（当該財産開示期日部分の事件記録の閲覧等（法201条）が可能な利害関係人）が申請すれば、財産開示期日が実施されたことの証明書（後掲**【書式例11】**参照）を発行しており（法17条）、この証明書の提出によっても証明することが可能です。

なお、財産開示期日において陳述の一部免除許可（法200条１項）がされたときは、財産開示前置の要件を満たしません。もっとも、一部免除許可は例外的な事情であり、この点は債務者が情報提供命令に対する執行抗告において主張して争えばよいと考えられます。したがって、通常は情報提供命令の発令にあたって審査する必要はないと考えられます。

イ　添付書類

財産開示期日実施証明書または財産開示期日調書の写し等を提出します。

なお、２号要件（法197条１項２号）に基づく申立てで、疎明資料として後掲**【書式例９】**または**【書式例10】**を用いた財産調査結果報告書を提出し、その添付資料として上記証明書等を提出する場合は、上記証明書等を財産開示前置（法205条２項、206条２項）の証明資料として重ねて提出する必要はありません（申立書ひな型の「財産調査結果報告書添付資料のとおり」の欄にチェッ

45　東京・大阪両地方裁判所においては、従前は、財産開示手続においては実施決定および呼出状を公示送達で送達してもその目的を達することができないことから、公示送達の規定（民事訴訟法110条ないし112条）は準用されないものとして運用していましたが（相澤＝塚原編著・前掲注44・341、334頁）、不動産および給与債権に係る情報取得手続に財産開示前置の規定が設けられたことを受けて、公示送達の要件を満たす場合には、開示義務者に対する財産開示実施決定および呼出状の公示送達もできるものと運用を変更しています。後記Ⅻ参照。

46　本書24頁。

クを入れることで足ります)。

2　一般先取特権に基づく申立ての場合

不動産情報を対象とする申立ての場合は次の(1)から(3)までが、預貯金等情報を対象とする申立ての場合は次の(1)および(2)が必要です（後掲**【書式例２】【書式例５】【書式例７】**参照)。

(1)　申立人が債務者の財産について一般の先取特権を有する債権者であること

ア　要件の内容

一般の先取特権の例は、前記Ⅳ１(1)イのとおりであり、雇用関係の先取特権（民法306条２号、308条）が典型例です。

申立人は、文書の提出によって先取特権の存在を証明する必要があります（法205条１項２号、207条２項)。一般に、給料等の先取特権に基づく債権差押えの場面においては、債務者の反論反証を待つことなく発令されることなどから、証明の程度としては、疎明で足りないのはもちろんのこと、「高度の蓋然性」をもって立証される必要があり、私文書の場合は成立の真正の証明が必要となること、また、申立てにあたり作成された資料は証拠価値が低く解される傾向にあることなどが指摘されており[47]、これらの内容は、情報取得手続の申立てにおいても基本的に妥当すると考えられます。立証すべき事実と立証方法（一般的な立証資料）についても、注47の該当頁を参照してください。

なお、債務者について破産手続開始決定または会社更生手続開始決定があったときは、破産債権等に基づく情報取得手続の申立てをすることはできません（破産法42条６項、249条１項、会社更生法50条１項、134条３項)。したがって、情報提供命令の発令前にこれらの事実が判明した場合には、申立ては却下されることになります。発令時にこれらの事実があったことが発令後

47　相澤=塚原編著・前掲注９・282頁以下。

に判明した場合には、停止・取消事由になると解されます（手続の停止・取消しについては後記Ⅷ3参照）。また、債務者の死亡についても、情報提供命令発令前にこれが判明した場合、申立ては却下されます（後記Ⅷ4参照）。

これに対し、債務者について民事再生手続開始決定があったときは、一般の先取特権がある債権については再生手続外で行使することが許されており（民事再生法122条2項）、情報取得手続の申立てについての制限は設けられていないので、一般の先取特権に基づく情報取得手続の申立てをすることができます（一般の先取特権がある債権は、再生債権および開始後債権から除かれるから（民事再生法84条1項、123条1項）、同法39条1項および123条3項は適用されません）。ただし、再生裁判所が一般の先取特権の実行の中止または取消しを命じた場合（同法122条4項、121条3項）には、情報取得手続の申立てはできません。

また、債務者について特別清算開始命令があったときも、一般の先取特権に基づく情報取得手続の申立てはすることができます（会社法515条1項ただし書）。

イ　添付書類

一般の先取特権を有することを証する文書（以下「先取特権の書証」といいます）を提出します。

先取特権の書証については、申立人において原本還付を希望することが多いと思われますが、不動産情報を対象とする申立ての場合は、情報提供命令が発令されたときは、先取特権の書証の写しを債務者に送達する必要があります（法205条3項）。これに対し、預貯金等情報を対象とする申立ての場合は、先取特権の書証を債務者に送付することはありません。したがって、申立人において先取特権の書証の原本の還付を希望する場合は、不動産情報を対象とする申立てにおいては原本に加えて写し各2部を、預貯金等情報を対象とする申立てにおいては原本に加えて写し各1部を提出するとともに、書証番号を明記した原本還付申請書および受領書を併せて提出してください。なお、還付申請につき、前記Ⅲ4(2)を参照。

⑵ 強制執行等の不奏功またはその見込みの要件（情報取得の必要性の要件）

前記1⑵と同様に、①1号要件（強制執行または担保権の実行における配当または弁済金の交付（申立ての日より6カ月以上前に終了したものを除く）において、申立人が請求債権の完全な弁済を得ることができなかったこと。法197条2項1号）または②2号要件（知れている財産に対する担保権の実行をしても、申立人が請求債権の完全な弁済を得られないことの疎明。法197条2項2号）のいずれかの要件を満たし、1号要件の証明資料または2号要件の疎明資料を提出する必要があります。

⑶ 財産開示手続の前置—不動産に係る申立てに限る—

前記1⑶と同じく、不動産情報を対象とする申立てにおいては、申立ての日の前の3年以内に財産開示期日における手続が実施されたことを主張し、これを証する書面を添付する必要があります（法205条2項、規則187条3項）。

3 請求債権目録または担保権・被担保債権・請求債権目録の記載事項

基本的な記載方法は、後掲【書式例1】～【書式例7】のとおりであり、債権執行の申立てにおける請求債権目録や担保権・被担保債権・請求債権目録とほぼ同じです。

ただし、附帯請求（遅延損害金等）については、債権執行の申立てと異なり、第三債務者の負担を考慮する必要はないので、申立日までに発生したものに限定して確定金額とする必要はありません（「金○円に対する令和○○年○月○日から支払済みまで、年○％の割合による損害金」といった記載で構いません）。

一部取立てや配当等があり、債務名義に奥書（規則62条3項）がある場合には、その部分を除いて請求債権としてください（後掲【書式例1】参照）。

なお、勤務先情報を対象とする申立てについては、前記Ⅳ1⑴アのとおり、申立可能な請求権に限定がありますが、当該請求権についての附帯請求も申立て可能な請求権に含まれると解されます。また、養育費その他の扶養義務等に係る定期金債権については、期限未到来の定期金債権も請求債権に含めることができると考えられます（後掲**【書式例３】**の請求債権目録参照）。

他方で、債権執行の場合と異なり、執行費用を債務者から直接取り立てることはできないことから（法211条で42条２項は準用されていません）、執行費用額を記載することはできません。

4　仮払仮処分命令の取扱い

(1)　２週間以内の執行の着手（民事保全法43条２項）

財産開示手続および情報取得手続を申し立てることができる債務名義として、仮払仮処分命令も含まれることになりましたが[48]、仮処分命令の保全執行は、債権者に対して保全命令が送達された日から２週間を経過したときは、これをしてはならないとされています（民事保全法43条２項）。この期間遵守については、２週間以内に執行の着手があれば足り、執行が完了することまでは要しないと解されています[49]。

財産開示手続や情報取得手続においては、強制執行の不奏功等の要件立証を要するなど、発令までに一定の期間を要することもやむをえない一方、これらの申立てをすることにより、執行に着手したものとみることが可能です。そこで、東京・大阪両地方裁判所においては、財産開示手続または情報取得手続を利用する場合には、債権者に対する保全命令送達日から２週間以内にこれらの手続の「申立て」をしていれば、２週間以内の保全執行（上記の「執行の着手」）として認めることとしました[50]。

また、財産開示手続や情報取得手続の後、これにより判明した債務者の財産に対して強制執行をするといった場面では、当該財産開示手続や情報取得

48　本書11、22頁。
49　八木一洋＝関述之編著『民事保全の実務［第３版増補版］』161頁（金融財政事情研究会、2015年）。
50　本書12頁参照。

手続と当該強制執行とが、同一の目的に向けられた連続性のある手続であると評価できる場合には、当該強制執行の時点で債権者への保全命令の送達から２週間を経過していたとしても、１個の保全執行として、当該強制執行を許容することとしました[51]。

１個の保全執行と認められるかどうかは、個別具体的な事案における執行裁判所の判断となります。申立人は、仮処分命令の債権者への送達日（または後記(2)の各定期金の支払期限）から２週間を経過した後に民事執行（法１条）の申立てをする場合には、例えば、情報取得手続申立書の写し（事件番号および受付日が記載されている裁判所の事件記録から謄写したもの）および情報提供書をもって、これが１個の保全執行と評価できることを立証する必要があります。

(2) 定期金の支払を命じる仮処分命令の場合

定期金の支払を命じる仮処分命令の場合には、各定期金の支払期限から２週間以内に執行に着手すればよいと解されています[52]。したがって、仮処分命令で命じられた定期金が支払われていないときは、最後の定期金の支払期限から２週間以内に財産開示手続や情報取得手続の申立てをしていれば、民事保全法43条２項の要件を満たすこととなり、さらに、その後の強制執行が同一の目的に向けられた連続性のある手続であると評価できる立証がある場合には、１個の保全執行として、当該強制執行までを許容することができます。加えて、情報提供があった後に支払期限の到来する定期金を請求債権として差押えを求める場合など、最後の定期金の支払期限から２週間以内に第三債務者に差押命令を発送できるような債権差押命令の申立てをした場合には、上記立証は不要です。

51　本書12頁注11も参照。
52　最一小決平17.１.20（金法1744号54頁）。

Ⅵ　決定および決定後の手続

1　情報提供命令（認容決定）

執行裁判所は、各要件が満たされている場合には、情報提供命令を発令します。

情報提供命令においては、第三者に対し、法定の情報を執行裁判所に提供すべきことを命じます（後掲【書式例12】～【書式例18】参照）。

情報の提供を命じられた第三者は、債務者の財産に関する情報の提供をすべき義務を負うこととなり、法令または契約により守秘義務を負っていることを理由としてその情報の提供を拒絶することはできません[53]。

2　決定の告知および送達

(1)　情報提供命令が発令された場合

ア　不動産および給与債権に係る情報提供命令の場合

① 債務者に対し、情報提供命令正本を送達します（法205条３項、206条２項）。一般の先取特権に基づく不動産情報を対象とする申立ての場合は、先取特権の書証（法205条１項２号）の写しも併せて送達します（法205条３項）。送達の手続は、公示送達の規定（民事訴訟法110条～112条）も含めて民事訴訟法が準用されます（法20条）。

債務者への送達が奏功しない場合、申立人において債務者の住居所等を調査する必要があります。申立人において情報提供命令正本を送達すべき場所を明らかにしない場合、補正命令が発せられた上、補正がなければ情報提供命令が取り消されるおそれもあります。

情報提供命令は、確定により効力を生じます（法205条５項、206条２

53　本書37～38頁。なお、第三者の回答拒絶や虚偽回答に対する制裁の規定はありませんが、第三者はいずれも適切な対応をすることが想定される公私の団体であり、誠実な履行が期待されています。

項）。

② ①と同時に、申立人に対し、情報提供命令正本を普通郵便で送付する方法により告知します（規則188条）。

③ 情報提供命令の確定後、第三者に対し、情報提供命令正本を書留郵便で送付する方法により告知します（規則188条）。告知（送付）先は、前記Ⅳ２(3)のとおりです。

その際、不動産情報に係る第三者に対しては、執行裁判所宛ての返信用封筒（後納郵便）を、勤務先情報に係る第三者に対しては、情報提供書用紙（後掲**【書式例22】**参照）および執行裁判所宛ての返信用封筒（後納郵便）に加え、東京・大阪両地方裁判所においては、手続説明文書（後掲**【書式例19】**参照）を、それぞれ同封しています。

第三者宛ての封筒には、第三者の取扱担当部署において速やかに検索に取り掛かることができるよう、ゴム印や印字等により「情報提供命令在中」と明記します。

④ なお、債務名義正本等の還付申請がある場合、東京・大阪両地方裁判所においては、情報提供命令の確定後であれば、申立人に還付することが可能です。時期や方法について申立人から特段の申入れ等のない限り、最初に提出された情報提供書の写しの申立人への送付（法208条２項）の際に債務名義正本等を同封し、書留郵便により送付して還付します。

イ　預貯金等に係る情報提供命令の場合

① 申立人に対し、情報提供命令正本を普通郵便で送付する方法により告知します（規則188条）。

ただし、東京・大阪両地方裁判所においては、債務名義正本等の還付申請がある場合には、時期や方法についての特段の申入れ等のない限り、上記情報提供命令正本の送付（規則188条）の際に同封して還付することとしており、この場合、申立人宛てに書留郵便により送付します。

② ①と同時に、第三者に対し、情報提供命令正本を書留郵便で送付する方法により告知します（規則188条）。

その際、情報提供書用紙（後掲**【書式例23】【書式例24】**参照）、報酬等支払請求書用紙とその記載上の注意事項（後掲**【書式例26】**参照）、申立人宛ての直送用封筒（郵便料金が受取人負担のもの）、執行裁判所宛ての返信用封筒（後納郵便）を同封し、また、東京・大阪両地方裁判所においては、第三者に対する手続説明文書（後掲**【書式例20】**参照）も同封しています。

第三者宛ての封筒には、第三者の取扱担当部署において速やかに検索に取り掛かることができるよう、ゴム印や印字等により「情報提供命令在中」と明記します。

③　なお、不動産および給与債権に係る情報提供命令と異なり、預貯金等に係る情報提供命令正本は、債務者に送達されることはありません。債務者は、第三者からの情報提供後に執行裁判所からされる情報提供通知（後記Ⅶ２）に添付される情報提供命令の写しにより、発令された情報提供命令の内容を知ることになります。

⑵　申立てが却下された場合

却下決定に対しては、申立人は執行抗告をすることができるため、抗告期間を明らかにする目的で、却下決定正本を申立人に送達する方法により告知します（法205条４項、206条２項、207条３項、規則２条２項）。

3　更正決定

情報提供命令に計算違い、誤記その他これらに類する明白な誤りがあるときは、申立人は、（第三者からの情報提供後であっても）更正決定の申立てをすることができます（法20条、民事訴訟法122条、257条）。もっとも、更正決定の第三者等への送付費用を要するほか、金融機関である第三者は、更正決定に基づいて改めて情報を提供した場合にも、その分の報酬を追加して請求することができる（民訴費用法28条の３）と考えられ、申立人においてこれらの相当額を予納する必要がありますので、注意が必要です。なお、債務者の氏名の表記や住所などの誤記であっても、例えば債務者の同一性を害するような訂正は更正決定の範囲を超えると考えられます。この場合は、改めて情報取得手続の申立てをする必要があります。

更正決定は、申立人に対し更正決定正本を送付して告知するほか、不動産および給与債権に係る情報提供命令の場合は、更正決定正本を債務者に送達し（民事訴訟法257条２項参照）、更正決定の確定後に、また、預貯金等に係る情報提供命令の更正決定の場合は、申立人に対する上記告知と同時に、第三者に対し、更正決定正本（および必要に応じて情報提供命令の写し）を書留郵便で送付して告知します。債務者に対する情報提供がされた旨の通知（後記Ⅶ２）は、先の情報提供命令に基づき提供された情報についての情報提供通知をまだしていない場合には、更正決定に基づく情報が提供された後にまとめて１回行えば足りるものと考えられます。

4　執行抗告

不動産情報および勤務先情報を対象とする申立てにおいては、情報提供命令に対しては債務者が、却下決定に対しては申立人が、それぞれ執行抗告をすることができます（法205条４項、206条２項）。

預貯金等情報を対象とする申立てにおいては、却下決定に対しては申立人が執行抗告をすることができますが（法207条３項）、情報提供命令に対しては、申立人だけでなく債務者も執行抗告をすることはできません[54]。

第三者は、情報提供命令が発令された場合でも独自の利益が害されることは考え難いことから、抗告の利益がなく、いずれの申立てにおいても執行抗告をすることはできません[55]。

執行抗告は、情報提供命令正本または却下決定正本が送達された日から１

54　預貯金等は、通常その処分が容易であることから、情報取得手続が実施されている間に債務者によって隠匿等されてしまわないようにする必要があることが考慮されたものです（本書35頁）。

55　本書24～25頁参照。なお、法の枠組みを前提とすると、中原・前掲注32・34～35頁で懸念されているような、情報提供の範囲が広げられた情報提供命令が発せられることは想定されません。

週間の不変期間以内に、抗告状を原裁判所に提出してする必要があります（法10条２項）。

Ⅶ　第三者による情報の提供とその通知等

1　第三者による情報提供の方法

⑴　書面による情報提供

情報提供命令正本の送付を受けた第三者は、執行裁判所に対し、書面（情報提供書）により、命じられた債務者の財産情報を提供しなければなりません（法208条１項）。

勤務先情報または預貯金等情報を対象とする申立ての場合には、情報提供書用紙（後掲**【書式例22】**～**【書式例24】**）を情報提供命令正本の送付の際に同封しますので、これを利用してください（ただし、必要な事項が網羅されていれば、第三者作成の書式による書面でも構いません。裁判所名および事件番号、情報提供書の作成日、情報提供を命じられた事項のほか、調査日、直送の有無は必ず記載し、また、第三者の連絡先も明らかにしていただくようお願いします）。

情報提供書の記名押印は、回答権限のある者（部署）がすれば足ります。必ずしも代表取締役がする必要はなく、代表者印や実印である必要もありません。

情報提供書の提出期限は法定されていませんが、東京・大阪両地方裁判所においては、債権差押命令手続における陳述書の提出状況等を踏まえ、勤務先情報および預貯金等情報を対象とするものについては、２週間以内に情報提供書が執行裁判所に到着するよう第三者に協力を求めています。

⑵　申立人に対する情報提供書の写しの送付等

第三者は、申立人用の情報提供書の写しを作成した上で、①執行裁判所に情報提供書の原本および写しを提出するか、②執行裁判所に情報提供書の原本のみを提出し、申立人にその写しを直接発送するか、いずれかの方法により情報提供をする必要があります（規則192条１項）。

債権執行の実務上、第三債務者が差押債権者に陳述書を直送するのが一般的であること[56]に照らすと、申立人に早期に情報を提供するという観点からは、上記②の方法により情報提供書の写しが第三者から申立人に直送されることが望ましいといえます。したがって、東京・大阪両地方裁判所においては、とくに速やかに債権執行申立ての準備をする必要性の高い預貯金等情報を対象とする申立てにおいては、第三者となる金融機関に対し、原則として全件について申立人への直送を求めています（申立人宛ての直送用封筒を同封します）[57]。これに対し、不動産情報または勤務先情報を対象とする申立てにおいては、上記①の方法による提出を求めることとしています。

第三者が上記①の方法を選択したときは、執行裁判所から申立人に当該写しを普通郵便により送付します（法208条２項）。ただし、不動産情報および勤務先情報を対象とする申立てで、債務名義正本等の還付申請がある場合は、特段の申出等がない限り、最初に提出された情報提供書の写しの申立人への送付の際に債務名義正本等を同封し、書留郵便により送付して還付します。

第三者が上記②の方法を選択し、申立人が当該写しを受領したときは、執行裁判所から写しを送付することはありません（規則192条２項）[58]。これらのとおり、その後の手続に差異があるため、第三者においては、情報提供書に直送の有無を明記してください。なお、申立人において、情報提供書の写しの受領書を執行裁判所に提出する必要はありません。

56　本書97頁、中原・前掲注32・37頁。

57　申立人宛ての直送用封筒が同封されていない場合には、執行裁判所に情報提供書の原本および写しを送付して構いません。

58　現在の郵便事情からは通常は想定されませんが、申立人からの問合せ等により、万が一申立人が情報提供書の写しを受領していないことが判明した場合には、執行裁判所において、情報提供書の写しを作成し、これを申立人に送付します（法208条２項）。本書98頁。

2　債務者に対する情報提供がされた旨の通知（情報提供通知）

(1)　情報提供通知の内容

第三者から情報が提供されたときは、執行裁判所から債務者に対し、情報提供命令に基づいて債務者の財産に関する情報の提供がされた旨の通知（本章ではこれを「情報提供通知」といいます）をします（法208条２項）。

通知書のひな型は後掲**【書式例25】**のとおりであり、情報提供命令の写しを添付しますが、実際に提供された情報の内容を債務者に告知することはありません。債務者において、提供された情報の内容を確認したい場合には、執行裁判所において事件記録の閲覧等（法209条）をする必要があります。

債務者に対する情報提供通知は、第三者からの情報提供の内容が「該当情報なし」の場合であっても行われます。

(2)　情報提供通知の時期

債務者に対する通知は、金融機関への情報提供命令を債務者に告知しないこととされた立法趣旨を踏まえると、申立人の債権執行申立ての準備期間を考慮し、一定の期間が経過した後に行うべきことになります[59]。

東京・大阪両地方裁判所においては、上記申立人の利益と債務者の利益（事件記録の閲覧・謄写を行う機会の確保等）などを考慮し、いずれの種類の財産に係る申立てについても、当該事件の最後の第三者から情報提供書が提出された後１カ月以上を経過したものについて、事件ごとに１回、情報提供通知をすることとしています。通知時期に関する要望には応じられませんので、強制執行の実施を検討している場合にはご注意ください。

3　第三者の報酬

金融機関である第三者（預貯金等情報を対象とする申立ての第三者）は、報酬および必要な費用として、１件につき2000円を請求することができます

59　成田＝關・前掲注12・７頁。

(民訴費用法28条の3、民訴費用規則8条の3)。

報酬等支払請求書用紙は、その記載上の注意事項(後掲**【書式例26】**参照)と併せ、第三者に対する情報提供命令正本の送付の際に同封します(第三者作成の書式による請求書でも構いませんが、その場合は、裁判所の書式において記載が求められている事項に加え、裁判所の書式に記載された裁判所名、事件番号、保管金管理番号、報酬(2000円)についても、正確に記載してください。保管金管理番号については、裁判所の送付した用紙を同封して返送することでも差し支えありません)。請求書は、事件単位で作成し、できる限り情報提供書の返信用封筒に同封して、執行裁判所に送付してください。なお、請求できるのは、情報取得事件の完結の日(後記Ⅷ1参照)から2カ月を経過した日までですので(民訴費用法27条本文)、各金融機関においては情報提供書の提出から2カ月以内に請求をするようにしてください。一定期間分の請求書をまとめて提出することも可能ですが、その場合には、返送費用は金融機関において負担してください(いずれかの事件の返信用封筒に同封すると、当該事件の申立人に他の事件の郵送料を負担させるという不当な事態になりかねません)。請求書には、請求権限のある者の押印があれば足り、代表者印や実印である必要はありませんが、氏名欄には、(代表者または)請求権限のある者の肩書付き氏名を記載してください。

なお、後記Ⅷ2・3のとおり、申立てが取り下げられ、または情報提供命令の取消決定等があった場合にも、取下げ等の通知があるまでに情報提供書を発送していた場合には、報酬を請求することができます。

Ⅷ　事件の終了、取下げ、停止・取消し

1　事件の終了

当該事件における最後の第三者から情報提供書が執行裁判所に提出された時点で事件は終局し、債務者への情報提供通知をもって事件完結となります。

2 情報取得手続の申立ての取下げ

情報取得手続は、第三者からの情報の提供をもって終局となりますから、申立人は、第三者からの情報提供があるまで（執行裁判所に情報提供書が到達するまで）は、いつでも申立てを取り下げることができることになります。なお、取下げに第三者や債務者の同意を要するとする規定はなく、また、財産開示事件等と異なり、情報取得手続においては、債務者が何らかの行為をすることは予定されていないので、対象とする財産の種類や時期を問わず、取下げについて第三者や債務者の同意は不要であると考えられます。

複数の第三者のうち、情報提供が未了な特定の第三者に係る部分のみの申立てを取り下げることも可能です[60]。取下書が執行裁判所に到達した時点をもって、当該第三者に係る部分の情報取得手続は、取下げにより終了します。

執行裁判所は、取下げに係る第三者ならびに不動産情報および勤務先情報を対象とする申立てにおいては、これに加えて債務者に対し、取下通知をします（規則193条１項。ただし、取下げ時点でいまだ情報提供命令が告知・送達されていない第三者または債務者に対しては、取下通知は不要です[61]）。取下通知をする際は、事件番号のみでは第三者において情報提供命令の対象となる債務者の特定が困難な場合も考えられるため、情報提供命令の当事者目録を取下通知の別紙として添付するなどして、債務者名を明記することとしています。通知先は、情報提供命令正本の送付先（第三者の告知先）と同じです。

もっとも、取下げの時点で既に第三者から情報提供書が発送されている場合もありうる上、申立ての取下げから取下通知が第三者に到達するまでにはおのずから一定の期間を要しますから、取下げの後に、第三者からの情報提

---

60 なお、規則189条、190条１項・２項、191条１項・２項に定める事項をさらに細分化してその一部のみを取り下げることはできません。

61 不動産情報および勤務先情報を対象とする申立てについては、情報提供命令が債務者に送達される前に取り下げられたときは、債務者に通知する必要はなく、情報提供命令正本を第三者に発送する前に取り下げられたときは、第三者に通知する必要はありません。また、預貯金等情報を対象とする申立てについては、情報提供命令の発令後の取下げであっても、債務者への通知は必要ありません（本書99頁注12）。

供書が到達する場合がありえます。この場合、取下通知が第三者に到達するまでにされた情報提供書の作成および発送は、情報提供命令に基づく正当な行為といいうる上[62]、現に情報が提供された以上は、その旨を債務者に通知し（法208条２項)、かつ、当該情報提供書は他の債権者等からの閲覧等（法209条）の対象とすべきであると考えられます[63、64]。

したがって、東京・大阪両地方裁判所においては、有効な取下げの後であっても、情報提供書が執行裁判所に提出された場合には（直送か否かを問いません)、執行裁判所は、直送でない場合には申立人に対して情報提供書の写しを送付し（法208条２項)、一定期間の後に債務者に対する情報提供通知（同項）をし、情報提供書は記録の一部として閲覧等（法209条）の対象とし、第三者からの報酬請求（民訴費用法28条の３、民訴費用規則８条の３）があればこれに応じて支給する[65、66]こととしています。

申立人においては、申立てを取り下げた場合であっても、債務者に対する情報提供通知がされ、また、情報提供書や情報提供通知の郵送費用および第三者に対する報酬等を負担する必要がありうることに十分留意して、取下げ

62　本書99頁注13参照。第三者は、いわば申立人と債務者との紛争に巻き込まれる形で公法上の情報提供義務を負うこととなった者であり、その負担や利益にはできる限り配慮する必要があります。取下げの効力は、その取下通知が到達する前にされた第三者の行為の有効性を妨げるものではないと解することが可能であると思われます。

63　発令された情報提供命令は取下げにより当然失効しますが（秋山幹男ほか『コンメンタール民事訴訟法Ⅴ』270頁（日本評論社、2012年）等参照)、法208条１項にいう「認容する決定により命じられた情報の提供」、同条２項にいう「前項の情報の提供」「決定に基づいて…情報の提供」には、当該失効した決定により命じられた情報の提供も含むと解する（その場合も有効な情報の提供と解する）ことになります。

64　取下通知の第三者への到達時と第三者による情報提供書の発送時を厳密に把握することは困難である一方、情報取得手続における第三者は適切な対応を期待できることが想定されている公私の団体ですから、第三者からの情報提供書が執行裁判所に到着した以上、当該情報提供書は、取下通知が第三者に到着する前に作成され、発送されたものと解して差し支えないものと考えられます。

65　民訴費用法28条の３にいう「認容する決定により命ぜられた情報の提供をした者」には、情報提供命令が取下げにより失効した場合を含むと解する（その場合も有効な「情報の提供」と解する）ことになります。

66　すなわち、情報提供書が執行裁判所に提出された以上は、執行裁判所としては、取下げの有無にかかわらず、同じ事務処理をすることになります。したがって、保管金の還付は、執行裁判所において情報の提供がないことを確認した後に行われます。

の要否や時期を慎重に判断してください。

3　情報取得手続の停止・取消し

⑴　執行停止文書または執行取消文書の提出

執行停止文書（法39条１項７号・８号または法183条１項６号・７号の文書）または執行取消文書（法39条１項１号から６号または法183条１項１号から５号の文書）が提出された場合は、執行裁判所は、情報取得手続を停止し、情報提供命令の発令後はこれを取り消さなければなりません（法211条、39条、40条、183条）。なお、情報提供命令の発令前に執行取消文書が提出されたときは、申立ては却下されることになると考えられます。

情報提供命令の取消決定は、申立人、情報提供命令の告知を受けた第三者ならびに不動産および給与債権に係る情報提供命令の送達を受けた債務者に告知することとされています（規則193条３項）。取消決定に対しては、後記⑵と異なり執行抗告をすることはできないため（法211条、40条２項、183条３項）、上記の申立人等に対し、直ちに取消決定正本を普通郵便で送付するなどして告知します。第三者の告知先は、情報提供命令正本の送付先と同じです。なお、情報提供命令が債務者に送達される前に取り消されたときは、取消決定を債務者に告知する必要はなく、情報提供命令が第三者に告知される前に取り消されたときは、取消決定を第三者に告知する必要はありません。また、預貯金等情報を対象とする申立てにおける債務者に対しては、情報提供命令発令後の取消しであっても、取消決定の告知はされません[67]。

情報提供命令が第三者に告知された後に、執行停止文書が提出されたときは、申立人および第三者に対し、これらの文書が提出された旨およびその要旨ならびにこれらの文書の提出による執行停止が効力を失うまで、第三者は債務者の財産に係る情報を提供してはならない旨を通知します（規則193条２項）。情報提供命令が第三者に告知される前の停止の場合は、第三者への通

67　本書100頁注15。

知は不要です。また、執行停止文書は債務者から提出されるのが通常であるため、手続の進行段階を問わず、債務者への通知は不要です。

執行停止・取消文書が提出された後に情報提供書が執行裁判所に到達した場合の対応は、基本的に前記2の取下げの場合と同様と考えられます。

(2) 債務名義に基づく情報提供命令発令後の破産手続開始決定等

執行力のある債務名義の正本に基づく情報提供命令発令後、債務者について破産手続開始決定、民事再生手続開始決定、会社更生手続開始決定、特別清算開始命令または企業担保権実行開始決定等があったときは、破産債権や再生債権等に基づく情報取得手続は中止し、またはその効力を失います（破産法42条6項、249条1項・2項、民事再生法39条1項、会社更生法50条1項、208条本文、会社法515条1項本文、企業担保法28条)。なお、情報提供命令の発令前に債務者について破産手続開始決定等があった場合の対応は、前記Ⅴ1(1)イのとおりです。

情報提供命令の発令後、終局（最後の第三者からの情報提供）までの間に、破産管財人や同時破産廃止決定を受けた債務者、再生債務者等から情報取得手続中止上申があった場合は、執行停止文書（法211条、39条1項7号）に該当するので、破産債権や再生債権等に基づく情報取得手続を停止し、前記(1)のとおり、必要に応じて通知することになります[68]。

また、上記の間に免責許可が確定した債務者等から情報取得手続取消上申があった場合には、破産債権等に基づく情報提供命令を取り消すことが考えられます[69]。この場合、情報提供命令の取消決定は、前記(1)と同様に、申立人、情報提供命令の告知を受けた第三者ならびに不動産情報および勤務先情報に関する情報提供命令の送達を受けた債務者に告知します（規則193条3項)。ただし、この取消決定に対しては、前記(1)と異なり執行抗告をすることができると解されるため（法12条1項)、抗告期間の確認のため、執行抗告

68 相澤＝塚原編著・前掲注9・336、350頁。
69 相澤＝塚原編著・前掲注9・331、336頁等。なお、扶養義務等に係る定期金債権の場合は、破産手続開始決定日以降の分は新債権であると解することができることから（同334頁)、これを請求債権に含む情報提供命令については取消しをしないことが考えられます。

の利益を有する申立人に対しては取消決定を送達して告知し、第三者に対しては、取消決定の確定を待って告知することになると考えられます[70]。

取消しや停止の措置を取った後に情報提供書が提出された場合の対応は、基本的に取下げの場合と同様と考えられます。

(3) 一般の先取特権に基づく情報提供命令発令後の破産手続開始決定等

一般の先取特権に基づく情報提供命令発令後、債務者について破産手続開始決定、会社更生手続開始決定または企業担保権実行開始決定等があったときは、破産債権等に基づく情報取得手続は中止し、またはその効力を失うこと（破産法42条6項、249条1項・2項、会社更生法50条1項、208条本文、企業担保法28条)、もっとも、破産手続開始決定等による中止または失効があったとしても、その後に情報提供書が提出された場合の対応は、基本的に取下げの場合と同様と考えられること等は、前記(2)と同様です。

これに対し、債務者について民事再生手続開始決定があったときは、一般の先取特権がある債権については再生手続外で行使することが許されており(民事再生法122条2項)、情報取得手続の申立てについての制限は設けられていないので、一般の先取特権に基づく情報取得手続は影響を受けません。ただし、再生裁判所が一般の先取特権の実行の中止または取消しを命じた場合(民事再生法122条4項、121条3項）は、情報取得手続を停止しまたは既にした情報提供命令を取り消さなければなりません（法211条、183条1項5号・6号、2項)。

債務者について特別清算開始命令があったときも、一般の先取特権に基づく情報取得手続は影響を受けません（会社法515条1項ただし書)。

---

70 相澤＝塚原編著・前掲注9・332頁。なお、取消決定の確定までに執行裁判所に情報提供書を提出済みの第三者に対しては、終局しているといえるため、取消決定を告知する必要はないと考えられます。

4　債務者の死亡

情報取得手続は、債務者の責任財産に対する強制執行を目的とした手続であることから、財産の帰属主体とならない死者を債務者とした申立ては想定されていません。また、法211条は、債務者が死亡した場合においても手続を続行できる旨を規定する法41条を準用しておらず、強制執行等の不奏功またはその見込みの要件（法197条1項・2項）は、債務者ごとに判断されることから、債務者の相続人が手続を受継することもありません。

したがって、情報提供命令の発令前に債務者の死亡が判明した場合には、申立ては却下されることになります。却下決定は、申立人に対してのみ告知されます（規則2条2項）。

一方、情報提供命令発令後に死亡の事実が判明した場合は、債務者の死亡時期によりそれぞれ次のとおりとなります。債務者の死亡が発令前であれば、情報提供命令を取り消して申立てを却下し、申立人に対しては取消・却下決定の告知を（規則193条3項、2条2項）、第三者（情報取得命令の告知を受け、いまだ情報提供を完了していない第三者のみ）に対しては、同決定の確定後、これを告知します（同条3項）。債務者の死亡が発令後であれば、上記のとおり死者を債務者とすることが想定されない以上、手続は当然に終了し、申立人および第三者（情報取得命令の告知を受け、いまだ情報提供を完了していない第三者のみ）に対しては、その旨の通知を行います（同項類推）。また、第三者への取消・却下決定等の告知または通知の後に情報提供書が執行裁判所に到達した場合の対応は、前記**2**の取下げの場合と同様と考えられます。

なお、債務者の死亡の事実につき、すべての情報提供完了後に判明した場合は、既に事件が終結しているため、手続の取消し等を行う余地はなく、通常どおりの取扱いをすることになります。

Ⅸ　情報提供部分の記録の閲覧等

情報取得事件の記録中、情報の提供に関する部分についての閲覧・謄写等の請求（法17条）は、申立人、債務者および当該情報を提供した第三者のほか、当該債務者に対し自ら当該種類の財産に係る情報取得手続の申立てをすることができる債権者に限り、することができます（法209条）。記録の閲覧等の請求をするにあたり、財産開示手続を前置する必要はありません[71]。

「法208条１項の情報の提供に関する部分」とは、具体的には、第三者から提出された情報提供書を指すものと考えられます。

なお、情報取得事件の記録中の他の部分の閲覧等の請求は、上記請求権者に限らず、利害関係を有する者であればできます（法17条）。もっとも、一般に利害関係人に当たると解される者からの請求であっても、閲覧等の請求の目的や態様等によっては権利濫用法理等による制限を受けることはありえます。

Ⅹ　手続費用の負担

情報取得手続費用は、債務者の負担となりますが（法211条、42条１項）、強制執行と異なり、執行費用を債務者から直接取り立てることはできません（法211条は42条２項を準用していません）。

1　情報提供がされた場合

情報取得手続に要した費用を実際に債務者に請求（強制執行）するためには、裁判所書記官による執行費用額確定処分（法211条、42条４項、22条４号の２）が必要です。執行費用額確定処分に対しては執行裁判所に異議を申し立てることができ、異議申立ての決定に対しては執行抗告をすることができ

71　内野編・前掲注15・161頁。

ます（法211条、42条５項および７項）。執行費用額確定処分は、確定により効力を生じ（法211条、42条８項）、独立して債務名義となります（法22条４号の２）[72]。

第三者から提供された情報が「該当情報なし」であった場合、あるいは、申立ての取下げまたは情報提供命令の取消決定がされたものの第三者から情報提供がされた場合も、上記「情報提供がされた場合」に含まれるものと考えられます。

2　情報提供がされずに（取下げ等により）手続が終了した場合

情報取得手続が目的を達せずに終了した場合には、執行費用額確定処分の申立ての前に、別途、執行費用負担決定の申立てを行い、執行裁判所から費用の負担を命じる決定（法20条、民事訴訟法73条）を受ける必要があります[73]。

上記「目的を達せずに終了した場合」としては、申立ての取下げまたは情報提供命令の取消決定がされ、現に情報提供がされなかった場合等が考えられます。

Ⅺ　情報の目的外利用の制限

申立人または情報取得事件の記録の閲覧等により同事件記録中の情報提供に関する部分（情報提供書）の情報を得たものは、情報取得手続において得られた債務者の財産に関する情報を、当該債務者に対する債権をその本旨に従って行使する目的以外の目的のために利用し、または提供することはできません（法210条）。これに違反して、上記情報を目的外に利用し、または提供した者は、30万円以下の過料に処せられます（法214条２項）。

72　強制執行の実施を求めるためには、あらかじめ執行文の付与を受けることが必要です（法25条）。

73　最一小決平29．7．20（民集71巻６号952頁・金法2086号90頁）参照。

「債権をその本旨に従って行使する目的」の有無は、具体的な事件における執行裁判所の判断事項ですが、例えば、当該債務者に対する債権を請求債権として、情報取得手続で把握した債務者の財産に対する強制執行の申立てをする場面が典型例であり、このほか、当該債務者について倒産手続に関する申立てをする場面も、これに含まれうると考えられます。他方で、例えば、債務者に対する新規融資の可否の判断や新たな担保の取得の際の情報の利用は、上記目的には含まれず、目的外利用として禁止されるものと考えられます[74]。

過料（民事執行法違反）事件は、執行裁判所が管轄します（法215条）。過料事件は、執行裁判所が職権により開始するものであり、情報取得手続の当事者等にはその申立権はなく、職権発動を促すことができるのみとなります。過料事件の手続については、一般法である非訟事件手続法が適用されます。

XII　補論－財産開示手続の新たな運用－

改正法においては、財産開示手続についても、申立権者の範囲の拡大や罰則の強化等を内容とする改正がされています。

1　財産開示手続の申立権者の範囲の拡大

旧法では、金銭債権についての強制執行の申立てをするのに必要とされる債務名義のうち、仮執行宣言付判決等、執行証書または仮執行宣言付支払督促については、これらに基づく財産開示手続の申立てができませんでした（旧法197条１項柱書）。これに対し、改正法施行日である令和２年４月１日以降は、金銭債権についての強制執行の申立てをするのに必要とされる債務名義であれば、いずれの種類のものであっても、これに基づいて財産開示手続の申立てをすることができることとなりました（法197条１項柱書）。

74　本書40頁。

これにより、例えば、公正証書により養育費の支払を取り決めた債権者や、金銭の支払を命じる仮払仮処分命令を得た債権者も、その支払義務者である債務者について、財産開示手続を利用することができることとなりました。

養育費を取り決めた公正証書を債務名義として財産開示手続の申立てをする場合の請求債権目録は、**【書式例3】**（情報取得手続申立書）の請求債権目録を参照してください。なお、財産開示手続についても、定期金の一部の不履行があれば（法151条の2第1項）、期限未到来の定期金債権も請求債権に含めることができると考えられます（前記Ｖ3参照）。また、仮払仮処分命令の取扱いについては、前記Ｖ4を参照してください。

改正法により新たに財産開示手続の申立てができることとなった仮執行宣言付判決や執行証書等の債務名義は、既判力がなく、対象とされている権利義務関係に争いがある場合がありえます。このような場合に、債務者において財産開示手続の進行を阻止する手段としては、控訴の提起や請求異議の訴えの提起とともに、執行停止の裁判を申し立てることが考えられます（民事訴訟法403条、法36条、39条、203条等）。

2　財産開示事件の記録の閲覧等の請求権者の範囲の拡大

前記1のとおり、改正法により財産開示手続の申立権者の範囲が拡大されたことに伴い、財産開示期日に関する部分（すなわち、財産開示期日調書および財産目録）についての記録の閲覧等を請求できる者についても、前記1と同様に範囲が拡大されました（法201条）。

なお、不動産情報および勤務先情報を対象とする情報取得手続を申し立てる際の財産開示手続前置の証明としては、財産開示期日調書（および財産開示の実施決定）を謄写したもののほか、財産開示期日実施証明書（後掲**【書式例11】**参照）も利用可能です（前記Ｖ1(3)参照）。

3　強制執行等の不奏功またはその見込みの要件（財産開示の必要性の要件）の証明資料・疎明資料の簡略化

財産開示手続の申立てにあたっては、１号要件（強制執行または担保権の実行における配当等の手続（申立ての日より６カ月以上前に終了したものを除く）において、申立人が請求債権または被担保債権の完全な弁済を得ることができなかったことの証明。法197条１項１号・２項１号）または２号要件（知れている財産に対する強制執行等を実施しても、申立人が上記各債権の完全な弁済を得られないことの疎明。法197条１項２号・２項２号）の主張立証が必要です。この点は、改正法によっても変更はありません。

もっとも、債権者の権利実現の実効性を向上させるという改正法の趣旨を踏まえ、東京・大阪両地方裁判所においては、財産開示手続の申立ての際の１号要件の証明資料および２号要件の疎明資料について、それぞれ、従前の取扱い[75]よりも証明資料・疎明資料を簡素化しています。

具体的な添付書類は、情報取得手続の申立ての場合と同様であり（前記Ｖ１(2)参照）、２号要件の疎明資料として、後掲**【書式例９】【書式例10】**の財産調査結果報告書の書式を利用することができます。

なお、例えば、情報取得手続が空振りであったことから、引き続いて財産開示手続の申立てをするような場合には、情報取得手続時に提出した財産調査結果報告書（添付資料を含む）に加えて、情報提供命令書と情報提供書の各写し等を添付した上で、情報提供命令の発令後に債務者が転居したことはなく、新たに判明した債務者の財産もない旨を記載した報告書をもって、２号要件の疎明資料とすることもできるものと考えられます。

4　債務者に対する公示送達

東京・大阪両地方裁判所においては、従前は、財産開示手続においては実

75　相澤＝塚原編著・前掲注44・337頁以下参照。

施決定および呼出状を公示送達で送達してもその目的を達することができないことから、公示送達の規定（民事訴訟法110条ないし112条）は準用されないものとして運用していました[76]。

しかしながら、改正後の法においては、不動産情報および勤務先情報を対象とする申立てについて財産開示手続前置の規定が設けられおり（法205条2項、206条2項）、債務者の住所・居所が知れない場合でも、財産開示期日を実施する必要があります。

これを受けて、東京・大阪両地方裁判所においては、公示送達の要件を満たす場合には、債務者（開示義務者）に対する財産開示実施決定および呼出状の公示送達もできるものと運用を変更しています。

5　罰則の強化

旧法では、財産開示手続において、開示義務者（債務者またはその法定代理人もしくは代表者）が、正当な理由なく、呼出しを受けた財産開示期日に出頭せず、または財産開示期日において宣誓を拒んだ場合や、宣誓した開示義務者が、正当な理由なく陳述を拒み、または虚偽の陳述をした場合には、これらの手続違反をした者を30万円以下の過料に処することとされていました（旧法206条1項）。

これに対し、改正法は、上記の開示義務者の手続違反について、6カ月以下の懲役または50万円以下の罰金という刑事罰を定め（法213条1項）、罰則を強化しています（ただし、改正法附則7条により、改正法施行日（令和2年4月1日）より前の開示義務者の行為に対しては、従前どおり過料の制裁となります）。

本改正により、開示義務者の手続違背は、刑事事件として扱われることになりますので、執行裁判所において手続を行うことはできません。

なお、申立人等による財産開示事件に関する情報の目的外利用に対する過

76　相澤＝塚原編著・前掲注44・341、334頁。

料の制裁（法214条１項）は、本改正によっても実質的内容に変更はなく、東京地方裁判所においては、従前どおり執行裁判所（法215条）である民事執行センターにおいて取り扱っています。

（剱持淳子・補訂柏戸夏子）

【書式例1】 申立書（債務名義・不動産）

第三者からの情報取得手続申立書（不動産）

東京地方裁判所民事第21部　御中

令和　　年　　月　　日

申立人

印

電　話　　－　　－

ＦＡＸ　　－　　－

（担当　　　　）

当事者　　　別紙当事者目録記載のとおり

請求債権　　別紙請求債権目録記載のとおり

申立人は、債務者に対し、別紙請求債権目録記載の執行力のある債務名義の正本に記載された請求債権を有しているが、債務者がその支払をせず、下記の要件に該当するので、第三者に対し債務者の不動産（別紙所在地目録記載の範囲に所在する土地等）に係る情報（民事執行法205条１項）の提供を命じるよう求める。

記

1　民事執行法197条１項の要件（該当する□に✓を記入してください。）

□　強制執行又は担保権の実行における配当等の手続（本件申立ての日より６月以上前に終了したものを除く。）において、金銭債権の完全な弁済を得ることができなかった（１号）。

□　知れている財産に対する強制執行を実施しても、金銭債権の完全な弁済を得られない（２号）。

2　民事執行法205条２項の要件

⑴　財産開示事件の事件番号

○○地方裁判所　平成・令和　　年（財チ）第　　　　号

⑵　財産開示期日　平成・令和　　年　　月　　日

（添付書類）（該当する□に✓を記入してください。）

□　執行力のある債務名義の正本　　　　通
□　同送達証明書　　　　通
□　同確定証明書　　　　通
□　資格証明書　　　　通
□　住民票　　　　通
□　　　　通
□　　　　通

－１－

（証拠書類）（該当する□に✓を記入してください。）

1　民事執行法197条1項1号の主張をする場合

（同号の証明資料）

□　配当表写し
□　弁済金交付計算書写し
□　不動産競売開始決定写し
□　債権差押命令写し
□　配当期日呼出状写し
□
□

（民事執行法205条2項の証明資料）

□　財産開示期日が実施されたことの証明書
□　財産開示期日調書写し
□　財産開示手続実施決定写し
□
□

2　民事執行法197条1項2号の主張をする場合

（同号の疎明資料）

□　財産調査結果報告書及び添付資料
□
□

（民事執行法205条2項の証明資料）

□　財産調査結果報告書添付資料のとおり
□　財産開示期日が実施されたことの証明書
□　財産開示期日調書写し
□　財産開示手続実施決定写し
□
□

－2－

当　事　者　目　録

〒100－0013　東京都千代田区霞が関○丁目○番○号（送達場所）
申　　立　　人　○○商事株式会社
代表者代表取締役　甲　野　太　郎
電話番号　○○－○○○○－○○○○
ＦＡＸ　○○－○○○○－○○○○

〒102－8225　東京都千代田区九段南１丁目１番15号九段第２合同庁舎
第　　三　　者　東　京　法　務　局

《パターン１－基本型》
〒152－0002　東京都目黒区目黒本町○丁目○番○号
（債務名義上の住所）　東京都大田区西糀谷○丁目○番○号
債　　務　　者　乙　　野　　次　　郎
《債務者の特定に資する事項》
⑴　生年月日　昭和○○年○○月○○日
⑵　旧住所　東京都○○区○○町○丁目○番○号
⑶　旧姓　○○○○
⑷　住民票上の氏名　乙野次郎

－３－

《パターン２－債務者が外国人》

シンガポール共和国　コネティカット　ロード○○

債　務　者　劉　邦（Liu Bang）

《債務者の特定に資する事項》

(1)　氏名のカタカナ表記　リュウ　ホウ、リュー　バン

(2)　生年月日　○○○○年○○月○○日

(3)　旧住所　東京都○○区○○町○丁目○番○号

(4)　通称　劉田邦夫

－４－

（注１）　債務者が法人の場合については**【書式例２】**の当事者目録参照。

（注２）　不動産に係る情報取得手続は、東京法務局が一括して処理するため、取得を希望する不動産の所在地に関わらず、第三者は東京法務局となります。

（注３）　原則として、第三者への情報提供命令には、申立人が作成した当事者目録が添付され、第三者は、その当事者目録の表記に基づき検索を行うことになります。

（注４）　債務者の特定に資する事項として、生年月日、旧住所、旧姓、公的書類（戸籍謄本、住民票）上の氏名及び住所が正しく記載されないと、債務者が特定されないことを理由に、「該当情報なし」と回答される可能性があります。債務者が外国人の場合は、氏名のカタカナ表記並びに住民票上の通称名及び漢字表記名、債務者が外国に居住する場合には、その住所（外国の地名）のカタカナ表記についても同様です。

（注５）　債務者の特定に資する事項を記載する場合は、氏名等のカタカナ表記を除き、公的書類（住民票等）が必要です。

請　求　債　権　目　録

《パターン１－債務名義が判決の場合》

東京地方裁判所令和○○年（ワ）第○○○○○号事件の執行力のある判決（注１）正本に表示された下記債権

記

１　元　本　　　金200万円

ただし、主文第１項に記載された元金300万円の残金

２　損害金

ただし、上記１に対する令和○○年○月○日から支払済みまで年○○％の割合による損害金

（注１）判決書に代わる調書の場合には、「第○回口頭弁論調書（判決）」とするなど、債務名義の標題に合わせます。

《パターン２－債務名義が分割払の和解の場合》

東京地方裁判所令和○○年（ワ）第○○○○○号事件の執行力のある和解調書（注２）正本に表示された下記債権

記

１　元　金　　金1,000,000円

ただし、和解条項第１項記載の金員

２　損害金

ただし、上記１に対する令和元年７月２日から支払済みまで年５％の割合による遅延損害金

なお、債務者は令和元年５月31日及び同年７月１日に支払うべき分割金の支払を怠り、かつ、その額が金70,000円に達したので、同日の経過により期限の利益を喪失した。

（注２）債務名義が調停調書等の場合には、「調停調書」「調停に代わる決定」「和解に代わる決定」とするなど、債務名義に合わせます。

－５－

《パターン３－債務名義が支払督促の場合》

東京簡易裁判所令和○○年（ロ）第○○○○○号事件の仮執行宣言付支払督促正本に表示された下記金員

記

１　元　金　　金1,000,000円

２　確定利息・損害金　金○○○○円

３　損害金

ただし、上記１に対する令和元年７月２日から支払済みまで年５％の割合による金員

４　督促手続費用　○○○○円

５　仮執行宣言手続費用　○○○○円

《パターン４－債務名義が公正証書の場合》

○○法務局所属公証人○○○○作成の執行力ある平成○年第○○号公正証書の正本に表示された下記債権

元金　　金○○円

ただし、平成○○年○月○日付け金銭消費貸借契約に基づく貸付金（弁済期　令和○年○月○日）

－６－

《パターン５－取立等がある場合（正式型）》

東京地方裁判所令和○○年(ワ)第○○○○○号事件の執行力のある判決正本に表示された下記債権

記

1　元金　　金○円

ただし、主文第１項に記載された金員

2　損害金

上記１に対する令和３年５月１日から支払済みまで、年３％の割合による損害金から下記金○円を控除した残金

申立人は、東京地方裁判所令和○年(ル)第○○号事件にて、令和○年○月○日、債務者につき○○円を取り立て、○○円を執行費用に、○○円を損害金に、それぞれ充当した。

《パターン６－取立等がある場合（簡略型）（注１）》

東京地方裁判所令和○○年(ワ)第○○○○○号事件の執行力のある判決正本に表示された下記債権

記

下記１及び２の合計から、下記取立金等（ただし、下記各事件の執行費用分を除く。）を控除した残金

1　元金　　金1,000,000円（注２）

ただし、主文第１項に記載された金員

2　損害金（注２）

上記１に対する令和３年５月１日から支払済みまで、年３％の割合による損害金

－７－

［以下、該当するものを記載する。］（注３）

《取立てがあった場合》

申立人は、東京地方裁判所令和○年㈷第○○号事件、同庁令和●年㈷第●●号事件にて、債務者につき合計○○円を取り立てた。

《配当等があった場合》

申立人は、東京地方裁判所令和□年㈷第□□号事件、同庁令和■年㈷第■■号事件にて、債務者につき合計□□円の配当等を受けた。

《債務者から任意弁済があった場合》

申立人は、債務者から合計△△円の弁済を受けた。

（注１） 債務名義上の債権額が、調査した債務者の財産（資産額）よりも多額であることが明らかな場合を想定したものです。事案によっては、詳細な残額計算表が必要になります。

（注２） 元金、損害金は、判決正本等債務名義の記載をそのまま転記します。

（注３） 取立て、配当等があった場合の合計額は、奥書に記載された金額を記載します。

－８－

所　在　地　目　録

・東京都目黒区
・神奈川県

－９－

（注１）　都道府県名や市区町村名を記載します。「東京23区」「関東地方」「東京都（目黒区を除く。)」というように、具体的な都道府県名や市区町村名を記載しないことは許されません。詳細は、本文Ⅲ２⑴参照。
（注２）　市区町村を記載する場合は、都道府県名から記載します。

【書式例２】 申立書（一般先取特権・不動産）

第三者からの情報取得手続申立書（一般先取特権・不動産）

東京地方裁判所民事第21部　御中
令和　　年　　月　　日
申立人
印
電　話　　－　　－
ＦＡＸ　　－　　－
（担当　　　　）

当事者　　　別紙当事者目録記載のとおり

担保権
被担保債権
請求債権
別紙担保権・被担保債権・請求債権目録記載のとおり

申立人は、債務者に対し、別紙担保権・被担保債権・請求債権目録記載の債権を有しているが、債務者がその支払をせず、下記の要件に該当するので、別紙担保権・被担保債権・請求債権目録記載の一般先取特権に基づき、第三者に対し債務者の不動産（別紙所在地目録記載の範囲に所在する土地等）に係る情報（民事執行法205条１項）の提供を命じるよう求める。

記

１　民事執行法197条２項の要件（該当する□に✓を記入してください。）
□　強制執行又は担保権の実行における配当等の手続（本件申立ての日より６月以上前に終了したものを除く。）において、被担保債権の完全な弁済を得ることができなかった（１号）。
□　知れている財産に対する担保権の実行を実施しても、被担保債権の完全な弁済を得られない（２号）。
２　民事執行法205条２項の要件
⑴　財産開示事件の事件番号
○○地方裁判所　　平成・令和　　年（財チ）第　　　号
⑵　財産開示期日　　平成・令和　　年　　月　　日

（添付書類）（該当する□に✓を記入してください。）
□　証拠説明書　　　　　　通
□　資格証明書　　　　　　通
□　住民票　　　　　　　　通
□　　　　　　　　　　　　通

－１－

（証拠書類）（該当する□に✓を記入してください。）

1　一般先取特権を有することを証する文書

□　雇用契約書	甲第	号証
□　給与明細書	甲第	号証
□　出勤簿写し	甲第	号証
□　就業規則	甲第	号証
□　陳述書	甲第	号証
□	甲第	号証

2　民事執行法197条２項１号の主張をする場合

（同号の証明資料）

□　配当表写し	甲第	号証
□　弁済金交付計算書写し	甲第	号証
□　不動産競売開始決定写し	甲第	号証
□　債権差押命令写し	甲第	号証
□　配当期日呼出状写し	甲第	号証
□	甲第	号証

（民事執行法205条２項の証明資料）

□　財産開示期日が実施されたことの証明書	甲第	号証
□　財産開示期日調書写し	甲第	号証
□　財産開示手続実施決定写し	甲第	号証
□	甲第	号証

3　民事執行法197条２項２号の主張をする場合

（同号の疎明資料）

□　財産調査結果報告書及び添付資料	甲第	号証～
	甲第	号証
□		

（民事執行法205条２項の証明資料）

□　財産調査結果報告書添付資料のとおり	甲第	号証
□　財産開示期日が実施されたことの証明書	甲第	号証
□　財産開示期日調書写し	甲第	号証
□　財産開示手続実施決定写し	甲第	号証
□		

－２－

当　事　者　目　録

〒100－0013　東京都千代田区霞が関○丁目○番○号（送達場所）
申　　立　　人　　甲　野　太　郎
電話番号　○○－○○○○－○○○○
Ｆ　Ａ　Ｘ　○○－○○○○－○○○○

〒102－8225　東京都千代田区九段南１丁目１番15号九段第２合同庁舎
第　　三　　者　　東　京　法　務　局

〒152－0002　東京都目黒区目黒本町○丁目○番○号
債　　務　　者　　○高運輸株式会社
代表者代表取締役　乙　野　次　郎

《債務者の特定に資する事項》

(1)　旧本店所在地　　東京都○○区○○町○丁目○番○号
(2)　旧名称　　○○○○
(3)　登記事項証明書上の名称　　○高運輸株式会社

－３－

（注１）　債務者が個人の場合の記載例は、**【書式例１】**の当事者目録参照。

（注２）　原則として、第三者への情報提供命令には、申立人が作成した当事者目録が添付され、第三者は、その当事者目録の表記に基づき検索を行うことになります。

（注３）　債務者の特定に資する事項として、旧本店所在地、旧名称、公的書類（法人の登記事項証明書等）上の名称及び住所が正しく記載されないと、債務者の特定ができないことを理由に、「該当情報なし」と回答される可能性があります。

（注４）　債務者の特定に資する事項を記載する場合には、公的書類が必要です。

担保権・被担保債権・請求債権目録

1　担保権

申立人と債務者間の雇用契約に基づく下記2記載の債権にして、民法306条2号に基づく一般先取特権

2　被担保債権

⑴　給料債権　　　　　合計金○○○,○○○円

ただし、申立人の債務者に対する給料債権にして令和○年○月○日から令和○年○月○日までの未払分の合計額（毎月○日締切、毎月○日払い）

各月支払分の内訳は次のとおり

令和○年○月○日支払分　　　金○○,○○○円

令和○年○月○日支払分　　　金○○,○○○円

⑵　退職金債権　　　　金○,○○○,○○○円

ただし、申立人の債務者に対する就業規則第○○条に基づく退職金債権の未払分（支払期日　令和○年○月○日）

3　請求債権

上記2記載の債権

－ 4 －

【書式例３】 申立書（給与債権（勤務先情報））

第三者からの情報取得手続申立書（給与）

東京地方裁判所民事第21部　御中

令和　　年　　月　　日

申 立 人

印

電　話　　－　　－

ＦＡＸ　　－　　－

（担当　　　　）

当事者　　　　別紙当事者目録記載のとおり

請求債権　　　別紙請求債権目録記載のとおり

申立人は、債務者に対し、別紙請求債権目録記載の執行力のある債務名義の正本に記載された請求債権を有しているが、債務者がその支払をせず、下記の要件に該当するので、第三者に対し債務者の給与債権に係る情報（民事執行法206条１項）の提供を命じるよう求める。

記

1　民事執行法197条１項の要件（該当する□に✓を記入してください。）

□　強制執行又は担保権の実行における配当等の手続（本件申立ての日より６月以上前に終了したものを除く。）において、金銭債権の完全な弁済を得ることができなかった（１号）。

□　知れている財産に対する強制執行を実施しても、金銭債権の完全な弁済を得られない（２号）。

2　民事執行法205条２項の要件

(1)　財産開示事件の事件番号

○○地方裁判所　　平成・令和　　年（財チ）第　　　　号

(2)　財産開示期日　平成・令和　　年　　月　　日

3　民事執行法206条１項の要件（該当する□に✓を記入してください。）

申立人は、次の請求権について執行力のある債務名義の正本を有する。

□　民事執行法151条の２第１項各号に掲げる義務に係る請求権

□　人の生命又は身体の侵害による損害賠償請求権

（添付書類）（該当する□に✓を記入してください。）

□　執行力のある債務名義の正本　　　　通

□　同送達証明書　　　　　　　　　　　通

□　同確定証明書　　　　　　　　　　　通

□　資格証明書　　　　　　　　　　　　通

□　住民票　　　　　　　　　　　　　　通

□　　　　　　　　　　　　　　　　　　通

－１－

＊　申立書２枚目は記載省略（**【書式例１】**と同じ）。

当　事　者　目　録

〒100－0013　東京都千代田区霞が関○丁目○番○号（送達場所）
申　　立　　人　甲　野　太　郎
電話番号　○○－○○○○－○○○○
ＦＡＸ　○○－○○○○－○○○○

〒100－0001　東京都○○○区△△△○丁目○番○号
第　　三　　者　○　○　○　区
代 表 者 区 長　丙　野　三　郎

〒100－0001　東京都○○○市△△△○丁目○番○号
第　　三　　者　○○共済組合
代表者理事長　丁　野　四　郎

〒152－0002　東京都目黒区目黒本町○丁目○番○号
（債務名義上の住所）東京都大田区西糀谷○丁目○番○号
債　　務　　者　乙　野　次　郎

《債務者の特定に資する事項》
(1)　氏名の振り仮名　○○○○○○○○
(2)　生年月日　昭和○○年○○月○○日
(3)　性別　○性
(4)　旧住所　東京都○○○区○○町○丁目○番○号
(5)　旧姓（振り仮名）　○○○○（○○○○）
(6)　通称（振り仮名）　○○○○（○○○○）

－2－

（注1）　申立人が法人の場合の記載例は、**【書式例1】**の当事者目録参照。

（注2）　第三者が市（区）町村の場合、1月1日時点で債務者の住所がある市（区）町村から、その前年の勤務先情報が提供されます。ただし、発令の時期（1月となる場合等）によっては、その前年の1月1日時点の債務者の住所がある市（区）町村を第三者とする必要がある場合があり、その場合は、当該市（区）町村から、さらにその前年の勤務先情報が提供されることになります。詳細は、本文**Ⅳ2⑴イ**参照。

（注3）　債務者の特定に資する事項は、できる限り記載すれば足ります。ただし、債務者の振り仮名、生年月日、性別などが記載されないと、債務者の特定ができないことを理由に、「該当情報なし」と回答されるおそれがあります。

（注4）　生年月日、旧住所、旧姓、通称を記載する場合は、公的書類（住民票等）が必要です。

請　求　債　権　目　録

《パターン１－判決・人身損害による請求の場合》

東京地方裁判所令和○○年（ワ）第○○○○○号事件の執行力のある判決正本に表示された、人の生命又は身体の侵害による損害賠償請求権である下記債権

１　元　本　　金200万円

ただし、主文第１項に記載された元本300万円の残金

２　損害金

ただし、上記１に対する令和○○年○月○日から支払済みまで年５％の割合による損害金

《パターン２－調停調書・養育費・確定債権のみの場合》

○○家庭裁判所令和○○年（家イ）第○○号事件の調停調書正本に表示された下記債権

金35万円

ただし、調停条項第○項記載の令和○○年○○月から令和○○年○○月まで１か月金５万円の養育費の未払分（支払期毎月末日）

《パターン３－公正証書・養育費・将来分を含む場合》

○○法務局所属公証人○○○○作成の執行力のある平成○年第○○号公正証書の正本に表示された下記債権

１　確定期限が到来している債権

金350,000円

ただし、申立人、債務者間の長男○○についての令和○○年○月から令和○○年○○月まで１か月金５万円の養育費の未払分（支払期毎月末日）

２　確定期限が到来していない定期金債権

令和○○年○○月から令和○○年○○月（申立人、債務者間の長男○○が満20歳に達する月）まで、毎月末日限り、金５万円ずつの養育費

－３－

《パターン４－審判書・婚姻費用・将来分を含む場合》

○○家庭裁判所令和○○年（家）第○○号事件の審判正本に表示された下記債権

１　確定期限が到来している債権

金350,000円

ただし、令和○○年○月から令和○○年○○月まで、１か月金５万円の婚姻費用の未払分（支払期毎月末日）

２　確定期限が到来していない定期金債権

令和○○年○○月から離婚又は別居の解消に至るまでの間、毎月末日限り、金５万円ずつの婚姻費用

－４－

【書式例４】 申立書（債務名義・預貯金債権）

第三者からの情報取得手続申立書（預貯金）

東京地方裁判所民事第21部　御中

令和　　年　　月　　日

申 立 人

印

電　話　　－　　－

ＦＡＸ　　－　　－

（担当　　　　）

当事者　　　　別紙当事者目録記載のとおり

請求債権　　　別紙請求債権目録記載のとおり

申立人は、債務者に対し、別紙請求債権目録記載の執行力のある債務名義の正本に記載された請求債権を有しているが、債務者がその支払をせず、下記の要件に該当するので、第三者に対し債務者の預貯金債権に係る情報（民事執行法207条１項１号）の提供を命じるよう求める。

記

以下のとおり、民事執行法197条１項の要件がある。（該当する□に✓を記入してください。）

□　強制執行又は担保権の実行における配当等の手続（本件申立ての日より６月以上前に終了したものを除く。）において、金銭債権の完全な弁済を得ることができなかった（１号）。

□　知れている財産に対する強制執行を実施しても、金銭債権の完全な弁済を得られない（２号）。

□　直送用の郵便料金受取人払封筒　　　通添付

－１－

（添付書類）（該当する□に✓を記入してください。）

□　執行力のある債務名義の正本　　　　　通
□　同送達証明書　　　　　　　　　　　　通
□　同確定証明書　　　　　　　　　　　　通
□　資格証明書　　　　　　　　　　　　　通
□　住民票　　　　　　　　　　　　　　　通
□　　　　　　　　　　　　　　　　　　　通
□　　　　　　　　　　　　　　　　　　　通

（証拠書類）（該当する□に✓を記入してください。）

1　民事執行法197条１項１号の主張をする場合
　□　配当表写し
　□　弁済金交付計算書写し
　□　不動産競売開始決定写し
　□　債権差押命令写し
　□　配当期日呼出状写し
　□
　□

2　民事執行法197条１項２号の主張をする場合
　□　財産調査結果報告書及び添付資料
　□
　□

－２－

当　事　者　目　録

〒100－0013　東京都千代田区霞が関○丁目○番○号（送達場所）
申　　立　　人　　○○商事株式会社
代表者代表取締役　甲　野　太　郎
電話番号　○○－○○○○－○○○○
ＦＡＸ　○○－○○○○－○○○○

〒100－0013　東京都千代田区霞が関○丁目○番○号
第　　三　　者　　株式会社○○銀行
代表者代表取締役　丙　野　三　郎

〒152－0002　東京都目黒区目黒本町○丁目○番○号
（債務名義上の住所）東京都大田区西糀谷○丁目○番○号
債　　務　　者　　乙　野　次　郎
《債務者の特定に資する事項》

(1)	氏名又は名称の振り仮名	○○○○
(2)	生年月日	昭和○○年○○月○○日
(3)	性別	○性
(4)	旧住所	東京都○○区○○町○丁目○番○号
(5)	旧姓（振り仮名）	○○○○（○○○○）
(6)	通称（振り仮名）	●●（●●●）

－3－

（注１）　申立人が個人の場合の記載例は、**【書式例２】**の当事者目録参照。
（注２）　第三者が複数で第三者目録を利用する場合は次頁のとおり。
（注３）　債務者が法人の場合の記載例は、**【書式例５】**の当事者目録参照。
（注４）　債務者の特定に資する事項は、できる限り記載すれば足ります。ただし、債務者の振り仮名、生年月日、性別などが記載されないと、債務者の特定ができないことを理由に、「該当情報なし」と回答されるおそれがあります。
（注５）　生年月日、旧住所、旧姓を記載する場合は、公的書類（住民票等）が必要です。通称や屋号を記載するには同一性の証明が必要です。
＊　請求債権目録は記載省略（**【書式例１】**と同じ）。

（第三者が複数で第三者目録を利用する場合）

当　事　者　目　録

〒　　－

（住所）　　　　　　　　　　　　　　　　　（送達場所）

申　　立　　人

電話番号

Ｆ　Ａ　Ｘ

第三者　別紙第三者目録記載のとおり

〒　　－

（住所）

債　　務　　者

《債務者の特定に資する事項》

(1)　氏名又は名称の振り仮名

(2)　生年月日

(3)　性別

(4)

(5)

－３－

第　　三　　者　　目　　録

〒　　－

（住所）

第　　三　　者

代表者

〒　　－

（住所）

第　　三　　者

代表者

〒　　－

（住所）

第　　三　　者

代表者

〒　　－

（住所）

第　　三　　者

代表者

〒　　－

（住所）

第　　三　　者

代表者

－４－

【書式例５】 申立書（一般先取特権・預貯金債権）

第三者からの情報取得手続申立書（一般先取特権・預貯金）

東京地方裁判所民事第21部　御中

令和　　年　　月　　日

申立人

印

電　話　　－　　－

ＦＡＸ　　－　　－

（担当　　　　）

当事者　　　別紙当事者目録記載のとおり

担保権
被担保債権
請求債権　　別紙担保権・被担保債権・請求債権目録記載のとおり

申立人は、債務者に対し、別紙担保権・被担保債権・請求債権目録記載の債権を有しているが、債務者がその支払をせず、下記の要件に該当するので、別紙担保権・被担保債権・請求債権目録記載の一般先取特権に基づき、第三者に対し債務者の預貯金債権に係る情報（民事執行法207条２項、同条１項１号）の提供を命じるよう求める。

記

以下のとおり、民事執行法197条２項の要件がある。（該当する□に✓を記入してください。）

□　強制執行又は担保権の実行における配当等の手続（本件申立ての日より６月以上前に終了したものを除く。）において、被担保債権の完全な弁済を得ることができなかった（１号）。

□　知れている財産に対する担保権の実行を実施しても、被担保債権の完全な弁済を得られない（２号）。

□　直送用の郵便料金受取人払封筒　　　通添付

－１－

（添付書類）（該当する□に✓を記入してください。）

□　証拠説明書　　通
□　資格証明書　　通
□　住民票　　通
□　　　通
□　　　通

（証拠書類）（該当する□に✓を記入してください。）

1　一般先取特権を有することを証する文書

□　雇用契約書	甲第	号証
□　給与明細書	甲第	号証
□　出勤簿写し	甲第	号証
□　就業規則	甲第	号証
□　陳述書	甲第	号証
□	甲第	号証
□	甲第	号証
□	甲第	号証

2　民事執行法197条2項1号の主張をする場合

□　配当表写し	甲第	号証
□　弁済金交付計算書写し	甲第	号証
□　不動産競売開始決定写し	甲第	号証
□　債権差押命令写し	甲第	号証
□　配当期日呼出状写し	甲第	号証
□	甲第	号証
□	甲第	号証

3　民事執行法197条2項2号の主張をする場合

□　財産調査結果報告書及び添付資料	甲第	号証～
	甲第	号証
□		
□		

－2－

＊　担保権・被担保債権・請求債権目録は記載省略（**【書式例2】**と同じ）。

当　事　者　目　録

〒100－0013　東京都千代田区霞が関○丁目○番○号（送達場所）
申　　立　　人　　甲　野　太　郎
電話番号　○○－○○○○－○○○○
ＦＡＸ　○○－○○○○－○○○○

〒○○○－○○○○　　○○○○○○○○○○○○
第　　三　　者　　○　　○　　○　　○

〒152－0002　東京都目黒区目黒本町○丁目○番○号
債　　務　　者　　○○運輸株式会社
代表者代表取締役　乙　野　次　郎

《債務者の特定に資する事項》

⑴	名称の振り仮名	○○○○
⑵	旧本店所在地	東京都○○区○○町○丁目○番○号
⑶	旧名称（振り仮名）	○○○○（○○○○）
⑷	会社成立（設立）の年月日	平成○年○月○日

－ 3 －

（注１）　債務者が個人の場合の記載例は、**【書式例４】**の当事者目録参照。

（注２）　債務者の特定に資する事項は、できる限り記載すれば足ります。ただし、債務者の振り仮名などが記載されないと、債務者の特定ができないことを理由に、「該当情報なし」と回答されるおそれがあります。

（注３）　旧本店所在地、旧名称、会社成立（設立）の年月日を記載する場合は、公的書類（商業登記事項証明書等）が必要です。

【書式例６】　申立書（債務名義・振替社債等）

第三者からの情報取得手続申立書（振替社債等）

東京地方裁判所民事第21部　御中

令和　　年　　月　　日

申　立　人

印

電　話　　－　　－

ＦＡＸ　　－　　－

（担当　　　　）

当事者　　　別紙当事者目録記載のとおり

請求債権　　別紙請求債権目録記載のとおり

申立人は、債務者に対し、別紙請求債権目録記載の執行力のある債務名義の正本に記載された請求債権を有しているが、債務者がその支払をせず、下記の要件に該当するので、第三者に対し債務者の有する振替社債等に係る情報（民事執行法207条１項２号）の提供を命じるよう求める。

記

以下のとおり、民事執行法197条１項の要件がある。（該当する□に✓を記入してください。）

□　強制執行又は担保権の実行における配当等の手続（本件申立ての日より６月以上前に終了したものを除く。）において、金銭債権の完全な弁済を得ることができなかった（１号）。

□　知れている財産に対する強制執行を実施しても、金銭債権の完全な弁済を得られない（２号）。

□　直送用の郵便料金受取人払封筒　　　通添付

－１－

＊　申立書２枚目は記載省略（**【書式例４】**と同じ）。

＊　当事者目録は記載省略（**【書式例４】**と同じ）。

＊　請求債権目録は記載省略（**【書式例１】**と同じ）。

【書式例７】 申立書（一般先取特権・振替社債等）

第三者からの情報取得手続申立書

（一般先取特権・振替社債等）

東京地方裁判所民事第21部　御中

令和　　年　　月　　日

申　立　人

印

電　話　　－　　－

ＦＡＸ　　－　　－

（担当　　　）

当事者	別紙当事者目録記載のとおり
担保権 被担保債権 請求債権	別紙担保権・被担保債権・請求債権目録記載のとおり

申立人は、債務者に対し、別紙担保権・被担保債権・請求債権目録記載の債権を有しているが、債務者がその支払をせず、下記の要件に該当するので、別紙担保権・被担保債権・請求債権目録記載の一般先取特権に基づき、第三者に対し債務者の有する振替社債等に係る情報（民事執行法207条２項、同条１項２号）の提供を命じるよう求める。

記

以下のとおり、民事執行法197条２項の要件がある。（該当する□に✓を記入してください。）

□　強制執行又は担保権の実行における配当等の手続（本件申立ての日より６月以上前に終了したものを除く。）において、被担保債権の完全な弁済を得ることができなかった（１号）。

□　知れている財産に対する担保権の実行を実施しても、被担保債権の完全な弁済を得られない（２号）。

□　直送用の郵便料金受取人払封筒　　　通添付

－１－

＊　申立書（表紙）の２枚目は記載省略（**【書式例５】**と同じ）。

＊　当事者目録は記載省略（**【書式例４】**と同じ）。

＊　担保権・被担保債権・請求債権目録は記載省略（**【書式例２】**と同じ）。

【書式例８】 債務名義等還付申請書

債務名義等還付申請書

当事者　申立人 ＿＿＿＿＿＿＿＿＿＿＿＿＿＿
債務者 ＿＿＿＿＿＿＿＿＿＿＿＿＿＿
第三者 ＿＿＿＿＿＿＿＿＿＿＿＿＿＿

上記当事者間の令和　　年（情チ）第　　　　号事件について、情報提供命令が□発令された・□確定したので、☑債務名義、☑送達証明書、□確定証明書を還付してください。

令和　　年　　月　　日

申立人（代理人）　　　　　　　　　　　　　　　　　　　　印

東京地方裁判所民事第21部　御中

受　　書

下記書類を受領しました。

□　執行力のある債務名義の正本　　　　　　　　　通
□　同送達証明書　　　　　　　　　　　　　　　　通
□　同確定証明書　　　　　　　　　　　　　　　　通
□

令和　　年　　月　　日

申立人（代理人）　　　　　　　　　　　　　　　　　　　　印

東京地方裁判所民事第21部　御中

（注１）　預貯金等情報に係る申立ての場合は、「発令された」に、不動産または給与情報に係る申立ての場合は、「確定した」にチェックを入れてください。
（注２）　申請にあたっては、上記申請書に加え、還付を求める書類の写し各１部を併せて提出する必要があります。

【書式例９】 財産調査結果報告書（個人用）

（R２、７改訂）

【記載例】

財産調査結果報告書（個人用）

【記載事項】
「１－１　過去３年以内の手続の確認」（１頁目）から「７　その他の財産」及び「住居表示に関する説明書」（６頁目）まであります。文中の指示に従って，必要なものを記入・提出してください。
※不明な点は，別途，説明書面や裏付資料の提出（補正など）を求めることがあります。

【記載上の注意事項】
１　該当する欄の□にレ点を付け，必要な事項を記入してください。
２　欄が足りないときは，適宜の用紙（Ａ４判）を追加してください（その場合には，該当する欄に「別紙のとおり」と記載してください）。

作成日(提出日ではない)、申立人（代理人）名及び押印、債務者の氏名を記入してください。

東京地方裁判所民事第21部　御中
令和　〇〇　年　〇〇　月　〇〇　日
申立人（□代理人）　〇〇〇〇　印
債務者　◎◎◎◎　の財産を調査した結果（調査方法を含む）は，次のとおりです。

したがって，私の知っている債務者の財産に対して強制執行を実施しても，請求債権の完全な弁済を得られません。

財産開示期日が実施されているか知らない場合は、いいえに☑してください。

	１－１　過去３年以内の手続の確認 過去３年以内に財産開示又は情報取得が実施されましたか。 該当するものを選択し（□にレ点）を記入してください。
□	はい →１－２へ
☑	いいえ →２ページ以下に進みすべて記入してください。

アに該当する場合で、疎明資料として、疎明資料一覧のうち「Ａ財産開示期日が実施されたことの証明書」を提出する場合には、「アに☑し、※疎明資料として＿Ａ＿を提出する」と記載してください。

該当する事項に☑してください

		提出する疎明資料（右記一覧の番号）	疎明資料一覧
	１－２　過去３年以内の財産開示または情報取得の結果 次のア，イ，ウ，エのうちから該当するものを選択し（□にレ点），必要事項を記入してください。		【過去の手続関係】
ア ☑	財産開示手続が行われたが，債務者が期日に出頭せず，財産が判明しなかった。 ※疎明資料として＿＿Ａ＿＿を提出する。 →１－３へ 〔疎明資料一覧からアルファベットを選択〕	Ａ （Ｂ１＋Ｂ２も可）	Ａ　財産開示期日が実施されたことの証明書 Ｂ１　財産開示期日調書（写し）
イ □	財産開示手続が行われ，債務者が期日に出頭したが，十分な財産は判明しなかった。 ※疎明資料として＿＿＿＿を提出する。 →１－３へ 〔疎明資料一覧からアルファベットを選択〕	Ｂ１	Ｂ２　財産開示手続実施決定(写し)
ウ □	情報取得手続が行われ，その中で，２ページ以下を記入した財産調査結果報告書を提出した。 ※疎明資料として＿＿＿＿を提出する。 →１－３へ 〔疎明資料一覧からアルファベットを選択〕	Ｂ３＋Ｂ４＋Ｂ５	Ｂ３　情報提供命令（写し） Ｂ４　全ての情報提供書（写し）
エ □	ア，イ，ウのいずれにも該当しない。 ※疎明資料として＿＿＿＿を提出する。 〔疎明資料一覧からアルファベットを選択〕 →２ページ以下に進みすべて記入してください。	Ｂ３＋Ｂ４＋Ｂ５ ※Ｂ５は提出した場合のみ	Ｂ５　情報取得手続時に提出した財産調査結果報告書(写し)
	１－３　その後の事情		
	以下に該当する場合は，□にレ点を記入してください。		
☑	上記財産開示・情報取得後，債務者は転居していません。		
☑	上記財産開示・情報取得後，債務者の新たな財産は判明していません。		
	上記のうちいずれかに該当しないものがある場合 →２ページ以下に進みすべて記入してください。 上記両方に該当した場合　→記入は終了です。 ※ただし，追加資料が必要になる場合があります。		

－１－

【記載例】

【注意】前の頁で、1－3の両方に該当した方はこの頁以降の記載は不要です。

アに該当する場合で、疎明資料一覧のうち「C　不動産登記事項証明書」を提出する場合には「アに☑し、※疎明資料として　C　を提出する」と記載してください。

以下の項目の回答方法も同様に、該当項目に☑をして疎明資料一覧の符号（G, Hなど）を記載してください。

ウに該当する場合、ウに☑し、理由を具体的に記載してください。

		提出する疎明資料（右記一覧の番号）	疎明資料一覧
2　債務者の住所地の不動産 次のア、イのうちから該当するものを選択し（□にレ点）、必要事項を記入してください。			【所有権確認関係】 C　不動産登記事項証明書（3か月以内のもの） D　住居表示に関する説明書（末尾に書式あり） E　賃貸借契約書（写し） F　その他、債務者の所有不動産ではないことを疎明する文書
ア☑	債務者住所地の不動産（☑土地・☑建物）は、債務者の所有ではない。 ※疎明資料として　C，D　を提出する。 〔疎明資料一覧からアルファベットを選択〕	C（原本） 及びD（ただし、住居表示が異なる場合のみ） 〔Cが取得できないときは、EかFのいずれか〕	
イ□	債務者住所地の不動産（□土地・□建物）は、債務者の所有であるが、この不動産では完全な弁済を得られない。	C（原本） 及びD（ただし、住居表示が異なる場合のみ）	
	評価額　　円 被担保債権額　　円 ※疎明資料として＿＿＿を提出する。 〔疎明資料一覧からアルファベットを選択〕	G～Iのいずれか	
3　その他の場所の不動産 次のア、イ、ウのうちから該当するものを選択し（□にレ点）、必要事項を記入してください。 〔※6か月以内の転居がある場合は、ア又はイを選択したうえ、旧住所について必ず記載してください。〕			【評価額確認関係】 G　不動産業者の評価書・査定書（1年以内のもの） H　固定資産評価証明書・公課証明書 I　その他、債務者所有の不動産に競売手続をしても無剰余(※)であることを疎明する文書（※強制執行をしても申立人に配当金が回らない見込みのこと）
ア□	次の（□土地・□建物）を調査した結果、債務者の所有でないことが判明した。 調査した住所（　　） この場所は債務者の（□旧住所・□事業所、店舗・□　　）である。 ※疎明資料として＿＿＿を提出する。 〔疎明資料一覧からアルファベットを選択〕	C（写し可） 及びD（ただし、住居表示が異なる場合のみ）	
イ□	次の（□土地・□建物）を調査した結果、債務者の所有であることが判明したが、この不動産では完全な弁済を得られない。 調査した住所（　　） この場所は債務者の（□旧住所・□事業所、店舗・□　　）である。 ※疎明資料として＿＿＿を提出する。 〔疎明資料一覧からアルファベットを選択〕		
	評価額　　円 被担保債権額　　円 ※疎明資料として＿＿＿を提出する。 〔疎明資料一覧からアルファベットを選択〕	G～Iのいずれか	
ウ☑	次の理由により調査が困難である。 （理由記入欄） 記載例1： 債務者と婚姻中に居住していた旧住所は賃貸マンションである。また、令和○年○月○日に、債務者に電話をかけて所有する不動産について聞こうとしたが、教えることは何もないと言われ、一方的に電話を切られた。 記載例2： この申立てに先立ち、共通の知人である××に問い合わせたところ、債務者が不動産を相続したという話を聞いたが、××も、その不動産が○○県にあるという以上の情報は知らなかった。 記載例3： 債務者とは、本件交通事故の相手方というだけの関係であり、住所地以外の情報を知るすべがない。		

－2－

【記載例】

		提出する疎明資料（右記一覧の番号）	疎明資料一覧
4 債務者の給与（報酬・賃金等） 次のア、イ、ウのうちから一つを選択し（□にレ点）、必要事項を記入してください。			【給与(報酬・賃金等)関係】 J 給与の債権差押命令正本（写し）、第三債務者からの陳述書（写し） K 債権配当事件の直近の配当表（写し） L 弁護士法照会による勤務先等からの回答書（写し） M 債務者の勤務先等に関する調査報告書その他の疎明資料
ア□	債務者の給与（報酬・賃金等）は次のとおりである。 就業場所（所在地）→ 雇用者（会社名）→ 給与形態→年・月・週・日・不明〔※年収なら「年」に○を付すなど、該当するものに○を付してください。〕 約　　円・不明〔※知っている金額を記載してください。不明の場合は「不明」に○を付してください。〕 ※疎明資料として＿＿＿＿＿＿を提出する。 〔疎明資料一覧からアルファベットを選択〕	→ J～Mのいずれか	
イ□	次の調査を行ったが、在職していなかった。 ※疎明資料として＿＿＿＿＿＿を提出する。 〔疎明資料一覧からアルファベットを選択〕 （調査方法記入欄） 記載例： 婚姻中の債務者の勤務先に電話連絡したところ、令和○年○月頃にやめていた。その後は債務者とは連絡が取れない。	→ J、L、Mのいずれか	
ウ☑	次の理由により調査が困難である。 （理由記入欄） 記載例１： 債務者とは、本件交通事故の相手方というだけの関係であり、住所地に連絡しても何も応答がなく、勤務先を知るすべがない。 記載例２： 債務者は取引当時は学生であり、当時の連絡先も変更されており、その後就職しているかを調べることができない。		

ウに該当する場合、ウに☑し、理由を具体的に記載してください。

－３－

【記載例】

<table>
<tr><th colspan="2"></th><th>提出する疎明資料
(右記一覧の番号)</th><th>疎明資料一覧</th></tr>
<tr><td colspan="2">5　**債務者の預貯金**
次のア、イ、ウのうちから一つを選択し(□にレ点)、必要事項を記入してください。</td><td></td><td rowspan="4">【預貯金関係】

N　預貯金の債権差押命令正本(写し)、第三債務者からの陳述書(写し)

O　債権配当事件の直近の配当表(写し)

P　弁護士法照会による金融機関からの回答書(写し)

Q　債務者の預貯金に関する調査報告書その他の疎明資料</td></tr>
<tr><td>ア□</td><td>債務者の預貯金は次のとおりである。
〔※欄が足りないときは適宜追加してください。〕

銀行・信用金庫　　支店
(　年　月　日現在の残高　　円)

銀行・信用金庫　　支店
(　年　月　日現在の残高　　円)

銀行・信用金庫　　支店
(　年　月　日現在の残高　　円)

※疎明資料として＿＿＿＿＿を提出する。
〔疎明資料一覧からアルファベットを選択〕</td><td>N～Qのいずれか</td></tr>
<tr><td>イ□</td><td>次の調査を行ったが、預貯金がなかった。

※疎明資料として＿＿＿＿＿を提出する。
〔疎明資料一覧からアルファベットを選択〕
(調査方法記入欄)
記載例：
婚姻中に債務者が使っていた預貯金口座は離婚時に解約しており、その後に開設した口座は、何度連絡しても教えてくれない。</td><td>N、P、Qのいずれか</td></tr>
<tr><td>ウ☑</td><td colspan="2">次の理由により調査が困難である。
(理由記入欄)
記載例1：
債務者とは、本件交通事故の相手方というだけの関係であり、取引銀行を知るすべがない。債務者との支払交渉や和解協議でも、預貯金口座に関する情報は得られなかった。
記載例2：
婚姻当時の債務者名義の預貯金口座はまだあるようだが、債務者が通帳を管理しており、残額を教えてくれなかった。
記載例3：
債務者との取引は現金授受だったので、債務者の預貯金口座は把握していない。債務者との支払の交渉や和解協議でも、預貯金口座に関する情報は得られなかった。</td></tr>
</table>

ウに該当する場合、ウに☑し、理由を具体的に記載してください。

－ 4 －

【記載例】

動産執行を行っている場合は、イに☑し、疎明資料一覧のうち「※疎明資料として＿R＿を提出する」と記入してください。

		提出する疎明資料 （右記一覧の番号）	疎明資料一覧
6　債務者の動産（生活必需品を除く） 次のア、イのうちから一つを選択し（□にレ点）、必要事項を記入してください。			【動産関係】 R　動産執行の執行調書謄本（写し） S　動産に対する強制執行手続の配当表写し T　債務者の動産に関する調査報告書その他の疎明資料
ア□	債務者の動産については知らない。		
イ☑	私の知っている債務者の動産は次のとおりである。 ※疎明資料として＿＿R＿＿を提出する。 〔疎明資料一覧からアルファベットを選択〕 （動産の品名・数量等） ●●1個（1万円相当）	R～Tのいずれか（あれば）	

調査しても分からない場合や調査が困難な場合は、アに☑してください。

		提出する疎明資料 （右記一覧の番号）	疎明資料一覧
7　債務者のその他の財産（保険金、株式、売掛金、貸付金、暗号資産（仮想通貨）等） 次のア、イのうちから一つを選択し（□にレ点）、必要事項を記入してください。			【その他の財産関係】 U　債務者のその他の財産に関する調査報告書その他の疎明資料
ア☑	債務者のその他の財産（保険金、株式、売掛金、貸付金、暗号資産（仮想通貨）等）については知らない。		
イ□	私の知っている債務者のその他の財産（保険金、株式、売掛金、貸付金、暗号資産（仮想通貨）等）は次のとおりである。 ※疎明資料として＿＿＿＿＿＿を提出する。 〔疎明資料一覧からアルファベットを選択〕 （財産の種類、額等）	U	

－5－

【記載例】

（疎明資料として提出した「不動産登記事項証明書」の表示と住居表示が異なる場合に作成してください。
次の１～３のうち、該当する項目の□にレ点を入れて、同欄に必要事項を記載してください。
物件ごとに１通作成してください。）

東京都内など、住居表示と不動産登記簿上の所在地の表示が異なる場合があります。

異なる場合は、該当項目に☑し、住居表示と不動産登記簿上の所在地を正確に記載してください。

住居表示に関する説明書

債務者＿◎　◎　◎　◎＿の【☑住所地・□旧住所・□事業所、店舗・□　　　】について

☑１　債務者の住所が、住居表示では、 「東京都○○区○○　２－26－14　マンション101　　　」となっていますが、 ☑東京法務局　□　　地方法務局　□　　支局・出張所において、 前記住所地の不動産登記事項証明書の交付申請をするべく地番を問い合わせたところ、登記表示の住所では、以下に該当するとの回答があり、以下の所在地の不動産登記事項証明書の交付を受けました。 土地「地番：東京都○○区○○二丁目95番15」 建物「所在：東京都○○区○○二丁目95番地15、家屋番号：○○二丁目95番15の101」
□２　別添のブルーマップ（　　　　　住宅地図）の該当ページによると、 住居表示の住所が赤色でマーキングした部分であり、 登記表示の住所が青色でマーキングした部分になります。
□３　以下の方法で、住居表示の「東京都　　　　　　　　」は、 登記表示の「東京都　　　　　　　　」に 該当することを確認しました。 （　　　　　　　　　　　　　　　　　　　　）

－６－

【書式例10】 財産調査結果報告書（法人用）

（R2、7改訂）

【記載例】

財産調査結果報告書（法人用）

【記載事項】
「1－1　過去3年以内の手続の確認」（1頁目）から「7　その他の財産」及び「住居表示に関する説明書」（5頁目）まであります。文中の指示に従って，必要なものを記入・提出してください。
※不明な点は，別途，説明書面や裏付資料の提出（補正など）を求めることがあります。
【記載上の注意事項】
1　該当する欄の□にレ点を付け，必要な事項を記入してください。
2　欄が足りないときは，適宜の用紙（A4判）を追加してください（その場合には，該当する欄に「別紙のとおり」と記載してください）。

作成日（提出日ではない）、申立人（代理人）名及び押印、債務者の法人名を記入してください。

東京地方裁判所民事第21部　御中
令和　○○　年　○○　月　○○　日
申立人（□代理人）　○○株式会社　代表者代表取締役　○○○○　印
債務者（法人）　◎◎株式会社　の財産を調査した結果（調査方法を含む）は，次のとおりです。
したがって，私の知っている債務者の財産に対して強制執行を実施しても，請求債権の完全な弁済を得られません。

財産開示期日が実施されているか知らない場合は、いいえに☑してください。

1－1　過去3年以内の手続の確認 過去3年以内に財産開示又は情報取得が実施されましたか。 該当するものを選択し（□にレ点）を記入してください。	
□	はい →1－2へ
☑	いいえ →2ページ以下に進みすべて記入してください

アに該当する場合で、疎明資料として、疎明資料一覧のうち「A　財産開示期日が実施されたことの証明書」を提出する場合には、「アに☑し、※疎明資料として　A　を提出する」と記載してください。

該当する事項に☑してください

		提出する疎明資料（右記一覧の番号）
1－2　過去3年以内の財産開示または情報取得の結果 次のア，イ，ウ，エのうちから該当するものを選択し（□にレ点），必要事項を記入してください。		
ア ☑	財産開示手続が行われたが，債務者が期日に出頭せず，財産が判明しなかった。 ※疎明資料として　A　を提出する。 →1－3へ 〔疎明資料一覧からアルファベットを選択〕	A（B1＋B2も可）
イ □	財産開示手続が行われ，債務者が期日に出頭したが，十分な財産は判明しなかった。 ※疎明資料として＿＿＿＿を提出する。 →1－3へ 〔疎明資料一覧からアルファベットを選択〕	B1
ウ □	情報取得手続が行われ，その中で，2ページ以下を記入した財産調査結果報告書を提出した。 ※疎明資料として＿＿＿＿を提出する。 →1－3へ 〔疎明資料一覧からアルファベットを選択〕	B3＋B4＋B5
エ □	ア，イ，ウのいずれにも該当しない。 ※疎明資料として＿＿＿＿を提出する。 〔疎明資料一覧からアルファベットを選択〕 →2ページ以下に進みすべて記入してください。	B3＋B4＋B5 ※B5は提出した場合のみ
1－3　その後の事情		
以下に該当する場合は，□にレ点を記入してください。		
☑	上記財産開示・情報取得後，債務者の本店は移転していません。	
☑	上記財産開示・情報取得後，債務者の新たな財産は判明していません。	
上記のうちいずれかに該当しないものがある場合 →2ページ以下に進みすべて記入してください。 上記両方に該当した場合　→記入は終了です。 ※ただし，追加資料が必要になる場合があります。		

疎明資料一覧	
	【過去の手続関係】
A	財産開示期日が実施されたことの証明書
B1	財産開示期日調書（写し）
B2	財産開示手続実施決定（写し）
B3	情報提供命令（写し）
B4	全ての情報提供書（写し）
B5	情報取得手続時に提出した財産調査結果報告書（写し）

－1－

【記載例】

【注意】前の頁で、1－3の両方に該当した方はこの頁以降の記載は不要です。

アに該当する場合で、疎明資料一覧のうち「C　不動産登記事項証明書」を提出する場合には「アに☑し、※疎明資料として　C　を提出する」と記載してください。

以下の項目の回答方法も同様に、該当項目に☑をして疎明資料一覧の符号（G，Hなど）を記載してください。

		提出する疎明資料 （右記一覧の番号）	
2　債務者の所在地の不動産 次のア、イのうちから該当するものを選択し（□にレ点）、必要事項を記入してください。			【所有権確認関係】 C　不動産登記事項証明書（3か月以内のもの） D　住居表示に関する説明書（末尾に書式あり） E　賃貸借契約書（写し） F　その他、債務者の所有不動産ではないことを疎明する文書 【評価額確認関係】 G　不動産業者の評価書・査定書（1年以内のもの） H　固定資産評価証明書・公課証明書 I　その他、債務者所有の不動産に競売手続をしても無剰余（※）であることを疎明する文書 （※強制執行をしても申立人に配当金が回らない見込みのこと）
ア☑	債務者の本店所在地の不動産（☑土地・☑建物）は、債務者の所有ではない。 ※疎明資料として　C，D　を提出する。 〔疎明資料一覧からアルファベットを選択〕	C（原本） 及びD（ただし、住居表示が異なる場合のみ） 〔Cが取得できないときは、EかFのいずれか〕	
イ□	債務者の本店所在地の不動産（□土地・□建物）は、債務者の所有であるが、この不動産では完全な弁済を得られない。	C（原本） 及びD（ただし、住居表示が異なる場合のみ）	
	評価額　　　　　円 被担保債権額　　　　　円 ※疎明資料として＿＿＿＿を提出する。 〔疎明資料一覧からアルファベットを選択〕	G～Iのいずれか	
3　その他の場所の不動産 次のア、イ、ウのうちから該当するものを選択し（□にレ点）、必要事項を記入してください。 〔※6か月以内に本店の移転がある場合は、ア又はイを選択したうえ、旧本店所在地について必ず記載してください。〕			
ア□	次の（□土地・□建物）を調査した結果、債務者の所有でないことが判明した。 調査した住所（　　　　　） この場所は債務者の（□旧本店所在地・□支店・□事業所、店舗・□　　　　）である。 ※疎明資料として＿＿＿＿を提出する。 〔疎明資料一覧からアルファベットを選択〕	C（写し可） 及びD（ただし、住居表示が異なる場合のみ）	
イ□	次の（□土地・□建物）を調査した結果、債務者の所有であることが判明したが、この不動産では完全な弁済を得られない。 調査した住所（　　　　　） この場所は債務者の（□旧本店所在地・□支店・□事業所、店舗・□　　　　）である。 ※疎明資料として＿＿＿＿を提出する。 〔疎明資料一覧からアルファベットを選択〕	（同上）	
	評価額　　　　　円 被担保債権額　　　　　円 ※疎明資料として＿＿＿＿を提出する。 〔疎明資料一覧からアルファベットを選択〕	G～Iのいずれか	
ウ☑	次の理由により調査が困難である。 （理由記入欄） 記載例1： 債務者とは、本件売買契約以外に取引がなく、資産状況を把握していないため、本店所在地以外の情報を調べることができない。 記載例2： 債務者の貸借対照表によれば、固定資産は1円しか計上されていない。		

ウに該当する場合、ウに☑し、理由を具体的に記載してください。

－2－

【記載例】

調査しても分からない場合や調査が困難な場合は、アに☑してください。

		提出する疎明資料（右記一覧の番号）	疎明資料一覧
4　債務者の営業上の債権（売掛金・業務報酬債権等） 次のア、イのうちから一つを選択し（□にレ点）、必要事項を記入してください。			【営業上の債権関係】 J　債権差押命令正本（写し）、第三債務者からの陳述書（写し） K　債権配当事件の直近の配当表（写し） L　弁護士法照会による取引先等からの回答書（写し） M　債務者の取引先等に関する調査報告書その他の疎明資料
ア☑	債務者の営業上の債権（売掛金・業務報酬債権等）については知らない。		
イ□	私の知っている債務者の営業上の債権（売掛金・業務報酬債権等）は次のとおりである。 ※疎明資料として＿＿＿＿＿＿を提出する。 〔疎明資料一覧からアルファベットを選択〕 （債権の種類、額等）	→J～Mのいずれか	

ウに該当する場合、ウに☑し、理由を具体的に記載してください。

		提出する疎明資料（右記一覧の番号）	疎明資料一覧
5　債務者の預貯金 次のア、イ、ウのうちから一つを選択し（□にレ点）、必要事項を記入してください。			【預貯金関係】 N　預貯金の債権差押命令正本（写し）、第三債務者からの陳述書（写し） O　債権配当事件の直近の配当表（写し） P　弁護士法照会による金融機関からの回答書（写し） Q　債務者の預貯金に関する調査報告書その他の疎明資料
ア□	債務者の預貯金は次のとおりである。 〔※欄が足りないときは適宜追加してください。〕 銀行・信用金庫　支店 （　年　月　日現在の残高　円） 銀行・信用金庫　支店 （　年　月　日現在の残高　円） 銀行・信用金庫　支店 （　年　月　日現在の残高　円） ※疎明資料として＿＿＿＿＿＿を提出する。 〔疎明資料一覧からアルファベットを選択〕	N～Qのいずれか	
イ□	次の調査を行ったが、預貯金がなかった。 ※疎明資料として＿＿＿＿＿＿を提出する。 〔疎明資料一覧からアルファベットを選択〕 （調査方法記入欄）	N、P、Qのいずれか	
ウ☑	次の理由により調査が困難である。 （理由記入欄） 記載例１： 債務者とは、一切連絡が取れない。債務者とは本件売買契約以外に取引がなく、資産状況を把握していないため、取引銀行を調べることができない。 記載例２： 債務者とは継続的に取引していたが、当社が納品した商品の代金を債務者が当社の口座に振り込むのみであったので、債務者の預貯金口座は把握していない。債務者との支払交渉及び和解協議でも、債務者の預貯金口座は明らかにされなかった。		

－３－

【記載例】

		提出する疎明資料（右記一覧の番号）	疎明資料一覧
6	債務者の動産（差押禁止動産（民執法131条）を除く） 次のア、イのうちから、一つを選択し（□にレ点）、必要事項を記入してください。		【動産関係】 R　動産執行の執行調書謄本（写し） S　動産に対する強制執行手続の配当表写し T　債務者の動産に関する調査報告書その他の疎明資料
ア□	債務者の動産については知らない。		
イ☑	私の知っている債務者の動産は次のとおりである。 ※疎明資料として＿＿R＿＿を提出する。 〔疎明資料一覧からアルファベットを選択〕 （動産の品名・数量等） ●●10個（合計１万円相当）	R～Tのいずれか（あれば）	

動産執行を行っている場合は、イに☑し、疎明資料一覧のうち「※疎明資料として＿R＿を提出する」と記入してください。

		提出する疎明資料（右記一覧の番号）	疎明資料一覧
7	債務者のその他の財産（保険金、株式、貸付金、暗号資産（仮想通貨）等） 次のア、イのうちから一つを選択し（□にレ点）、必要事項を記入してください。		【その他の財産関係】 U　債務者のその他の財産に関する調査報告書その他の疎明資料
ア☑	債務者のその他の財産（保険金、株式、貸付金、暗号資産（仮想通貨）等）については知らない。		
イ□	私の知っている債務者のその他の財産（保険金、株式、貸付金、暗号資産（仮想通貨）等）は次のとおりである。 ※疎明資料として＿＿＿＿＿＿を提出する。 〔疎明資料一覧からアルファベットを選択〕 （財産の種類、額等）	U	

調査しても分からない場合や調査が困難な場合は、アに☑してください。

－ 4 －

【記載例】

（疎明資料として提出した「不動産登記事項証明書」の表示と住居表示が異なる場合に作成してください。
次の１～３のうち、該当する項目の□にレ点を入れて、同欄に必要事項を記載してください。
物件ごとに１通作成してください。）

住居表示に関する説明書

債務者（法人）　◎◎株式会社　の【☑本店所在地・□旧本店所在地・□支店、□事業所、店舗・□　】について

☑１　債務者の所在地が、住居表示では、
「東京都　○○区○○　２－26－14　△△ビル１階　」となっていますが、
☑東京法務局　□　地方法務局　□　支局・出張所において、

前記所在地の不動産登記事項証明書の交付申請をするべく地番を問い合わせたところ、登記表示の住所では、以下に該当するとの回答があり、以下の所在地の不動産登記事項証明書の交付を受けました。
土地「地番：東京都○○区○○二丁目95番地15」
建物「所在：東京都○○区○○二丁目95番地15　家屋番号：○○二丁目95番15の101」

□２　別添のブルーマップ（　住宅地図）の該当ページによると、

住居表示の住所が赤色でマーキングした部分であり、

登記表示の住所が青色でマーキングした部分になります。

□３　以下の方法で、住居表示の「東京都　」は、

登記表示の「東京都　」に

該当することを確認しました。

（　）

東京都内など、住居表示と不動産登記簿上の所在地の表示が異なる場合があります。

異なる場合は、該当項目に☑し、住居表示と不動産登記簿上の所在地を正確に記載してください。

－５－

【書式例11】 財産開示期日実施証明申請書

（正本用）

収入印紙××円
（１期日につき150円）

財産開示期日が実施されたことの証明申請書

【※財産開示期日（ただし、複数回期日が開かれた場合は、最後の期日）が証明日から３年以内に実施されたものに限る。】

○○地方裁判所　御中
令和　　年　　月　　日
申請者（住所）
（氏名）　　　　　　　　　　　　印
債　務　者（現住所）東京都●●区……
（債務名義上の住所）□現住所と同じ
□東京都●●区……
（氏名又は名称）△　△　△　△
（財産開示事件　事件番号　御庁平成・令和　　年（財チ）第　　　号）
上記財産開示事件の財産開示期日における手続が、下記のとおり実施されたことを証明してください。

記

1　平成・令和　年　月　日実施（開示義務者　出頭・不出頭）
2　平成・令和　年　月　日実施（開示義務者　出頭・不出頭）
3　平成・令和　年　月　日実施（開示義務者　出頭・不出頭）
〔いずれかに○を付す〕

（添付書類）
1　執行力のある金銭債権の債務名義正本及びそのコピー
2　資格証明書（申請人及び債務者が法人である場合は必須。債務名義上の記載と名称や所在地が異なる場合には、そのつながりがわかる商業登記簿謄本等）
3　住民票（債務名義上の記載と当事者の住所が異なる場合）
4　戸籍謄本（債務名義上の記載と当事者の氏名が異なる場合）
5　訴訟委任状（弁護士に委任する場合）

受　書

同日、上記証明書　通の交付を受けました。
申請者（氏名）　　　　　　　　印

＊　正本・副本（受書部分写し）を提出する。

【書式例12】 情報提供命令（債務名義・不動産）

令和●年（情チ）第●号

情　報　提　供　命　令

当　　事　　者　　別紙当事者目録記載のとおり
請　求　債　権　　別紙請求債権目録記載のとおり

当裁判所は、別紙請求債権目録記載の執行力のある債務名義の正本を有する申立人の申立てを理由があるものと認め、民事執行法205条１項１号を適用し、次のとおり決定する。

主　　文

第三者は、当裁判所に対し、下記各事項の情報を提供せよ。

記

１　債務者が所有権の登記名義人である土地又は建物（以下「土地等」という。）の存否（ただし、別紙所在地目録記載の範囲に所在するもの）
２　土地等が存在するときは、その土地等を特定するに足りる事項

令和●年●月●日
●●地方裁判所民事第●部
裁判官　　●　●　●　●

－１－

＊　当事者目録、請求債権目録、所在地目録は**【書式例１】**と同じ。

【書式例13】 情報提供命令（一般先取特権・不動産）

令和●年（情チ）第●号

情　報　提　供　命　令

当事者　　別紙当事者目録記載のとおり
担保権・被担保債権・請求債権
　　　　　別紙担保権・被担保債権・請求債権目録記載のとおり

当裁判所は、別紙担保権・被担保債権・請求債権目録記載の一般先取特権を有する申立人の申立てを理由があるものと認め、民事執行法205条1項2号を適用し、次のとおり決定する。

主　　文

第三者は、当裁判所に対し、下記各事項の情報を提供せよ。

記

1　債務者が所有権の登記名義人である土地又は建物（以下「土地等」という。）の存否（ただし、別紙所在地目録記載の範囲に所在するもの）
2　土地等が存在するときは、その土地等を特定するに足りる事項

令和●年●月●日
●●地方裁判所民事第●部
裁判官　　●　●　●　●

－1－

＊　当事者目録、担保権・被担保債権・請求債権目録は**【書式例2】**と同じ。
＊　所在地目録は**【書式例1】**と同じ。

【書式例14】 情報提供命令（給与債権（勤務先情報））

令和●年（情チ）第●号

情　報　提　供　命　令

当　　事　　者　　別紙当事者目録記載のとおり
請　求　債　権　　別紙請求債権目録記載のとおり

当裁判所は、別紙請求債権目録記載の執行力のある債務名義の正本を有する申立人の申立てを理由があるものと認め、民事執行法206条１項を適用し、次のとおり決定する。

主　　文

第三者は、当裁判所に対し、下記各事項の情報を提供せよ。

記

1　債務者に対して給与又は報酬若しくは賞与の支払をする者の存否
2　上記の支払をする者が存在するときは、
(1)　その者の氏名又は名称
(2)　その者の住所（その者が国である場合にあっては、債務者の所属する部局の名称及び所在地）

令和●年●月●日
●●地方裁判所民事第●部
裁判官　　●　●　●　●

－ 1 －

*　当事者目録、請求債権目録は**【書式例３】**と同じ。

【書式例15】 情報提供命令（債務名義・預貯金債権）

令和●年（情チ）第●号

情　報　提　供　命　令

当　　事　　者　　別紙当事者目録記載のとおり
請　求　債　権　　別紙請求債権目録記載のとおり

当裁判所は、別紙請求債権目録記載の執行力のある債務名義の正本を有する申立人の申立てを理由があるものと認め、民事執行法207条１項１号を適用し、次のとおり決定する。

主　　文

第三者は、当裁判所に対し、下記各事項の情報を提供せよ。

記

1　債務者が第三者に対して有する預貯金債権の存否
2　預貯金債権が存在するときは、
　(1)　その預貯金債権を取り扱う店舗
　(2)　その預貯金債権の種別、口座番号及び額

令和●年●月●日
●●地方裁判所民事第●部
裁判官　　●　●　●　●

－ 1 －

＊　当事者目録、請求債権目録は**【書式例４】**と同じ。

【書式例16】 情報提供命令（一般先取特権・預貯金債権）

令和●年（情チ）第●号

情　報　提　供　命　令

当事者　　別紙当事者目録記載のとおり
担保権・被担保債権・請求債権
　　　　　別紙担保権・被担保債権・請求債権目録記載のとおり

当裁判所は、別紙担保権・被担保債権・請求債権目録記載の一般先取特権を有する申立人の申立てを理由があるものと認め、民事執行法207条２項を適用し、次のとおり決定する。

主　　文

第三者は、当裁判所に対し、下記各事項の情報を提供せよ。

記

1　債務者が第三者に対して有する預貯金債権の存否
2　預貯金債権が存在するときは、
　(1)　その預貯金債権を取り扱う店舗
　(2)　その預貯金債権の種別、口座番号及び額

令和●年●月●日
●●地方裁判所民事第●部
裁判官　　●　●　●　●

－１－

＊　当事者目録、担保権・被担保債権・請求債権目録は**【書式例５】**と同じ。

【書式例17】 情報提供命令（債務名義・振替社債等）

令和●年（情チ）第●号

情　報　提　供　命　令

当　　事　　者　　別紙当事者目録記載のとおり
請　求　債　権　　別紙請求債権目録記載のとおり

当裁判所は、別紙請求債権目録記載の執行力のある債務名義の正本を有する申立人の申立てを理由があるものと認め、民事執行法207条１項２号を適用し、次のとおり決定する。

主　　文

第三者は、当裁判所に対し、下記各事項の情報を提供せよ。

記

1　債務者の有する振替社債等（振替機関が取り扱う社債等であって、第三者の備える振替口座簿における債務者の口座に記載され、又は記録されたものに限る。）の存否
2　振替社債等が存在するときは、その振替社債等の銘柄及び額又は数

令和●年●月●日
●●地方裁判所民事第●部
裁判官　　●　●　●　●

－１－

＊　当事者目録、請求債権目録は**【書式例６】**と同じ。

【書式例18】　情報提供命令（一般先取特権・振替社債等）

令和●年（情チ）第●号

情　報　提　供　命　令

当事者　　別紙当事者目録記載のとおり
担保権・被担保債権・請求債権
　　　　　別紙担保権・被担保債権・請求債権目録記載のとおり

当裁判所は、別紙担保権・被担保債権・請求債権目録記載の一般先取特権を有する申立人の申立てを理由があるものと認め、民事執行法207条２項を適用し、次のとおり決定する。

主　　文

第三者は、当裁判所に対し、下記各事項の情報を提供せよ。

記

１　債務者の有する振替社債等（振替機関が取り扱う社債等であって、第三者の備える振替口座簿における債務者の口座に記載され、又は記録されたものに限る。）の存否
２　振替社債等が存在するときは、その振替社債等の銘柄及び額又は数

令和●年●月●日
●●地方裁判所民事第●部
裁判官　　●　●　●　●

－１－

＊　当事者目録、担保権・被担保債権・請求債権目録は**【書式例７】**と同じ。

【書式例19】 手続説明文書（給与債権用）

（R3、5）

（給与債権用説明文書）

情報提供命令を受け取られた方へ

東京地方裁判所民事第21部

1　情報提供命令とは？

民事執行法上の「第三者からの情報取得手続」によって発令されたものです。

【第三者からの情報取得手続の概要】

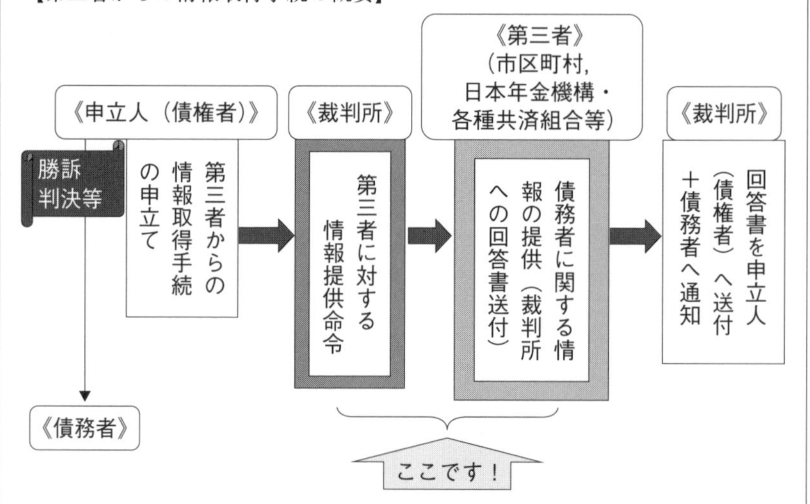

《申立人（債権者）》は、《債務者》に対して、勝訴判決等を有していますが、《債務者》が支払ってくれないので、《債務者》の給与債権等の差押えをするため、《債務者》の勤務先情報の取得を裁判所に申し立てました。そのため、裁判所がこの申立てを審査し、今回の情報提供命令が出されました（民事執行法206条１項）。

2　「第三者」（あなた）は、何をする必要がありますか？

情報提供を命じられた《第三者》は、裁判所に対して、《債務者》の勤務先等*について、書面で回答しなければなりません（民事執行法208条１項）。

つきましては、同封の情報提供書をよく読み、次の「注意事項」も参照しながら、指示に従って、全てを記載してください。

＊提供すべき情報は、民事執行規則190条に定められています。

－１－

（裏面に続く）

（表面から続く）

情報提供書を記入する際の注意事項

□　「第三者」の欄には、あなたの名称や連絡先、担当者名を記入又は押印してください。

□　調査日も忘れずに記入してください。

□　１から３で求められている情報を、漏れなく全て提供してください（調査日時点の情報を提供してください）。

□　１の「無」は、該当者を特定できない場合を含みます。

情報提供書（原本と写し）を作成の上、同封の返信用封筒にて、２通とも、裁判所あてに返送してください。

情報提供命令が到着してから２週間以内に裁判所に到着するよう、ご協力ください。

3　回答した情報は、その後どのように利用されるのですか？

裁判所は、情報提供書の写し（あなたから送付された２通のうち１通）を、《申立人（債権者）》に送付します。また、後日、《債務者》あてに、あなたからの情報提供があったことを通知します（民事執行法208条２項）。

情報提供書は記録に綴られますが、《申立人（債権者）》、《債務者》、回答した《第三者》、その他利害関係人以外は記録を閲覧することができません（民事執行法209条）。

4　問い合わせ先

ご不明な点がありましたら、当裁判所の情報取得係（電話番号〇〇〇〇－〇〇〇〇：平日の午前〇時から午後〇時まで（午後０時15分から午後１時を除く））にお問合せください。

担当書記官名は、情報提供命令正本の１枚目下部に記載してあります。

－2－

【書式例20】 手続説明文書（預貯金等用）

(R3、5)

（預貯金債権・振替社債等用説明文書）

情報提供命令を受け取られた方へ

東京地方裁判所民事第21部

1　情報提供命令とは？

民事執行法上の「第三者からの情報取得手続」によって発令されたものです。

【第三者からの情報取得手続の概要】

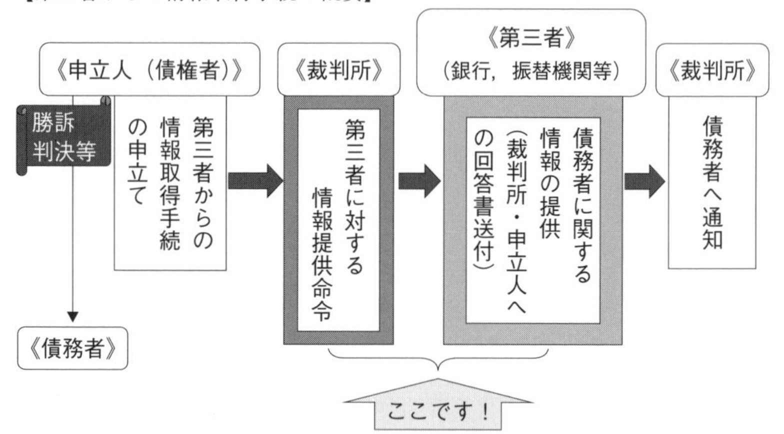

《申立人（債権者）》は、《債務者》に対して、勝訴判決等を有していますが、《債務者》が支払ってくれないので、《債務者》の債権を差し押さえるため、《債務者》の預貯金債権・振替社債等の情報の取得を裁判所に申し立てました。そのため、裁判所がこの申立てを審査し、今回の情報提供命令が出されました（民事執行法207条）。

2　「第三者」（あなた）は、何をする必要がありますか？

情報提供を命じられた《第三者》は、裁判所に対して、《債務者》の預貯金債権・振替社債等の情報*について、書面で回答しなければなりません（民事執行法208条１項）。

つきましては、同封の情報提供書をよく読み、次の「注意事項」も参照しながら、指示に従って、全てを記入してください。

＊　提供すべき情報は、民事執行規則191条に定められています。具体的には、情報提供命令正本の主文（１ページ目）を御確認ください。

（裏面に続く）

－１－

（預貯金債権・振替社債等用説明文書）

情報提供書を記入する際の注意事項

□ 「第三者」の欄には、あなたの名称や連絡先、担当者名を記入又は押印してください。

□ 調査日も忘れずに記入してください。

□ 全ての本支店の口座を調査し、情報提供書の１、２に該当する情報のみ提供してください。なお、情報提供書の１、２以外の情報は提供しないでください。

□ 提供する情報は調査日時点のもので足り、取引履歴は不要です。

□ 欄外のチェックボックス（直送の有無）も必ず記入してください。

□ 提供を求められた情報以外の個人情報が情報提供書及び添付書類に記載されていないことを確認してください。

□ 債務者が法人の場合、商号と本店の所在地により同一性を確認するのが一般的です（商業登記法27条参照）。同一性に疑問があるときは、申立人（代理人）に電話照会を行うことも可能です。

情報提供書（原本と写し）を作成したら、同封の返信用封筒にて、原本を裁判所あてに、写しを《申立人（債権者）》あてに返送してください。（２通とも裁判所あてに返送しても構いません。この場合、申立人用の情報提供書の写しは、裁判所から《申立人（債権者）》に送付します。使用しなかった《申立人（債権者）》宛ての封筒も、情報提供書とあわせて裁判所に返送してください）。

情報提供命令到着後、２週間以内に裁判所等に到着するよう、ご協力ください。

３　回答した後の手続はどのようになっていますか？

裁判所は、後日、《債務者》あてに、あなたからの情報提供があったことを通知します（民事執行法208条２項）。

情報提供書は記録に綴られますが、《申立人（債権者）》、《債務者》、回答した《第三者》、その他利害関係人以外は記録を閲覧することができません（民事執行法209条）。

４　報酬

報酬を請求する場合は、同封の請求書に、記入例を参考にして必要事項を記入し、できる限り、情報提供書に同封して裁判所に返送してください。《債務者》への通知がされてから２か月が経過すると、報酬は請求できなくなります。

５　問い合わせ先

ご不明な点がありましたら、当裁判所の情報取得係（電話番号○○○○－○○○○：平日の午前○時から午後○時まで）にお問合せください。

担当書記官名は、情報提供命令正本に記載してあります。

－２－

【書式例21】 情報提供書（不動産）

日　記　第00000001号
令和　○年　○月　○日

○○地方裁判所民事第○○部　御中

東京法務局
登記官　○　○　○　○　［電子公印］

情　報　提　供　書

情報提供命令（御庁令和○年（情チ）第○号債務者名○○○○）に基づき、下記のとおり情報等を提供します。

記

1　調査日
令和　○年　○月　○日

2　土地等の存否
□　有（土地等を特定するに足りる事項等は、別添のとおり）
□　無

3　留意事項

4　備考

整理番号　・・・・・・

（別添）

番号	管轄登記所	種別	物件の所在等

【書式例22】 情報提供書（給与債権）

命令到着後２週間以内の回答にご協力ください。

令和●年（情チ）第●号

情　　報　　提　　供　　書

令和　　年　　月　　日

●●地方裁判所民事第●●部　御中

第三者　　　　　　　　　　　　　　　　　㊞

（電話）

（担当）

債務者につき、下記のとおり情報を提供します。

〔調査日：令和　　年　　月　　日〕

１　給与又は報酬若しくは賞与の支払をする者の存否

有　　・　　無　　（該当する方に○を付す）

（「無」の場合、２以下の記載は不要。）

２　給与又は報酬若しくは賞与の支払をする者の氏名又は名称

□別添のとおり

３　給与又は報酬若しくは賞与の支払をする者の住所（その者が国である場合にあっては、債務者の所属する部局の名称及び所在地）

□別添のとおり

〔本書を作成する第三者の方へ〕

◎記載方法について御質問がある場合は、当裁判所にお問合せください。

◎本書原本と本書写し（申立人用）を作成し、当裁判所に送付してください。

◎本書原本及び写しの送付に当たっては、頭書の事件の情報提供命令に同封されていた返信用封筒を使用してください。別事件の情報提供書を同封しないでください。

＊　情報提供書の記名・押印は、回答権限のある者（部署）がすれば足り、必ずしも代表者がする必要も、代表者印で押印する必要もありません。

＊　第三者作成の書式による場合は、裁判所名、事件番号、情報提供書の作成日、情報提供を命じられた事項、調査日を記載してください。また、第三者の連絡先も記載をお願いします。

【書式例23】 情報提供書（預貯金債権）

命令到着後２週間以内の回答にご協力ください。

令和●年（情チ）第●号

情　報　提　供　書

令和　年　月　日

●●地方裁判所民事第●●部　御中

第三者　㊞

（電話）

（担当）

債務者につき、下記のとおり情報を提供します。

〔調査日：令和　年　月　日〕

1　預貯金債権の存否　　有　・　無　　（該当する方に○を付す）
（「無」の場合、２の記載は不要。）

2　上記預貯金債権を扱う店舗並びに種別、口座番号及び額
□　別添のとおり

〔本書を作成する第三者の方へ〕
◎記載方法について御質問がある場合は、当裁判所にお問合せください。
◎本書原本を、当裁判所に送付してください。
◎本書写し（申立人用）を作成し、申立人に直送してください（申立人用を裁判所へ送付しても構いません。）。
□　本書写しを申立人へ直送します。
□　本書写しを本書原本に同封して裁判所へ送付します。
（該当する□に✓を付してください。）
◎本書原本及び写しの送付に当たっては、頭書の事件の情報提供命令に同封されていた返信用封筒を使用してください。別事件の情報提供書を同封しないでください。

＊　記入に当たっての注意は**【書式例22】**参照。

【書式例24】 情報提供書（振替社債等）

《振替社債等》

命令到着後２週間以内の回答にご協力ください。

令和●年（情チ）第●号

情　　　報　　　提　　　供　　　書

令和　　年　　月　　日

●●地方裁判所民事第●●部　御中

第三者　　　　　　　　　　　　　㊞

（電話）

（担当）

債務者につき、下記のとおり情報を提供します。

〔調査日：令和　　年　　月　　日〕

1　振替社債等の存否　　　有　・　無　　（該当する方に○を付す）

（「無」の場合、２の記載は不要。）

2　振替社債等の銘柄及び額又は数

□　別添のとおり

〔本書を作成する第三者の方へ〕

◎記載方法について御質問がある場合は、当裁判所にお問合せください。

◎本書原本を、当裁判所に送付してください。

◎本書写し（申立人用）を作成し、申立人に直送してください（申立人用を裁判所へ送付しても構いません。）。

□　本書写しを申立人へ直送します。

□　本書写しを本書原本に同封して裁判所へ送付します。

（該当する□に✓を付してください。）

◎本書原本及び写しの送付に当たっては、頭書の事件の情報提供命令に同封されていた返信用封筒を使用してください。別事件の情報提供書を同封しないでください。

＊　記入に当たっての注意は**【書式例22】**参照。

【書式例25】 情報提供通知

令和●年（情チ）第●号

情報の提供がされた旨の通知書

債務者 ●●●● 殿

令和●年●月●日

●●地方裁判所民事第●部

裁判所書記官 ● ● ● ●

頭書の第三者からの情報取得事件において、別添情報提供命令写しに基づき、同命令記載の第三者から、同命令主文掲記の情報が提供されたので、民事執行法208条２項により通知します。

【書式例26】　報酬等支払請求書用紙（記載上の注意事項）

（R３、７改訂）

□　預貯金分
□　振替社債等分

報酬等支払請求書

東京地方裁判所民事第21部　　御中

東京地方裁判所民事第21部　令和　年(情チ)第　　号	保管金管理番号	－　－

1　請求者記入欄	
標記事件について、　　　　報酬等　　　　を請求します。 令和　　年　　月　　日	
住　所	
フリガナ	
氏　名　　　　　　　　　　　　㊞	
振込先金融機関名	銀行・金庫・組合　　　　店
預金種別	普通　・　当座　・　通知　・　別段
口座番号(記号・番号)	
フリガナ	
口座名義	

2　支給決定欄		
支給額 計　2000円		令和　　年　　月　　日 係官印
内訳	金　額	事　由
	2000円	報酬

3　現金払等領収欄

上記の支給額を領収しました。

令和　　年　　月　　日

氏名　　　　　　㊞

4　備考

> 本書は、事件ごとに作成してください。

【記載例】

☑

> 裁判所で記載済みです。（第三者作成書式による場合、下記※３参照）。

報酬等支払請求書

東京地方裁判所民事第21部　　御中

東京地方裁判所民事第21部　令和○○年（情チ）第○○号	保管金管理番号	○○○○○○

> 情報提供書作成日又はそれ以降の日を記載してください。

> 代表者印や実印である必要はありませんが、請求権限のある方の押印が必要です。（印影は明確にお願いします。）

> 会社名に続き、代表者名又は請求権限のある方の肩書付き氏名を記載してください。

1　請求者記入欄	
標記事件について、…を 令和　　年　　月　　日	
住　所	
フリガナ	
氏　名	株式会社○○銀行　営業部部長　○○○○　㊞
振込先金融機関名	銀行・金庫・組合
預金種別	普通・当座・通知・別段
口座番号（記号・番号）	
フリガナ	
口座名義	

> ※振込先を記載してください。（国庫金の振込みの例がない口座を記載する場合には、振込みが可能か事前に御確認ください。）
> ※「その他」とした種別では支給できません。

2　支給決定欄		
支給額 計　2000円		令和　　年　　月　　日 係官印
内訳	金　額	事　由
	2000円	報酬

> 裁判所で記載済みです（第三者作成書式による場合、下記※３参照）。

3　現金払等領収欄

上記の支給額を領収しました。
令和　　年　　月　　日
氏名　　　㊞

> 振込払の場合、記載は不要です。（裁判所の窓口で小切手等を領収するとき以外は、記載しないでください。）

4　備考

※１　できる限り、本書を情報提供書と共に裁判所宛ての返信用封筒に入れて返送していただくよう、御協力ください。情報提供書と共に提出しない場合の送付費用は請求者の負担となりますので、別事件の裁判所宛ての返信用封筒や郵便切手を使用しないでください。

※２　本書を情報提供書と共に提出しないときは、情報提供書の提出後、２か月以内に請求してください。

※３　第三者作成の書式による書面を利用する場合、上記『１　請求者記入欄』において記載が求められている事項に加え、本請求書記載の裁判所名、事件番号及び保管金管理番号、報酬（2000円）も必ず正確に記載してください（保管金管理番号については、本請求書を同封の上返送していただくことでも差支えありません。）。

【資料1】

（R3、5）

（債務名義に基づく）不動産の情報取得手続の申立てに必要な書類等一覧

東京地方裁判所民事第21部

<table>
<tr><td colspan="2">申立ての別</td><td>民事執行法197条1項1号に基づく申立ての場合</td><td>民事執行法197条1項2号に基づく申立ての場合</td></tr>
<tr><td colspan="2" rowspan="2">申立ての要件</td><td>強制執行又は担保権の実行における配当等（※）の手続（本件申立ての日より6か月以上前に終了したものを除く。）において、請求債権の完全な弁済を受けることができなかったこと。
※「配当等」とは配当及び弁済金交付の手続を指します。したがって、執行手続が配当や弁済金交付の手続に至らずに終了した場合には、民執法197条1項1号に基づく申立てはできません。この場合は民執法197条1項2号に基づく申立てとなります。</td><td>知れている財産に対する強制執行を実施しても、請求債権の完全な弁済を得られないことの疎明があった場合で、左記の民執法197条1項1号の要件以外の場合。</td></tr>
<tr><td colspan="2">民事執行法205条2項
申立ての日前3年内に財産開示期日が実施されたこと（財産開示期日において開示義務者が不出頭の場合や、陳述をしなかった場合も含みます。）。</td></tr>
<tr><td rowspan="4"></td><td>申立て別</td><td>・配当表写し　又は　弁済金交付計算書写し
・不動産競売開始決定写し
・債権差押命令写し
・配当期日呼出状写し
※　配当等の状況によって提出書類が異なりますので、窓口にお問い合わせください。</td><td>・財産調査結果報告書及び疎明資料</td></tr>
<tr><td rowspan="3">共通のもの</td><td colspan="2">・財産開示実施証明書　又は　財産開示期日調書（写し）及び財産開示の実施決定正本（写し）</td></tr>
<tr><td colspan="2">・申立手数料（収入印紙）　1,000円
・民事執行予納金　6,000円
・（郵送で申し立てる場合）切手　94円分（84円＋10円など）
※　民事執行予納金の電子納付利用の登録がある方は、申立書提出時に登録コードをお知らせください。この場合は94円分の切手は不用です。</td></tr>
<tr><td colspan="2">・情報取得手続申立書（表書き＋当事者目録＋請求債権目録＋所在地目録）
※　情報取得手続の申立ては、債務者ごと・取得しようとする情報の種類ごとに申立書を作成していただくようお願いします。</td></tr>
</table>

申立てに必要な書類 ＊これらはいずれも最低限必要な書類で、事案によっては、さらに追加の書面が必要な場合があります。	共通のもの	・執行力のある債務名義の正本及び写し１部 ・送達証明書（必要な場合は、確定証明書）及び写し１部 債務名義に更正決定等がある場合には、更正決定正本及び同決定書の送達証明書等も必要になります。また、債務名義正本に承継執行文が付されているような場合には、債務名義正本の送達証明書に加え承継を証する書面の謄本及び承継執行文謄本の送達証明書も必要となります。
		・資格証明書等 債務者が法人の場合：申立ての日前１か月以内に取得した全部事項証明書（代表者事項証明書可） 申立人が法人の場合：申立ての日前２か月以内に取得した代表者事項証明書 ※代表者事項証明書の代わりに商業事項証明書を提出しても問題ありません。
		【債務名義の当事者の表示(住所・氏名又は名称）と現在の住所・氏名又は名称と異なっているとき】 【債務者の特定に資する事項において、生年月日、旧姓、通称、旧住所、旧本店所在地等を記載するとき】 ・個人の場合、住民票、戸籍謄本または戸籍の附票等 氏名・住所のつながりや生年月日、旧姓、通称、旧住所の証明のために必要です。 ・法人の場合、つながりの記載がある全部事項証明書や閉鎖事項証明書等が必要です。
		・当事者目録、請求債権目録及び所在地目録の写し（各１部ずつ）
		・債務名義等還付申請書（同受領書）（あらかじめ、申立時に提出してください。情報提供命令が確定した後、返還することができます。書式等はホームページに掲載しています。）

【資料2】

（R3、4改訂）

給与債権（勤務先）の情報取得手続の申立てに必要な書類等一覧

東京地方裁判所民事第21部

<table>
<tr><td colspan="2">申立ての別</td><td>民事執行法197条1項1号に基づく
申立ての場合</td><td>民事執行法197条1項2号に基づく
申立ての場合</td></tr>
<tr><td colspan="2" rowspan="3">申立ての要件</td><td>強制執行又は担保権の実行における配当等（※）の手続（本件申立ての日より6か月以上前に終了したものを除く。）において、債務名義に表示された請求債権の完全な弁済を受けることができなかったこと。
※「配当等」とは配当及び弁済金交付の手続を指します。したがって、執行手続が配当や弁済金交付の手続に至らずに終了した場合には、民執法197条1項1号に基づく申立てはできません。この場合は民執法197条1項2号に基づく申立てとなります。</td><td>知れている財産に対する強制執行を実施しても、債務名義に表示された請求債権の完全な弁済を得られないことの疎明があった場合で、左記の民執法197条1項1号の要件以外の場合。</td></tr>
<tr><td colspan="2">民事執行法205条2項
申立ての日前3年内に財産開示期日が実施されたこと（財産開示期日において開示義務者が不出頭の場合や、陳述をしなかった場合も含みます。）。</td></tr>
<tr><td colspan="2">民事執行法206条1項
次のいずれかの請求権について執行力のある債務名義の正本を有すること。
① 民事執行法151条の2第1項各号に掲げる義務に係る請求権（養育費等）
② 人の生命・身体の侵害による損害賠償請求権</td></tr>
<tr><td>申立てに必要な書類</td><td>申立て別</td><td>・配当表写し　又は　弁済金交付計算書写し
・不動産競売開始決定写し
・債権差押命令写し
・配当期日呼出状写し
※配当等の状況によって提出書類が異なりますので、窓口にお問い合わせください。</td><td>・財産調査結果報告書及び疎明資料</td></tr>
</table>

<table>
<tr><td rowspan="3">申立てに必要な書類</td><td rowspan="3">共通のもの</td><td>・財産開示実施証明書又は財産開示期日調書（写し）及び財産開示の実施決定正本（写し）</td></tr>
<tr><td>・申立手数料（収入印紙）　1,000円
・民事執行予納金　　6,000円
※第三者が１名増えるごとに　+2,000円
・（郵送で申し立てる場合）切手　94円分（84円＋10円など）
※民事執行予納金の電子納付利用の登録がある方は、申立書提出時に登録コードをお知らせください。この場合は、94円分の切手は不要です。</td></tr>
<tr><td>・情報取得手続申立書（表書き＋当事者目録＋請求債権目録）

※情報取得手続の申立ては、債務者ごと・取得しようとする情報の種類ごとに申立書を作成していただくようお願いします。</td></tr>
<tr><td rowspan="5">申立てに必要な書類
＊これらはいずれも最低限必要な書類で、事案によっては、さらに追加の書面が必要な場合があります。</td><td rowspan="5">共通のもの</td><td>・執行力のある債務名義の正本及び写し１部
・送達証明書（必要な場合は、確定証明書）及び写し１部

債務名義に更正決定等がある場合には、更正決定正本及び同決定書の送達証明書等も必要になります。また、債務名義正本に承継執行文が付されているような場合には、債務名義正本の送達証明書に加え承継を証する書面の謄本及び承継執行文謄本の送達証明書も必要となります。</td></tr>
<tr><td>・資格証明書等

第三者（国や市区町村、法人登記のない共済組合の場合は不要）
：申立ての日前１か月以内に取得した代表者事項証明書
申立人が法人の場合：申立ての日前２か月以内に取得した代表者事項証明書
※代表者事項証明書の代わりに商業事項証明書を提出しても問題ありません。</td></tr>
<tr><td>【債務名義の当事者の表示（住所・氏名又は名称）と現在の住所・氏名又は名称と異なっているとき】
【債務者の特定に資する事項において、生年月日、旧姓、旧住所、通称を記載するとき】
・個人の場合、住民票、戸籍謄本または戸籍の附票等
氏名・住所のつながりや生年月日、旧姓、旧住所、通称の証明のため、必要です。
・法人の場合、つながりの記載がある全部事項証明書や閉鎖事項証明書等が必要です。</td></tr>
<tr><td>・当事者目録及び請求債権目録の写し（各１部ずつ）</td></tr>
<tr><td>・債務名義等還付申請書（同受領書）（あらかじめ、申立時に提出してください。情報提供命令が確定した後、返還することができます。書式等はホームページに掲載しています。）</td></tr>
</table>

【資料３】

（R３、４改訂）

（債務名義に基づく）預貯金債権等（預貯金・株式）の情報取得手続の申立てに必要な書類等一覧

東京地方裁判所民事第21部

<table>
<tr><td colspan="2">申立ての別</td><td>民事執行法197条１項１号に基づく申立ての場合</td><td>民事執行法197条１項２号に基づく申立ての場合</td></tr>
<tr><td colspan="2">申立ての要件</td><td>強制執行又は担保権の実行における配当等（※）の手続（本件申立ての日より６か月以上前に終了したものを除く。）において、債務名義に表示された請求債権の完全な弁済を受けることができなかったこと。
※「配当等」とは配当及び弁済金交付の手続を指します。したがって、執行手続が配当や弁済金交付の手続に至らずに終了した場合には、民執法197条１項１号に基づく申立てはできません。この場合は民執法197条１項２号に基づく申立てとなります。</td><td>知れている財産に対する強制執行を実施しても、債務名義に表示された請求債権の完全な弁済を得られないことの疎明があった場合で、左記の民執法197条１項１号の要件以外の場合。</td></tr>
<tr><td rowspan="2"></td><td>申立て別</td><td>・配当表写し　又は　弁済金交付計算書写し
・不動産競売開始決定写し
・債権差押命令写し
・配当期日呼出状写し

※　配当等の状況によって提出書類が異なりますので、窓口にお問い合わせください。</td><td>・財産調査結果報告書及び疎明資料</td></tr>
<tr><td>共通のもの</td><td colspan="2">・申立手数料（収入印紙）　1,000円
・民事執行予納金　　5,000円
※第三者が１名増えるごとに　＋4,000円
・第三者の数分の「料金受取人払封筒」　又は　「あて名に申立人（代理人）の住所と氏名を記載し、94円分切手を貼付した長３封筒」
・（郵送で申し立てる場合）切手　94円分（84円＋10円など）
※民事執行予納金の電子納付利用の登録がある方は、申立書提出時に登録コードをお知らせください。この場合は94円分の切手は不要です。</td></tr>
</table>

<table>
<tr><td rowspan="6">申立てに必要な書類
＊これらはいずれも最低限必要な書類で、事案によっては、さらに追加の書面が必要な場合があります。</td><td rowspan="6"></td><td>・情報取得手続申立書（表書き＋当事者目録＋請求債権目録）

※情報取得手続の申立ては、債務者ごと・取得しようとする情報の種類ごとに申立書を作成していただくようお願いします。</td></tr>
<tr><td>・執行力のある債務名義の正本及び写し１部
・送達証明書（必要な場合は、確定証明書）及び写し１部

債務名義に更正決定等がある場合には、更正決定正本及び同決定書の送達証明書等も必要になります。また、債務名義正本に承継執行文が付されているような場合には、債務名義正本の送達証明書に加え承継を証する書面の謄本及び承継執行文謄本の送達証明書も必要となります。</td></tr>
<tr><td>・資格証明書等

債務者が法人の場合：申立ての日前１か月以内に取得した全部事項証明書（代表者事項証明書可）
第三者　　　　　　：申立ての日前１か月以内に取得した代表者事項証明書
申立人が法人の場合：申立ての日前２か月以内に取得した代表者事項証明書
※代表者事項証明書の代わりに商業事項証明書を提出しても問題ありません。</td></tr>
<tr><td>【債務名義の当事者の表示（住所・氏名又は名称）と現在の住所・氏名又は名称と異なっているとき】
【債務者の特定に資する事項において、生年月日、旧姓、旧住所、通称、旧本店所在地等を記載するとき】
・個人の場合、住民票、戸籍謄本または戸籍の附票等
氏名・住所のつながりや生年月日、旧姓、旧住所、通称の証明のため、必要です。
法人の場合、つながりの記載がある全部事項証明書や閉鎖事項証明書等が必要です。</td></tr>
<tr><td>・当事者目録及び請求債権目録の写し（各１部ずつ）</td></tr>
<tr><td>・債務名義等還付申請書（同受領書）（あらかじめ、申立時に提出してください。情報提供命令と同封して返還することができます。書式等はホームページに掲載しています。）</td></tr>
</table>

第2章

差押禁止債権の範囲変更、債権執行事件の終了等に関する新たな運用

Ⅰ　はじめに

改正法には、債権執行事件について、取立権の発生時期の変更等の差押禁止債権をめぐる規律の見直し、債権執行事件の終了に関する規律の見直し、預貯金債権等に係る情報取得手続の新設など、債権執行事件の当事者にとって、債権債務の管理の観点から重要な実質的改正が含まれています[77]。

本章では、改正法のうち、債権執行事件に関する規律の見直しおよび預貯金債権等に係る情報取得手続後の債権執行の申立てに関して、東京地方裁判所民事執行センター（以下「当センター」といいます）における運用を説明します。

Ⅱ　差押禁止債権をめぐる規律の見直しに伴う運用

1　取立権の発生時期

(1)　改正法および改正規則の概要

法152条は、債務者が国および地方公共団体以外の者から生計を維持するために支給を受ける継続的給付に係る債権（同条１項１号）ならびに給料、賞与等の債権およびこれらの性質を有する給与に係る債権（同項２号。以下同項１号の債権と併せて「給与等の債権」といいます）については、原則とし

77　改正法の債権執行事件の終了・差押禁止債権をめぐる規律の見直しに関する部分の概要については、本書71頁、谷藤一弥「債権執行事件の終了・差押禁止債権をめぐる規律の見直し」法律のひろば72巻９号42頁参照、内野編・前掲注15・330頁以下、山本監修・前掲注20・164頁以下。

てその支払期に受けるべき給付の４分の３に相当する部分を、退職手当およびその性質を有する給与に係る債権（同条２項。以下「退職金等の債権」といいます）については、その給付の４分の３に相当する部分を、それぞれ差し押さえてはならない[78]ものとしています。その上で、具体的な事案に応じた不都合を回避する観点から、債務者または債権者は、差押禁止債権の範囲の変更（以下「範囲変更」といいます）の申立てをすることができることとされています（法153条１項）。

しかしながら、旧法下では、金銭債権を差し押さえた債権者は、債務者に対して差押命令が送達された日から１週間を経過したときは、例外なくその債権を取り立てることができた（法155条１項）ところ、差押債権者による取立てが行われるまでの間に債務者が範囲変更の申立てを行うことは事実上困難であり、範囲変更の制度が活用されず、この制度がほとんど機能していないとの指摘がされていました。

そこで、改正法により、範囲変更の制度を利用しやすくする観点から、差押債権が給与等の債権または退職金等の債権の場合には、取立権の発生時期を後ろ倒しにし、原則として、債務者に対して差押命令が送達された日から４週間を経過したときとされました（法155条２項）。ただし、差押債権が給与等の債権または退職金等の債権であっても、請求債権に婚姻費用・養育費支払義務等の法151条の２第１項各号に掲げる義務（以下「扶養義務等」といいます）に係る金銭債権が含まれている場合は、その権利実現が債権者の生活維持に不可欠なものであり、速やかにその実現を図る必要があることなどから、取立権の発生時期を後ろ倒しにする必要がないものとされ、１週間のままとされています（法155条２項かっこ書）。

また、給与等の債権または退職金等の債権が差し押さえられた場合における転付命令および譲渡命令等については、これらの命令が確定し、かつ、債務者に対して差押命令が送達された日から４週間（請求債権に扶養義務等に係

78　差押債権者の請求債権が扶養義務等の法151条の２第１項各号に掲げる金銭債権の場合は、差押禁止債権の範囲は、給与等の債権または退職金等の債権の給付の２分の１に相当する部分となります（法152条３項）。

る金銭債権が含まれている場合は１週間）を経過するまでは、その効力を生じないものとされ（法159条６項、161条５項）、配当等（配当または弁済金の交付。法84条３項参照）においても、債務者に対して差押命令が送達された日から４週間（差押債権者（数人あるときは少なくとも１人以上）の債権に扶養義務等に係る金銭債権が含まれている場合は１週間）を経過するまでは配当等を実施してはならないこととされました（法166条３項）。

以上のとおり、差押債権および請求債権の法的性質によって、取立権の発生時期、転付命令等の効力発生時期および配当等の実施時期が定まることになります。

⑵　当センターにおける運用

ア　当センターでは、次のとおり、第三債務者、債権者および債務者に対し、取立権の発生時期の説明を書面において記載・補足することとしています。

①　第三債務者への説明の書面

旧法下においても、給与等の債権または退職金等の債権を含む債権について、第三債務者に差押命令を送達する際に、給与債権用の「まずお読みください」と題する書面（なお、差押債権がその他の債権の場合は、一般債権用の書面）を同封して、取立てや供託の手続の説明をしていましたが、改正法を踏まえ、給与債権用の同書面に、取立権の発生時期に関する説明を追加しました（給与債権用の同書面は後掲**【書式例27】**）。

②　債権者・債務者への説明の書面

旧法下においても、債権者に差押命令を送達する際、債権者に取立て等の手続を説明した書面を送付していましたが、前記①と同様に、取立権の発生時期に関する説明を追加しました（後掲**【書式例28】**）。なお、債務者への説明は、後記**2**の範囲変更の教示の書面に併せて記載しています。

イ　取立権発生時期の規律の適用に関する経過措置として、施行日（令和２年４月１日）前に申し立てられた事件については、なお従前の例によるものとされており（改正法附則３条１項・３項・４項）、債権差押命令申立ての日が施行日の前なのか後なのかによって取立権の発生時期が異なる可能性がありました。そのため、従来、令和２年４月１日以降に発令する差押命令の正本には、法改正の影響がないことが明らかな類型を除き、申立日を記載していました。しかしながら、その後、施行日（令和２年４月１日）前に申し立てられた事件のうち、差押命令が発令されず、取下げ等もされていないものが存在しなくなったため、令和３年７月以降に発令する事件については、申立日の記載をしないこととしています。

また、申立日が施行日の前なのか後なのかによって取立権の発生時期が異なる可能性があるため、これをわかりやすくする観点から、差押債権に給与等の債権を含む債権執行事件の債権者および第三債務者に対し、取立権の発生時期について「給料等債権の差押命令の差押債権者、第三債務者の方へ（民事執行法改正に伴う給料等債権取立権変更のお知らせ）」と題する注意喚起の趣旨の書面（本書初版230頁の**【書式例27】**）を同封し、差押命令に基づく取立てができる日についてフローチャートを用いて説明していましたが、上記と同じ理由により、令和３年７月以降は、この書面の送付はしないこととしています。

2　差押禁止債権の範囲の変更に関する手続の教示

⑴　改正法および改正規則の概要

法152条は、前記のとおり、画一的な基準によって、給与等の債権や退職金等の債権等につき差押禁止債権の範囲を定めていますが、事案ごとの債務者および債権者の具体的事情（生活状況その他の事情）によっては、差押えの範囲を変更（減縮・拡張）する必要が生じる場合があります。また、同条に該当しない債権については、全部の差押えが可能ですが、債務者および債権者の具体的事情によっては、差押えの範囲を変更（減縮）する必要が生じる場合があります。そこで、法153条は、このような場合に、債務者または債権者の申立てにより、裁判所が具体的事情に応じて差押えの範囲を変更する決定をすることができるようにしています。

改正法では、この範囲変更（差押禁止債権の範囲の変更）の制度を利用しやすくする観点から、裁判所書記官は、差押命令を送達するに際し、債務者に対し、最高裁判所規則で定めるところにより、範囲変更の申立てをすることができる旨その他最高裁判所規則で定める事項を教示しなければならないものとされ（法145条４項）、債務者に対する教示は、当該申立てに係る手続の内容を書面でするものと定められました（規則133条の２）。

これを受け、当センターでは、債務者に対して債権差押命令の送達をする際に、範囲変更の申立てに関する手続内容を記載した手続教示文書（後掲**【書式例29】**）を同封することとしています。手続教示文書の具体的な記載内容は、範囲変更の制度の概要、申立てをする裁判所、申立時期および申立てに必要な書類等ですが、同書面にはこれに加え、債権差押命令の概要や今後の手続の流れのほか、差押債権が給与等の債権または退職金等の債権の場合における前述の取立権の発生時期についても併せて記載しています。また、差押命令正本下部の備考欄にも、念のため、範囲変更の制度概要や提出資料について記載しています。

⑵　範囲変更の申立ての方法

ア　範囲変更を申し立てるための手続は、改正法による変更はありませんが、当センターでは、申立書の書式を用意していますので、ここで併せてご紹介します。なお、申立ては債権者または債務者のいずれからでもできますが、ほぼすべての申立てが債務者によるものであるため（本書**第４編３⑴ｂ**参照）、債務者による申立用の書式を用意しています[79]。

イ　範囲変更の申立ては、債権差押命令を発令した裁判所が管轄します。

申立ては、書面でする必要があります（規則１条）。申立ての趣旨として、基本となる差押命令を特定した上、求める変更の内容が差押範囲の減縮または拡張なのかを明確にする必要があります。また、申立ての理由（生活の状況等）を具体的に記載する必要があります。申立ての書式は、後掲**【書式例30】**のとおりです。

その他、申立書の記載の方法や申立ての際に添付すべき書類、留意点に

79　当センターのウェブサイト（インフォメーション21）にも掲載しています。

ついては、後掲**【書式例31】**の案内書面を参考にしてください。なお、添付すべき書類のうち、陳述書の書式は後掲**【書式例32】**のとおりです。

ウ　範囲変更の審理にあたっては、「債務者の生活の状況」として、債務者の家族構成およびその生活に必要な費用、債務者の給料以外の家族全体としての収入や支出および資産等が、「債権者の生活の状況」として、債権者の生活または営業の状態、他の収入や支出および資産、請求債権額等が問題となり、これらを比較衡量して、範囲変更の必要性の有無および程度が決定されます[80]（したがって、例えば、債務者が生活保護基準以下に生活が困窮しているとしても、必ず差押禁止債権の範囲が拡張されるわけではなく、債権者も同様に生活に困窮していれば、申立てが認められないことがありえます）[81]。

エ　範囲変更の申立てがあったときには、執行裁判所は、これに対する裁判が効力を生ずるまでの間、職権で担保を立てさせ、または立てさせないで、第三債務者に対し、支払その他の給付の禁止を命ずることができるとされています（法153条３項。なお発令されるかは事案によります）。その職権発動を求める場合には、申立書において、その旨を明示してください（後掲**【書式例30】**では、☑印を記入する形式にしています）[82]。

80　扶養義務等に係る債権が請求債権の場合には、本書**第１編第６章１⑶ｂ**のとおり、その額の算定の際、範囲変更において考慮すべき事情である債権者の必要生計費と債務者の資力とが既に考慮されていることから、範囲変更の申立てが認容されるためには、債務名義成立の際に考慮されなかった事情が新たに生じた等の理由が必要となります（『家庭の法と裁判』2020年２月号外（日本加除出版）45頁）。

81　相澤＝塚原編著・前掲注44・375頁参照。

82　令和２年度に当センターで発令した仮の支払禁止命令は、いずれも無担保とされています（本書**第４編３⑴ｂ**参照）。

Ⅲ　債権執行事件の終了をめぐる規律の見直しに伴う運用

1　差押債権者が取立届等を提出しない場面の規律

(1)　改正法および改正規則の概要

債権執行事件では、差押債権者による取立てを通じて換価・満足が行われるのが通常ですが、こうした債権執行事件の終了は、申立ての取下げや取立ての届出といった差押債権者の行為に依存しています。具体的には、差押債権が存在しない、または額が僅少であるなどの事情により取立てが行われない場合には、差押債権者が申立てを取り下げない限り、事件を終了させることはできません。また、差押債権者が差押債権の全部を取り立てた場合には、その旨の届出（取立完了届）を提出したときに終了しますが、差押債権者が取立完了届の提出を怠っても、これに対する制裁はありませんでした。

旧法下では、執行裁判所において事件を終了させる方法はなく、そのため、取立届の提出も申立ての取下げもされないまま、長期間放置されている事件が多数発生しており、債務者だけでなく、第三債務者としても長期間にわたり差押えの拘束を受け、債権管理の負担が続く状況になっていました。また、事件の進行・管理を担う執行裁判所にとっても、係属する事件の数が増え続けることになりかねないとの問題が指摘されていました。

こうした状況を踏まえ、改正法では、以下のとおり、差押債権者が取立届等を提出しない場面における債権執行事件の終了に関する規律が整備されました。

差押債権者は、第三債務者から支払を受けたときは、直ちにその旨（取立届）を執行裁判所に届け出なければならないとされているところ（法155条4項）、改正法では、第三債務者から支払を受けることなく、金銭債権を取り立てることができることとなった日（以下「取立可能日」といいます）から2年を経過したときは、支払を受けていない旨を執行裁判所に届け出なければならないものとされました（法155条5項。当センターでは同項に基づく届出を「5項届」と呼称しており、以下本章では「5項届」といいます）[83]。そして、取立可能日[84]から２年を経過した後、４週間以内に取立届または５項届を提出しないときは、執行裁判所は差押命令を取り消すことができるものとされました（同条６項）。なお、令和２年３月31日までに取立権が発生した債権差押命令事件の場合は、改正法の施行の日である同年４月１日が、上記２年の期間の起算日となります（改正法附則３条２項）。

また、差押債権者が取立届または５項届を提出した後も、最後にその届出をした日から第三債務者からの支払を受けることなく２年を経過したときは、同様に、その旨を届け出なければならないとされました（法155条５項かっこ書参照）。なお、５項届は、上記の２年が経過する前に提出することができるとされました（同条８項。そのため、令和４年４月１日より前に提出することが可能です）。そして、最後に取立届または５項届をした日から２年を経過した後４週間以内に取立届または５項届を提出しないときは、執行裁判所は、前記同様、差押命令を取り消すことができるものとされました（同条６項）。

さらに、差押債権者が上記届出義務の履行を失念してしまうことへの対応策として、執行裁判所が法155条６項の規定により差押命令の取消決定をするにあたり、裁判所書記官は、あらかじめ、差押債権者に対し、取立届または５項届を提出しないときは差押命令が取り消されることとなる旨を通知する[85]ものとされました（以下「取消予告通知」といいます。規則137条の３）。その上、差押債権者が届出義務の履行を失念し、差押命令が取り消された場合の救済措置として、執行裁判所が法155条６項の規定により差押命令を取り消した場合であっても、差押債権者が取消決定の告知を受けてから１週間以内に一部取立届または５項届を提出したときは、当該取消決定は、その効力を失うこととされました（同条７項）。

83　差押債権者が取立可能日から２年を経過する前に執行裁判所に５項届を提出したときでも、その時点で５項届が提出されたものとみなされます（法155条８項）。

84　２年の期間が経過する前に差押債権者が一部取立届または５項届を提出したときは、最後にこれらの届出をした日から２年になります（法155条５項かっこ書）。

85　この通知は、規則３条１項により、民事訴訟規則４条が準用され、電話等の相当と認める方法によることができます。

(2) 取消予告通知および取消決定に関する当センターの運用予定

取消予告通知（規則137条の3）をすべき時期について、規則上はとくに規定はありませんが、当センターでは、取立権の発生または最後の届出時から2年以上を経過したものについて、電話または書面により、裁判所書記官から申立債権者に通知する運用とすることを予定しています（令和2年3月31日までに取立権が発生したものについては、令和4年4月1日以降に順次取消予告通知をする予定です。なお、書面でする場合の取消予告通知の書式は、後掲**【書式例33】**のとおりです）。また、取消予告通知の後、少なくとも4週間を経過したものについて、法155条6項の取消決定をすることを予定しています。取消決定（後掲**【書式例34】**）は、申立債権者に対し送達して告知する予定です。申立債権者に対する取消決定の告知から1週間以内に、一部取立届または5項届の提出もなく、取消決定が確定したとき[86]は、その後に、取消決定を債務者に対して告知し（規則2条1項2号）、また、第三債務者に対して通知することを予定しています（規則136条3項）。

このように、取消予告通知を受けた差押債権者は、一部取立届または5項届の提出をすることで、債権執行事件の取消しを免れることになりますが、取下げも含め、真に事件係属を維持するのにふさわしい事件であるかどうかについて十分にご検討いただいた上で、これらの書面を提出していただきたいと考えています。

なお、第三債務者が差押債権に相当する金銭を供託所に供託をした（法156条1項・2項）ときは、第三債務者は執行裁判所に事情届を提出しなければならないとされ（同条3項）、この供託がされたときは執行裁判所は配当等を実施しなければなりません（法166条1項1号）。差押債権者が配当等により債権の満足を受ける場合には取立届は提出されませんが、差押債権者の

---

86 法155条6項の規定による取消決定に対しては、本文記載のとおり、差押債権者は取消決定の告知を受けてから1週間の不変期間内に一部取立届または5項届を提出することで、その効力を失わせることができます（法155条7項）。一般に民事執行の手続を取り消す旨の決定に対しては執行抗告をすることができます（法12条1項）が、法155条6項の規定による取消決定については、このように簡易な方法で取消決定の効力を失わせることができることからすると、差押債権者が執行抗告を申し立てる必要はないと考えられます（谷藤・前掲注77・43頁、山本監修・前掲注20・170頁）。

権利が行使されていることは執行裁判所に明らかですので、当センターでは、この場合には取消予告通知および法155条6項の取消決定の対象とはしない予定です。

(3) 当事者が複数の事案での取扱い

ア 第三債務者が複数の場合

当センターでは、第三債務者が複数の債権執行事件で、差押債権者がいずれかの第三債務者から支払を受けた旨の一部取立届を提出した場合には、差押債権者は当該債権執行事件全部の進行管理を行っていると評価し、支払を受けていない第三債務者との関係でも、当該取立届を提出した日から2年と4週間が経過するまでは取消決定をしない運用を予定しています。

また、第三債務者が複数いる場合に差押債権者が5項届を提出するべき場合とは、いずれの第三債務者からも支払を受けていない場合ということになりますので、第三債務者ごとに5項届を提出する必要まではないと解されます。

そこで、当センターにおいては、第三債務者が複数ある事案における5項届の第三債務者の氏名または名称については、第三債務者全員の氏名または名称を記載しなくとも、少なくとも当該事件の第三債務者1名の氏名または名称および第三債務者が複数ある事案であることが明らかになる旨の記載(例えば「第三債務者　甲ら」と記載することなどが考えられます)がされていれば足りるものとして運用することを予定しています。

イ 債務者または債権者が複数の場合

取立権の発生時期は各債務者に対して差押命令が送達された日を基準に各別に決せられること(法155条1項参照)からすると、取立可能日または最後に一部取立届もしくは5項届の提出がされた日から2年間という法155条5項所定の期間は、債務者ごとに進行するものと解されます[87]。そうすると、例えば、債務者Aとの関係では一部取立届が提出されたが、同一の債権執行事件の債務者Bとの関係では取立可能日から2年と4週間が経過しても取立届も5項届も提出されていないという事案では、債務者Aとの関係では上記一部取立届の提出から2年と4週間は差押命令は取り消されませんが、債務者Ｂとの関係では差押命令が取り消されうることとなりますので、注意が必要です。

債権者が複数の場合も、同様に、債権者ごとに取消しの判断がされます。

⑷　一部取立届および５項届等の提出

改正法により、取立届または５項届の提出（場合により取下書の提出）の検討が必要となりますので、それぞれの書式や提出方法、留意点などについて説明します。

ア　取立届（一部取立届・取立完了届）

債権者は、取立てが可能となった後、第三債務者から支払を受けたときは、直ちに、その旨を執行裁判所に届け出なければならないとされています（法155条１項・４項。改正法による変更はありません）。取立届は、書面（当センターの書式は後掲**【書式例35】**）で行う必要があります（規則137条）。その必要的記載事項は以下のとおりです（同条）。

① 事件の表示
② 債務者および第三債務者の氏名または名称
③ 第三債務者から支払を受けた額および年月日

請求債権全額が弁済され、または差押債権全額の取立てが完了した場合には、取立完了届を提出してください（それ以外の場合の取立届を一部取立届と呼んでいます。書式は、いずれも後掲**【書式例35】**のとおり共通しています）。

なお、現実に差し押さえることのできた差押額が、差押命令に表示された差押債権の差押額よりも少額で、請求債権の額に満たない場合（一部空振りの場合）には、債権者は、現実の差押額を取り立てた段階で、取立不能に終わった残部を取り下げる必要があります[88]。

イ　５項届の記載事項

債権者は、取立てが可能となった日から第三者からの支払を受けることな

87　差押債権者が第三債務者から支払を受けたときは、その債権および執行費用は支払を受けた限度で弁済されたものとみなされる（法155条３項）とされていることに照らし、債務者が複数の事案における債権管理は債務者ごとに行われるとも考えられます。
88　相澤＝塚原編著・前掲注44・７頁参照。

く２年を経過したときは、前記のとおり、５項届を提出する必要があります（法155条５項）。５項届は書面で提出する必要があり、その必要的記載事項は以下のとおりです（規則137条の２第１項）。

① 事件の表示

② 債務者および第三債務者の氏名または名称

③ 第三債務者から支払を受けていない旨

また、５項届には、第三債務者から支払を受けていない理由を記載するものとされています（規則137条の２第２項）。法155条５項は支払を受けていない理由について執行裁判所に報告することは必要とはしていないと考えられますが、執行裁判所としては、この理由の報告を求めることで、事件進行の見通しを把握することができ、差押債権者にとっても債権管理に資するものと考えられます。そのため、当センターの５項届のひな型（後掲**【書式例36】**）においても、理由欄を設けた上、とくに理由として多いと考えられる「差押債権の支払期限が到来していない」「第三債務者に対する取立訴訟が係属中である」場合については、☑を付すなどすれば足りる書式としています。

ウ　取立届・５項届の提出方法

当センターでは、従前は取立届をファクシミリにより提出することを認めていましたが、今般の法改正に伴い、次の理由によりその解釈運用を改め、一部取立届および５項届は、ファクシミリにより提出することはできず、原本により提出することが必要とする運用をしています。

上記のとおり、改正法の施行後の債権執行手続においては、最後に一部取立届または５項届を提出した日から支払を受けることなく２年を経過したときは、５項届を執行裁判所に提出する必要があります。そのため、最後に一部取立届または５項届が提出された時期によって、差押債権者が５項届を提出すべき時期、執行裁判所が差押命令の取消決定をすることができる時期および取消決定の予告通知をすべき時期が定まるといえます。また、取立可能日から２年経過後であっても、取消決定がされる前に差押債権者が一部取立届または５項届を提出すれば、執行裁判所は、２年経過による取消決定をすることができません。さらに、2年経過による取消決定がされた後も、その告知を受けた差押債権者は、1週間以内に一部取立届または5項届を提出すれば、当該取消決定を失効させることができます。これらに照らせば、一部取立届または5項届は、その提出により執行手続を続行させる書面に該当する（規則15条の2で準用される民事訴訟規則3条1項2号）と解されますので、これらの書面をファクシミリにより提出することはできません。

差押債権者から一部取立届または5項届がファクシミリにより提出された場合、執行裁判所より改めて、これらの書面について原本での提出を求めることになりますが、債権者がこれに応じない場合には、有効な届出があったとは扱われなくなるため、2年経過による取消決定の対象になりうると考えられます。十分にご留意ください。

なお、改正法の施行前にファクシミリで提出された取立届については有効なものとして取り扱いますので、改めて原本を提出いただく必要はありません。

エ　取下書の提出における留意点[89]

取下書を提出する際、事件を終了させるのか（全部取下げ）、一部の当事者または差押債権について終了させ、残りは継続するのか（一部取下げ）を明確にする必要があります。全部取下げの場合、第三債務者をすべて記載する必要がありますので、記載漏れがないか、ご確認をお願いします。

2　債務者への差押命令の送達がされない場面の規律

(1)　改正法および改正規則の概要

実務上、債権が差し押さえられたまま漫然と長期間が経過するという事態は、前記1のほか、債務者に対する差押命令の送達が完了しない場面でも生ずることがあります。第三債務者に対して差押命令が送達されたものの、債務者に対して差押命令が送達されず、裁判所書記官からの求めにもかかわら

89　取下げの手続につき、相澤＝塚原編著・前掲注44・179頁以下参照。

ず、差押債権者が債務者の所在調査を行わないような場合です。このような事態が生じる背景としては、先に差押命令の送達を受けた第三債務者の陳述により、差押債権の額が僅少であることが判明したため、差押債権者が、債務者に差押命令を送達するための所在調査を行う意欲を失うといった事情が考えられます。差押命令が債務者に送達されていない以上、取立権は発生していないために換価・満足の段階に進行することはできず、申立ての取下げもないような事案では、債権が差し押さえられたまま、長期間経過することとなります。

改正法では、こうした状況を踏まえ、債務者に対する差押命令の送達ができない場合には、差押債権者に対し、相当の期間を定めて、その期間内に債務者の住所、居所その他差押命令の送達をすべき場所の申出（送達をすべき場所が知れないとき等には公示送達の申立て）をすべきことを命じることができ（以下「補正命令」といいます。法145条7項)、差押債権者がその申出をしないときは、差押命令を取り消すことができることとされました（同条8項)。

(2) 当センターにおける補正命令および取消決定の運用

当センターでは、従前から、債務者に差押命令を送達できない場合には、電話または普通郵便等により、債務者の住所、居所その他差押命令の送達をすべき場所の申出（公示送達の申立てを含む）に係る補正、不足する送達費用の予納の指示、取下げの意思確認等を促す裁判所書記官による事務連絡をした上で、これらに対する具体的な対応がなかった場合には、いずれも2週間の期間を定めて、費用の予納を命じる処分（法14条1項）および補正命令（法20条で準用する民事訴訟法137条1項）を発した上、費用の予納がなければ法14条4項に基づき、補正がなければ民事訴訟法140条の類推適用により、差押命令を取り消すとの運用を行っていました。

本改正後は、法145条7項に基づき補正命令（後掲【書式37】）がされ[90]、補正がない場合の取消決定（後掲【書式38】）は同条8項に基づくことになりますが、その点を除き、事務連絡以下の流れの運用は従来と同様です。

なお、従前から、第三債務者に差押命令を送達できない場合には、債務者への不送達事案と同様の運用をしていましたが、この運用については、本改正後も変更はなく、従前のとおり継続されることとなります。

Ⅳ　情報取得手続の新設に伴う債権執行事件の運用

1　情報取得手続の新設

改正法により、金銭債権についての債務名義を有する債権者や一般の先取特権を有する債権者の申立てにより、執行裁判所が、債務者以外の第三者（具体的には、登記所・市町村等・金融機関）に対して、債務者の財産（具体的には、不動産・給与債権・預貯金債権および振替社債等）に係る情報の提供を命ずる旨の決定（情報提供命令）をし、情報提供命令を受けた第三者が、執行裁判所に対し、書面により当該情報を提供するという情報取得手続（法204条～211条）が新設されました（当センターにおける同手続の運用イメージについては、本書114頁以下を参照してください）。

これにより、情報取得手続を行って債務者の預貯金債権について口座番号等の情報を得た上で、債権差押命令の申立てを行うことが考えられるところ、その運用について説明します。

2　取扱店舗を特定する必要性

預貯金債権についての情報取得手続が開始された後においても、債権差押命令において預貯金債権を差し押さえるにあたっては、第三債務者となる金融機関に過度の負担と危険を負わせることを避けるため、インターネット専業銀行の場合（なお、その他の例として、東京地判平19.2.28金法1804号59頁）を除き、取扱店舗を特定する必要があるとの従前からの取扱い[91]には変更は

90　法145条７項の「相当の期間」について、当センターでは、２週間程度と考えています。

91　相澤＝塚原編著・前掲注９・120頁。

ありません。情報取得手続においては、一定の調査基準日時点における情報を提供するにとどまるのに対し、債権差押命令の場合は、第三債務者への送達により直ちに弁済禁止等の効力が生じるため、送達を受けた金融機関は速やかに差押債権を調査する必要があり、差押えの効力が及ぶ部分については支払停止措置を取り、効力が及んでいない部分については払戻請求に応じなければならないなど、金融機関における債権特定の判断の重要性、迅速性が異なるためです[92]。上記のインターネット専業銀行の場合を除き、債権差押命令申立書の当事者目録および差押債権目録において、取扱店舗を特定して記載してください。

3　預貯金債権に係る情報取得手続を利用したことの債権差押命令申立書への記載の要否

改正法や改正規則をみても、情報取得手続と債権執行事件は、基本的に手続前置の関係にはないため[93]、債権者が情報取得手続を利用して、債務者の預貯金口座の口座番号等の情報を取得した後、当該口座番号に係る預貯金債権の差押命令の申立てをするにあたっては、原則として、情報取得手続を利

92　前掲注31参照。

93　例外的に、債務名義が定期金以外の金員の仮払仮処分命令の場合には、別途の考慮を要します。すなわち、債権差押命令申立てが仮処分命令の債権者への送達日から２週間を経過している場合、債権者への仮処分命令の送達日から２週間以内に執行の着手を求める民事保全法43条２項に照らし、原則として当該申立ては不適法であり、却下を免れません。しかしながら、差押命令申立てに先立つ財産開示手続（法改正により、財産開示手続を利用できる債務名義の制限がなくなった（法197条１項柱書参照）ことから、金員の仮払仮処分命令を債務名義とする財産開示手続も可能となります）または情報取得手続の申立てが仮処分命令の債権者への送達日から２週間以内であり、財産開示手続または情報取得手続と当該債権差押命令申立てとが同一の目的に向けられた連続性のある手続であると評価できる事案であれば、債権差押命令の申立ての時点で改めて民事保全法43条２項所定の２週間の期間制限を考慮する必要はないと解されます。
　そこで、この場合には、債権差押命令の申立てにあたり、財産開示手続または情報取得手続の申立てが仮処分命令の債権者への送達日から２週間以内に行われていることおよび財産開示手続または情報取得手続と債権差押命令の申立てとが同一の目的に向けられた連続性のある手続であるといえることを主張し、これらの点を、事件番号および申立日が記載された情報取得手続申立書および情報提供書の各写し等の証拠で立証していただく必要があります（本書144頁）。

用したことや同手続で得られた口座番号等を債権差押命令申立書上に記載する必要はありません。

上記のとおり、情報取得手続では第三者である金融機関は一定の調査基準日時点における情報を提供するにとどまり、差押えと異なり、第三債務者に弁済等を禁ずるものではなく、債務者の処分権を制限するものでもありません。また、情報取得手続による調査後に債務者が新たに口座を開設する可能性もあり、第三債務者としても、差押命令の送達時点で改めて差押債権目録記載の預貯金債権の存否および額を調査することが想定されているからです。

もっとも、情報取得手続で明らかになった特定の口座のみを差し押さえたいという場合も考えられます。その場合には、口座番号を特定した差押債権目録の書式[94]を用いてください。口座番号を特定した申立てをする場合、当センターでは、原則として、差押債権目録に預金の種類、口座番号のほか、債務名義上の氏名または名称もしくは住所と異なる場合には、口座名義、届出住所の記載を求め、その立証を求めています[95]。この点、情報取得手続で情報提供のあった預貯金口座については、後記のとおりその口座名義および届出住所につき、債務者とのつながり（同一性）の立証がされ、かつ、金融機関も当該口座が債務者の預貯金債権であると判断して情報提供をしたものといえますので、差押債権目録には、口座の種別、口座番号に加え、当該口座の情報を情報取得手続によって得たことの記載（後掲**【書式例39】**）で十分であり、その立証については、情報提供命令書の写しと当該預貯金口座の情報が記載された情報提供書の写しで足りると解されます。

これに対し、差押命令の申立てにあたり、情報取得手続で明らかになった特定の口座に限らず、当該取扱店舗における差押時点の債務者の預貯金を改めて検索して、（差押債権額に満つるまで）すべてを差し押さえたいが、少なくとも情報取得手続で明らかになった口座はあるはずであるなどと考えて、当該口座の口座番号等を、差押命令申立書にも記載しておきたいという申立

94　相澤＝塚原編著・前掲注９・122頁差押債権目録【書式３－４】。
95　相澤＝塚原編著・前掲注９・122頁差押債権目録【書式３－４】〔説明〕を参照。

債権者の希望があることも考えられます。その場合には、第三債務者による差し押さえるべき預貯金債権の特定および順番に混乱を招かないよう、差し押さえるべき預貯金債権を順位付けした基本型の書式[96]の下部に、情報取得手続で当該口座番号等の情報を得た旨を記載[97]することが考えられます。この場合には、後記のとおり、情報提供命令書の写しと情報提供書の写しを立証資料として提出する必要があります。

なお、差押債権が特定されていない場合には[98]、差押命令の効力要件を欠くため、申立ては不適法として却下されることとなり、仮に、これを看過して差押命令が発令されたとしても、差押命令およびこれに基づく転付命令等は無効です[99]。

4　債務名義上の氏名、住所等と異なる名義の預貯金債権の差押え

差押債権目録に旧姓や旧住所等の債務名義上の氏名、住所等と異なる氏名、住所等を併記してする預貯金債権の差押えについては、原則として、戸籍謄抄本、住民票等の公的書類を添付して債務名義上の氏名、住所等との「つながり」をつけ、債務名義上の債務者と預貯金債権の名義人との同一性を証明する必要があります[100]。

既に情報取得手続によって債務者の旧姓や旧住所等、債務名義とは異なる

96　相澤＝塚原編著・前掲注９・119頁差押債権目録【書式３－１】、124頁差押債権目録【書式４－１】、125頁差押債権目録【書式４－２】。

97　例えば、相澤＝塚原編著・前掲注９・119頁差押債権目録【書式３－１】の末尾に、「普通預金口座●●●●●●●●（口座番号）の預金債権があることについて、○○地方裁判所令和○年（情チ）第○○号第三者からの情報取得事件において情報を得た」と付記することが考えられます。

98　なお，把握した預貯金を含めて包括差押えを求める場合に，一般的な預貯金の差押債権目録と異なる差押えの順序を記載したときは，最高裁が示す差押債権特定についての要請（最三小決平23.9.20（民集65巻６号2710頁・金法1934号68頁））を満たすとは限りませんので，ご注意ください（本書**第４編２⑵ｃ**参照）。

99　最三小判昭46.11.30（判時653号90頁）。

100　詳細は、相澤＝塚原編著・前掲注９・188頁「Ｑ20 他人名義の預金債権の差押え」の項目参照。

氏名、住所等に係る預貯金口座についての情報を得た上で、情報取得手続と同一の債務名義に基づいてその氏名、住所等に係る預貯金債権について債権差押命令の申立てをする場合には、例外的に、情報提供命令書の写しおよび情報提供書の写しが提出されれば、債権差押命令申立ての段階では改めてつながり証明を求めることなく、差押命令の発令が可能と考えます。これは、情報取得手続の申立ての際に、債務者の特定に資する事項として記載する債務者の旧姓や旧住所等と債務名義上の氏名、住所等とのつながりについて、債権者が上記の立証を行って情報提供命令が発令され、第三者である金融機関においても、債務名義と異なる氏名等の名義の預貯金債権や債務名義と異なる住所等が届出住所となっている預貯金債権について、債務者の預貯金債権であると判断して情報提供をしているといえるからです。ところで、債務名義と異なる複数の氏名、住所等について債務者との同一性の立証がされた上で情報提供命令が発令され、第三者から債務者の預貯金債権であるとの情報提供があった場合、いずれの氏名等の名義で、いずれの住所等を届出住所として開設された口座であるかについてまで、情報提供書に記載されるとは限りません[101]。他方で、差押債権目録に記載された氏名、住所等と預貯金口座の名義、届出住所が一致しないと、第三債務者の検索作業に支障が出るおそれがあります。そのため第三債務者の検索の便宜の観点からは、差押債権目録には情報提供命令に記載された債務者の氏名等または住所等を漏れなく記載することが望ましいといえます[102]。

上記の運用は、債務名義上の債務者と名義や住所が異なる預貯金債権の差押えにあたっての、債務名義上の債務者と預貯金債権の名義人との同一性の立証に関わるものです（すなわち、差押債権目録上に、債務名義上の氏名、住所等と異なる氏名、住所等を記載する場合の対応です）。他方、債務名義成立後、

101　預貯金債権に関する情報提供書に記載すべき事項は、債務者の有する預貯金債権の存否ならびにその預貯金債権が存在するときは、その預貯金債権を取り扱う店舗ならびにその預貯金債権の種別、口座番号および額とされています（規則191条１項）。

102　情報提供書作成時点の預貯金債権の状況と債権差押命令送達時点での預貯金債権の状況は異なりうるため、情報提供書に記載された債権が差押命令送達時点で存在するとは限らないことに留意が必要です。

当事者の氏名等に変更があった場合、債権執行事件の申立てにあたっては、情報取得手続を経た場合であっても、原則として、住民票等の公文書によって、債務名義上の当事者と債権執行事件の当事者との同一性を証明する必要があります[103]。すなわち、当事者目録において債務名義上の氏名、住所等と異なる氏名、住所等を記載するためには、（情報提供命令後の変更がない場合でも）改めてつながり証明が必要ですので、ご注意ください。

（前田亮利・補訂満田智彦・國原徳太郎）

103 相澤＝塚原編著・前掲注９・64頁。

【書式例27】 第三債務者への手続等の説明書面（給料債権用）

【まずお読みください】（給料債権用）

債権差押命令とは？

① 今回あなたに送られた債権差押命令の当事者の関係は、命令書の「当事者目録」に書いてあるとおりですから、そこに書いてある名前をそれぞれあてはめて内容を確認してください。

② 《債権者》は、《債務者》がお金を支払ってくれないので、《債務者》の財産である給料等の差押えを裁判所に申し立てました。そこで、裁判所がこの申立てを審査し、今回の債権差押命令が出されたわけです。

③ ところで、雇主のことを第三債務者と表示していますが、これは法律によって定められている呼び方で、あなたが《債務者》に給料等を払う立場にあるためにそのように言うだけで、《債権者》と《債務者》との間のお金の支払をめぐる争いには直接は関係ありませんので、ご安心ください。しかし、この差押命令があなたに送られたことにより、法律の規定に従って一定のことをやっていただかなければなりません。そこで、次にそのことを説明しますので、その説明をよく読んで、書かれたとおりにしてください。

これからの手続は？

（注・以下の数字は、陳述書の各項の数字に対応するものではありません（陳述書という用紙が同封されている場合）。）

① あなたは、現在、債務者を雇っていますか。
　はい　→　④⑤⑥に進んでください。
　いいえ　→　②に進んでください。

② あなたは、過去に債務者を雇ったことがありますか。
　はい　→　③に進んでください。
　いいえ　→　④に書かれたことをしていただければそれで終わりです。

③ あなたは、現在、債務者に未だ払っていない給料、退職金等がありますか。
　はい　→　④⑤⑥に進んでください。
　いいえ　→　④に書かれたことをしていただければそれで終わりです。

④ 送られてきた債権差押命令書に陳述書という用紙が同封されている場合、これに必要なことを書き込んで2通作り、同封の返信用封筒で《債権者》と裁判所に1通ずつ送ってください。

⑤ あなたが《債務者》に対して払っている給料等の一部（その計算方法については⑦を見てください。）を、今後は、この命令の「差押債権目録」に書いてある額に達するまで、《債務者》に払ってはいけません。

－1－

⑥　差し押さえられた金額の支払いについては、次のようにしてください。

★　給料等に対する債権差押命令が今回送られてきたものしかない場合

あなたは、《債権者》に直接給料等の一部を支払う（※１）か供託する（※２）ことによって、その支払義務を免れることになります。

（※１）この場合には、《債権者》から支払方法等について連絡があるはずですから、これに従ってください。ただし、法律によると《債権者》があなたから直接給料等を取り立てることができるようになるには、この命令が《債務者》に届いてから４週間（ただし、《債権者》の請求に養育費や婚姻費用等が含まれる場合には１週間）（注１）を過ぎていることが必要です。（注２）《債権者》は「送達通知書」という文書を持っていますので、これを見て差押命令が《債務者》に届いた日付を確認してください。

（注１）　債権差押命令の「請求債権目録」に、夫婦間の協力扶助義務、婚姻費用分担義務、子の監護費用分担義務、扶養義務に係る定期金債権が含まれる場合には、この命令が《債務者》に届いてから１週間を過ぎると取立てが可能です。

（注２）　４週間の経過とは、債務者送達日の翌日を１日目（公示送達を除く。）として、28日目が４週間の末日ですので、その日の経過となります。28日目が土曜、日曜、祝日、年末年始であるときは、末日が平日になるまで繰り越されます。１週間の経過の場合も同じように考えます。

★　給料等に対する債権差押命令などが今回送られてきたもの以外にも送られている場合

この差押命令のほかに、債権差押命令・債権差押処分・債権仮差押命令を受け取っている場合は、あなたは給料等を供託しなければなりません。

（※２）　供託をしたときは、その都度、同封されている「事情届」という用紙に必要なことを書き込んで、これに供託書正本（原本）を添えて、最初に送られてきた差押命令又は差押処分を出した裁判所に必ず提出してください（なお、供託が複数回にわたるときは、あらかじめ「事情届」の用紙をコピーして使用してください。）。

（注）　滞納処分による差押えが先にされているときには、滞納処分をした官署に提出することになります。

なお、供託については、裁判所とは別の法務局という役所で取り扱っていますので、最寄りの法務局にお尋ねください。

⑦　差し押さえられた金額の計算方法

別紙のとおり（略）

－２－

【書式例28】　差押債権者への手続等の説明書面

差押債権者の方へ

東京地方裁判所民事第21部（債権執行）

◎　同封の差押命令のとおり発令されましたので御連絡します。

今後の手続については、次の係が担当しますので、お問い合わせ、御連絡等がある場合は、事件番号を御確認の上、同係あてにお願いします。（平日の午前８：30～12：00、午後１：00～５：00）

○配当等手続以外の手続について 換価・取下係 （電話　○○○○-○○○○）	○配当等手続について 債権配当係 （電話　○○○○-○○○○）
◎執行手続一般について 民事第21部　執行手続案内係（電話　○○○○-○○○○）	

＊　＊　＊　＊　＊　＊　＊　＊　＊　＊　＊　＊　＊　＊　＊　＊　＊　＊

1　事件に関する照会についてのお願い

第三債務者や債務者に対する命令正本の送達状況のお知らせができるまでには、差押命令の発令日から２週間程度を要する場合が多く、その間に電話照会をいただいても「現在送達中です」との回答となります。また、それらの送達日は、書面（「送達通知書」といいます。）によりお知らせしますので、差押命令の日付から２週間程度の期間は、電話での送達状況の照会はできる限りお控えいただきますようお願いします。

2　第三債務者及び債務者への差押命令正本送達期間等（タイムスケジュール）

差押命令正本は、まず、債権者及び第三債務者へ発送し、第三債務者の送達確認後に、債務者へ発送しますので、１記載のとおり、送達完了まで２週間程度を要する場合が多くなっています。

第三債務者及び債務者に対する送達が完了したときは、債権者に送達通知書を郵送します。また送達ができなかったときは、不送達の旨を電話又は郵送等でお知らせしますので、新たな送達場所や方法を検討して書面を提出してください。さらに送達場所に疑問があるときは、送達場所の調査を依頼しますので、送達場所を調査して書面により提出してください。

3　第三債務者からの差押債権の取立て及びその後の手続について

(1)　第三債務者からの陳述書

第三債務者に差押命令が送達されると、陳述催告の申立てをしている場合は、第三債務者から債権者に陳述書が送付されます（事案により裁判所から送付する場合があります。陳述書の提出期限は、第三債務者に差押命令正本が送達された日から２週間以内となっています。）ので、陳述書の内容を確認してください。

陳述書の内容について確認する場合は、第三債務者に直接連絡してください。

(2)　取立権の発生・取立ての方法

債務者への送達が完了すると、裁判所から１記載の送達通知書が送付されます。そこに書かれた債務者への送達日から１週間（ただし、給料等の差押えの場合で、養育費等の請求を含まない場合は４週間）を経過すると（※）、第三債務者から差押債権を取り立てることができます。その際には第三債務者に取立方法（振込依

－１－

頼、送金依頼又は受領に赴く日程調整など）を連絡する必要があります。

第三債務者は、債権者からの連絡を待って対応するのが通常ですが、金融機関などでは、取立てに応じるための振込等の案内がある場合もありますので、問い合わせてください。

取立てを行うには、裁判所から送付された差押命令正本の提示や1記載の送達通知書のコピーを求められることがありますので、必要に応じて対応してください。

なお、第三債務者としては、債務者への支払額以上の金銭を支払う理由はありませんので、取立てに要する費用（振込手数料等）は、債権者が負担することになります。また、第三債務者が支払義務を負うのは、差押債権目録記載の債権額そのものではなく、その債権額が実際に存在する額に限られますので、陳述書で確認してください。

※　1週間の経過とは、債務者送達日の翌日を起算日（公示送達を除く。）として、7日目が1週間の末日ですので、その日の経過となります。7日目が土曜、日曜、祝日、年末年始であるときは、末日が平日になるまで繰り越されます。4週間の経過も、これと同じ方法で28日目の経過となります。

⑶　**第三債務者が供託した場合**

第三債務者は、差押えが競合（他の債権者からの差押えがあったとき、税金等の滞納処分があったときなど）したときなどには供託しなければならず（義務供託）、また競合しないときでも支払期日を守る必要がある場合など供託をすることができます（権利供託）。

第三債務者が差押えにかかる債権を供託したときは、第三債務者から差押債権を取り立てることができません。この場合、裁判所は、第三債務者から提出された事情届に基づき配当等の手続を行うこととなり、債権配当係から配当に関する通知がされます。

4　取立届・取下書の提出について（ファクシミリによる提出はできません。）

※　各書式は当庁民事執行センターウェブサイト参照（インフォメーション21で検索）

⑴　取立（完了）届の提出

第三債務者から債権を取り立てたときはその都度、また預貯金などで差押債権目録記載の全額には満たないが存在した額全額を取り立てたときはそのときに、「取立届」（「取立（完了）届」の“（完了）”部分を抹消して押印する。）を裁判所に提出してください（印鑑は、差押命令申立書と同一のもの）。2年間取立届の提出がないときは、差押命令が取り消されることがあります。

差押債権目録記載の債権を全額取り立てたときは、「取立（完了）届」を提出してください。

⑵　取下書の提出

※　代理人提出の場合、申立時の委任状に「取下げ」の記載がない場合には、別途、取下の委任状が必要です。

次に該当する場合は「取下書」を提出してください（印鑑は、差押命令申立書と同一のもの）。

ア　第三債務者の陳述書に差押えに係る債権がない旨の記載があり、そのことを

－2－

争わないとき。

イ　存在した額全額を取り立てたが、取立額が差押債権目録記載の金額に達しなかったとき。

ウ　任意の弁済や話合いの成立などにより、途中で第三債務者からの取立てをやめるとき。

なお、少額でも取立てがある場合は、取下書に「既に取り立てた分を除く」と記載してください（詳細は上記ウェブサイトの「取下書」書式末尾の「注意Ｉ」欄を御確認ください。）。

(3) 取下書等の提出時の書類について

「取立（完了）届」又は「取下書」の提出により事件は終了します。その場合、残債権があるときは、債務名義の還付を求めることができます。債務名義等還付申請書は、できる限り「取立（完了）届」又は「取下書」と同時に提出してください。

取下げや債務名義等還付申請の際に提出すべきものは、次のとおりです。

取　下　げ	○取下書３通・84円郵便切手（いずれも債務者・第三債務者が複数の場合はそれらの数＋１） ○債務者・第三債務者あての封筒（無地の封筒に宛名住所を記載する。）
債務名義等還付申請	○申請書（受書付き）１通 ○返信用封筒（簡易書留・郵便切手460円貼付）

5　差押債権に争いがある場合

差押えに係る債権について、第三債務者が取立てに応じないなど第三債務者との間で争いがあるときは、弁護士など法律専門家に御相談ください。

6　債権執行手続の基本的な流れ

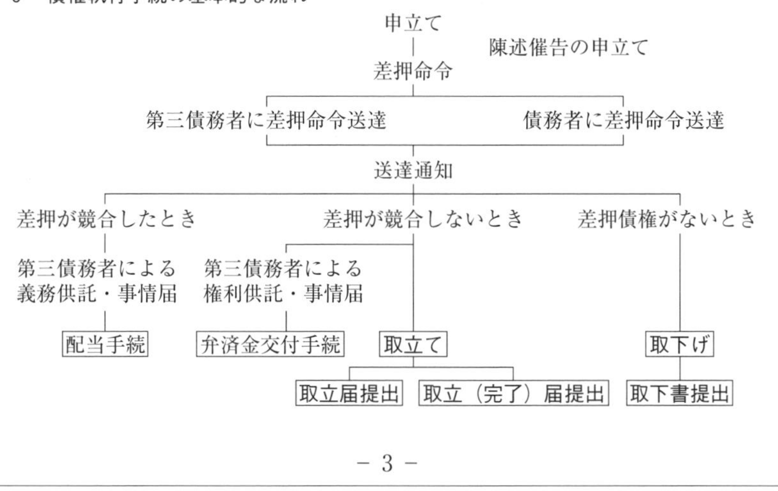

－３－

【書式例29】 債務者への差押禁止債権の範囲変更手続教示書面

表面（債務者用）

債権差押命令を受けた債務者の方へ

弁護士等の専門家に相談したい場合は、お近くの弁護士会や法テラス等にお問い合わせください。

1　債権差押命令とは

(1)　今回あなたが受領された債権差押命令の当事者の関係は下の図のとおりですから、命令書の「当事者目録」に書いてある名前をそれぞれ当てはめて内容を確認してください。

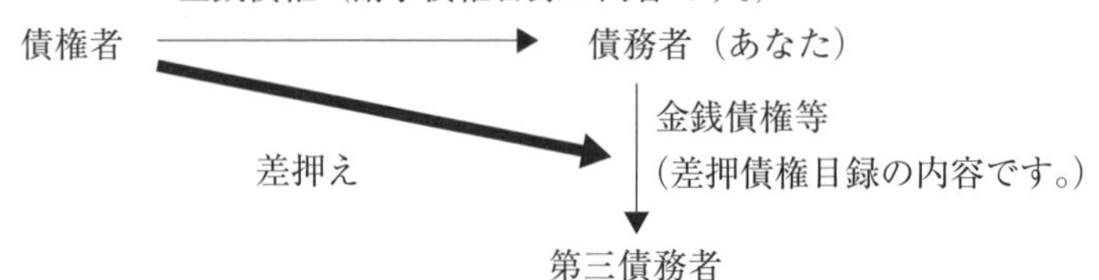

(2)　債権者は、あなたが金銭を支払わないと主張し、あなたが第三債務者に対して有すると思われる金銭債権等からその回収を図るために、その債権等の差押えを裁判所に申し立てました。そして、裁判所の審査の結果、今回の債権差押命令が出されたため、第三債務者は、あなたに対する金銭の支払を禁止されています。

2　これからの手続

あなたが債権差押命令を受領した後、次のア又はイの期間が経過すると、債権者は、差し押さえた金銭債権を第三債務者から取り立てることができます。債権者が第三債務者から支払を受けると、債権者の金銭債権は、支払を受けた額の限度で弁済されたものとみなされます。

ア　差し押さえられた金銭債権が、①国及び地方公共団体以外の者から生計を維持するために支給を受ける継続的給付に関する債権、②給料、賃金、俸給、退職年金及び賞与並びにこれらの性質を有する給与に関する債権、又は、③退職手当及びその性質を有する給与に関する債権である場合⇒４週間

※　ただし、請求債権目録に記載された請求債権に、夫婦間の協力扶助義務、婚姻費用分担義務、養育費支払義務、親族間の扶養義務に関する金銭債権が含まれているときは、１週間となります。

イ　差し押さえられた金銭債権が、上記ア以外の金銭債権である場合⇒１週間

－1－

裏面（債務者用）

3　差押えの範囲の変更（以下「範囲変更」といいます。）について

裁判所は、申立てにより、あなたと債権者の生活の状況その他の事情を考慮して、差押命令の全部又は一部を取り消す（差押えの範囲を減縮する）ことができます（民事執行法153条1項）。また、債権者の申立てにより差押えの範囲が拡張された後に、事情の変更があったときは、裁判所は、申立てにより、差押命令の全部又は一部を取り消すことができます（同条2項）。

これは、差押えによってあなたの生活に著しい支障が生じる場合（例えば、生活保護費や年金の振込口座が差し押さえられ、生活が成り立たなくなる場合）などに、差押えの範囲を変更（減縮）する制度です。

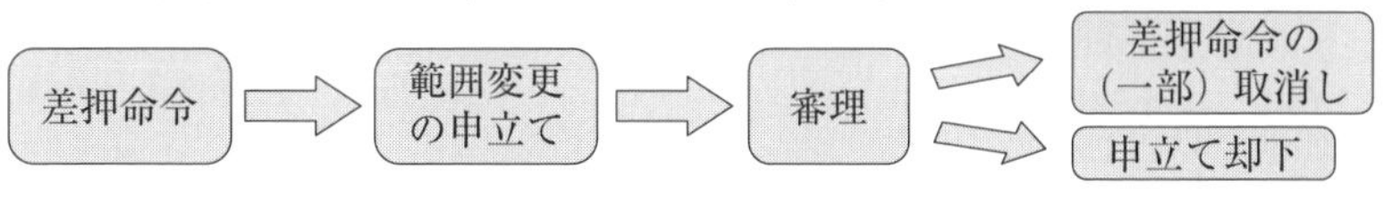

あなたが範囲変更の申立てをすると、裁判所は、あなたや債権者から提出された資料をもとに、申立てを認めるかどうかを判断します。したがって、申立てがあれば、必ず範囲変更が認められるわけではありません。なお、範囲変更が認められても、あなたの債務が減るわけではありません。

範囲変更の申立ての手続は、次のとおりです。

(1)　申立てをする裁判所

東京地方裁判所民事第21部（債権差押命令を発令した裁判所）となります。

(2)　申立時期

債権者が、第三債務者から差し押さえた金銭債権の支払を受ける前に、申立てをする必要があります。

(3)　申立てに必要な書類等

①　申立書（正本1通、副本（債権者の数分））

申立書には、対象となる債権差押命令の事件番号、申立ての趣旨（差押範囲をどのように変更したいのか）及び理由（範囲変更を必要とする事情）を記載してください。

②　範囲変更を必要とする事情を裏付ける資料（収入・支出がわかる資料等）

それぞれの資料（マイナンバーの記載が無いもの）につき、各コピー1通を併せて提出してください。

なお、裁判所から追加の資料を求められる場合もあります。

③　郵便切手

郵便切手5010円分（内訳：500円×8枚、100円×4枚、84円×5枚、20円×5枚、10円×5枚、5円×5枚、2円×5枚、1円×5枚）

<お問い合わせ先>

東京地方裁判所民事第21部　換価・取下係（〇〇〇〇-〇〇〇〇）

－2－

【書式例30】 差押範囲変更（減縮）申立書

差押範囲変更（減縮）申立書

東京地方裁判所民事第21部　御中

令和　　年　　月　　日

申立人（債務者）　　　　　　　　印

電話　　　－　　　－

FAX　　　－　　　－

債　権　者

債　務　者

1　申立ての趣旨

上記当事者間の御庁令和　　年（ル）第　　　号債権差押命令申立事件の第三債務者　　　　　（　　　　扱い）に対する債権差押命令について、

□　差押えを取り消す。

□　金　　　　　円を超える部分を取り消す。

□　給料・賞与・退職金の差押範囲を各　　分の　　に変更する。

□　別紙差押債権目録記載の範囲に変更する。

との裁判を求める。

□　本申立てに対する裁判が効力を生ずるまでの間、第三債務者に対し、支払その他の給付を禁止することを命ずる旨の決定をされたい。

（該当する□にレ印を記入してください。）

2　申立ての理由

______

______

______

______

______

______

添付書類（該当する□にレ印を記入してください。）

□　公的扶助（生活保護・年金等）受給証明書

□　給与明細書（申立前２か月分）

□　源泉徴収票（最新のもの）

□　課税証明書（非課税証明書）（最新のもの）

□　確定申告書（税務署の受領印のある最新のもの）

□　預金・貯金の各通帳のコピー（過去１年分の取引明細が分かるもの）

□　世帯全員及び同居者全員の住民票（申立前３か月以内に取得したもの）

□　陳述書（申立人の印鑑を押したもの）

□　家計表（申立前２か月分）

□　上記の各添付書類のコピー（各２通）

□　申立書副本（申立人の印鑑を押したもの）

－1－

【書式例31】 差押範囲変更（減縮）の案内書面

差押範囲変更（減縮）の申立てをする方へ

東京地方裁判所民事第21部

裁判所は、提出いただいた資料をもとに、あなた及び債権者の生活の状況その他の事情を考慮して、差押命令の全部若しくは一部を取り消す必要があるかを判断します。

提出を求める主な書類等は以下のとおりですが、提出された資料の内容や事情によっては追加提出を求める場合もあります。

また、裁判所から債権者に対して、申立書副本及び添付資料のコピーを送付して意見を求める場合もありますので、その場合には判断に時間を要することをご承知置き下さい。

なお、申立てがあれば必ず範囲変更や第三債務者への給付の禁止が認められるわけではありませんし、範囲変更が認められても、あなたの債務が減るわけではありません。

1　申立ての際に必要な書類

差押範囲の変更を申し立てる場合には、次の書類が必要になります。

①　申立書正本（裁判所提出用）

②　郵便切手5010円分（内訳：500円×８枚、100円×４枚、84円×５枚、20円×５枚、10円×５枚、５円×５枚、２円×５枚、１円×５枚）

③　申立人及び同居者の生活に必要な費用、それらの者の収入、資産等、生活状況が分かる書類（通帳以外は原本を提出してください。陳述書・家計表以外の原本は、コピーとの照合後に返還します。）

【例：陳述書、家計表〔申立前２か月分〕、源泉徴収票、課税証明書（又は非課税証明書）、確定申告書〔税務署の受領印が押されたもの〕、公的扶助の受給証明書、給与明細書〔申立前２か月分〕、預貯金口座の通帳のコピー〔過去１年分〕、その他資産及び家計表に記載した収入・支出が分かる資料など】

④　世帯全員及び同居者全員が記載された住民票〔申立前３か月以内に取得したもの〕（原本を提出してください。）

※住民票はマイナンバー（個人番号）の記載のないものをお願いします。

⑤　申立書副本及び③・④のコピー（各２通）

－１－

2　申立書の記載について

⑴　申立人（債務者）の欄にあなたの名前を記載した上で、あなたの印鑑を押してください（申立書副本、陳述書も同様です。）。

連絡先の欄には、あなたと日中連絡の取れる連絡先（電話番号、ＦＡＸ番号）を必ず記載してください。今後連絡する際には、その連絡先にさせていただきます。

また、取消しを求める差押命令の債権者名を記入してください。

⑵　申立ての趣旨の欄には、取消しを求める差押命令の事件番号・第三債務者名を記入し、差押命令の取消しを求める範囲について、該当する□にレ印を記入してください。

また、この申立てに対する結果が出るまでの間、第三債務者に対して、支払その他の給付の禁止（債権者に支払を行わず、第三債務者がその分を取り置いておくこと）を希望する場合には、該当する□にレ印を記入してください。

⑶　申立書の理由の欄には、後記３の記載例を参考に、差押命令の取消しを求める理由を記載してください。

⑷　添付書類の欄には、あなたが本申立てのために提出した資料について、該当する□にレ印を記入してください。

3　申立ての理由の記載例

⑴　生活保護受給者の場合

「申立人は、生活保護法の被保護者であるが、同居者も含めた１か月の収入は、申立人の生活保護費と○○との合計○万○○○○円であり、申立人及び同居者に不動産や預貯金等の資産もない。本件差押えによって、申立人らの生活に著しい支障が生じている。よって、本件差押命令の取消しを求めるため、本申立てに及ぶ。」

⑵　給与所得者の場合

「申立人は給与所得者であるが、１か月の収入及び支出は家計の状況に記載したとおりであり、他にめぼしい資産等はない。本件差押えは給料、賞与及び退職金から所得税、住民税及び社会保険料を控除した残額の○分の○を対象とするものであるが、申立人の生活に著しい支障が生じている。よって、本件差押えの範囲を上記給料、賞与及び退職金の○分の○に変更することを求めるため、本申立てに及ぶ。」

以　上

－２－

【書式例32】 陳述書（差押範囲変更）

陳　述　書

令和　　年　　月　　日

申立人　　　　　　　　　　　印

1　現在の就業状況（該当する□にレ印を記入してください。）

□勤め　□パート・バイト　□自営

□無職　□その他（　　　　　　　　　）

就業先（会社名）

____

地位・業務の内容

____

2　家族関係等

氏　名	続柄	年齢	職　　業	同居

＊申立人の家計の収支に関係する範囲で書いてください。

＊続柄は申立人からみた関係を記入します。

＊世帯全員及び同居者全員が記載された住民票を提出してください。

＊同居の有無を○・×で記入してください。

3　申立人及び同居者の収入の状況

(1)　公的扶助（生活保護、年金、各種扶助など）の受給

種　類	金　額	開始時期	受給者の氏名
	円／月		

＊受給証明書の原本を提出してください。

＊金額は１か月に換算してください。

－1－

(2) 給料・賞与等

種　類	支給額	支給日	収入を得ている者

*給与所得者の方は申立前2か月分の給与明細書及び最新の源泉徴収票（又は課税証明書）を提出してください。
*自営業者の方は最新の確定申告書（税務署の受領印のあるもの）を提出してください。
*収入のない方は非課税証明書を提出してください。

4　現在の住居の状況
ア　申立人が賃借　　イ　親族・同居者が賃借　　ウ　申立人が所有・共有
エ　親族が所有　　オ　その他（　　　　　　　　　　）
*ア、イの場合は、次のうち該当するものに○印を付けてください。
a　民間賃借　　b　公営賃借　　c　社宅・寮・官舎
d　その他（　　　　　　　　　　）

5　預金・貯金口座の状況

金融機関・支店名	口座の種類	口座番号	残高	生活保護・年金等	差押

*各通帳の表紙を含め過去1年分の取引明細が分かるように写しを提出してください。
*生活保護費・年金等の振込口座である場合はその旨を記入してください。
*差押の有無を○・×で記入してください。

－2－

6　預貯金以外の主要な資産の状況（例：自動車、保険、株式、不動産等）

項　目	金　額（評価額）	備　考

＊不動産については、評価額欄に固定資産税評価額を記入してください。

7　差押えにより生活に著しい支障が生じる具体的な事情

8　その他
（裁判所に連絡したいことがあれば記入してください。）

－ 3 －

【書式例33】 取消予告通知書面（規則137条の３）

令和●年（ル）第●号債権差押命令申立事件
当事者　別紙当事者目録記載のとおり

令和●年●月●日

債　権　者【代理人】　殿

東京地方裁判所民事第21部
裁判所書記官　●　●　●　●

取　消　予　告　通　知

1　標記当事者間の債権差押命令に基づき、あなたが第三債務者から金銭債権を取り立てることができることとなった日（第三債務者から支払を受けた旨の届出又は支払を受けていない旨の届出をした場合には、最後にその届出をした日）から２年以上が経過しました。

2　つきましては、この期間に、第三債務者から支払を受けているかどうか（支払を受けたときはその額及び年月日）を早急に確認し、次の⑴又は⑵の状況に応じて、各書面を当裁判所に提出してください。

⑴　いずれの第三債務者からも支払を受けていない場合
支払を受けていない旨の届出

⑵　差し押さえた金銭債権の全部又は一部を取り立てた場合
取立（完了）届

なお、支払を受けていない部分につき、今後、第三債務者から取り立てる意思が無い場合は、上記⑴又は⑵の書面に併せて、取下書も裁判所に提出してください。

3　本通知の後、４週間以内に、あなたから、上記２のいずれの書面も提出されないときは、上記１の差押命令が取り消されることになります。

以　上

【書式例34】　取消決定（法155条６項）

決　　　定

当　事　者　　別紙当事者目録記載のとおり

上記当事者間の令和●年（ル）第●号債権差押命令申立事件について、次のとおり決定する。

主　　　文

別紙差押債権目録記載の債権に対する債権差押命令を取り消す。

理　　　由

債権者は、上記債権差押命令に基づき上記債権を取り立てることができることとなった日（令和２年３月31日以前に上記債権を取り立てることができることとなった場合においては、令和２年４月１日。ただし、これらの日以降、第三債務者から支払を受けた旨の届出又は支払を受けていない旨の届出をした場合には、最後に当該届出をした日。）から２年を経過した後４週間以内に、第三債務者から支払を受けた旨の届出又は支払を受けていない旨の届出のいずれもしなかった。

よって、民事執行法155条６項に基づき、主文のとおり決定する。

令和●年●月●日

東京地方裁判所民事第21部

裁　判　官　●　●　●　●

【書式例35】 取立届

ファクシミリによる提出はできません。

令和　　年（ル・ナ）第　　　　号

取立（□完了）届

東京地方裁判所民事第21部　御中

令和　　年　　月　　日

申立債権者　　　　　　　　　　　　印

債　権　者

債　務　者

第三債務者

→上記事件の各当事者が複数いる場合、本取立てに対応する当事者を特定して記載してください。

1　上記当事者間の債権差押命令に基づき、債権者は第三債務者から次のとおり取り立てました。

□　令和　　年　　月　　日　　金　　　　　　　　円
□　令和　　年　　月　　日　　金　　　　　　　　円
□　令和　　年　　月　　日　　金　　　　　　　　円
□　別紙取立一覧表のとおり　→本書面と取立一覧表を左側2ヶ所でホチキス止めしてください。

2　なお、上記債権差押命令における第三債務者について

□　取立ては継続して行います。
　差押債権額　　　　　　　　円
　取立累計額　　　　　　　　円
　残　　　額　　　　　　　　円
□　差押債権額全額の取立てを完了しました。
□　差押債権額全額の取立ては完了していませんが、今回の差押命令申立事件に関しては以降の取立ての予定はありません。→今回の差押命令申立事件について取下げをご検討ください（※新たな申立てを制限するものではありません）。

※　該当する部分の□にチェックを入れてください。

※　取立完了の場合（債権差押命令の各当事者が複数いる場合は、その全ての取立てが完了した場合）には、2の「□差押債権額全額の取立てを完了しました。」だけではなく、標題の「(□完了)」にもチェックを入れてください。

－ 1 －

ファクシミリによる提出はできません。

（別紙）

取　立　一　覧　表

取　　立　　日	取　立　金　額	備　　　　考
合　　計　　額	金　　　　　　　　円	

－ 2 －

【書式例36】 支払を受けていない旨の届出

ファクシミリによる提出はできません。

令和　　年（ ル・ナ ）第　　　　号

支払を受けていない旨の届出

東京地方裁判所民事第21部　御中

令和　　年　　月　　日

申立債権者　　　　　　　　　印

債　権　者

債　務　者

第三債務者

上記事件の債権者又は債務者が複数いる場合、本届出に対応する当事者ごとに記載して、本書面を作成してください。

第三債務者が複数の場合、いずれの第三債務者からも支払を受けていない場合に本書面を作成してください。

1　上記当事者間の債権差押命令に基づき、金銭債権を取り立てることができることとなった日（又は最後に一部取立届若しくは支払を受けていない旨の届出をした日）から、債権者は第三債務者から支払を受けていません。

2　第三債務者から支払を受けていない理由

該当する部分の□にチェック、下線部に該当する第三債務者名を入れてください。

□　第三債務者＿＿＿＿＿＿＿＿＿＿＿＿＿につき、差押債権が、支払期限が到来していない。（支払期限　令和　　年　　月　　日）

□　第三債務者＿＿＿＿＿＿＿＿＿＿＿＿＿に対し、取立訴訟係属中である（訴訟提起予定である）。

□　その他→**具体的な理由を以下の欄に記載してください。**

（　　　　　　　　　　　　　　　　　　　　）

※　**民事執行法155条５項により、金銭債権を取り立てることができることとなった日（一部取立届又は支払を受けていない旨の届出をした場合にあっては、最後に当該届出をした日）から支払を受けることなく２年を経過したときは、支払を受けていない旨の届出をする必要があります。この届出をしない場合は、差押命令が取り消されることがあります（民事執行法155条６項）。**

【書式例37】 補正命令（債務者不送達・法145条７項）

補　正　命　令

債　権　者　●●●●
債　務　者　●●●●
第三債務者　●●●●

上記当事者間の令和●年（ル）第●●●●号債権差押命令申立事件について、債権者は、本命令送達の日から14日以内に、債務者●●●●の住所、居所その他差押命令の送達をすべき場所の申出又は公示送達の申立てをせよ。

令和●年●月●日

東京地方裁判所民事第21部

裁　判　官　●　●　●　●

【書式例38】 取消決定（債務者不送達・法145条8項）

決　　　定

当　事　者　　別紙当事者目録記載のとおり

上記当事者間の令和●年（ル）第●●●●号債権差押命令申立事件について、次のとおり決定する。

主　　　文

別紙差押債権目録記載の債権に対する債権差押命令を取り消す。

理　　　由

債権者に対し、補正命令により、同命令送達の日から14日以内に、債務者に対する差押命令の送達をすべき場所の申出又は公示送達の申立てをすることを命じたが、債権者は、これに応じない。

よって、民事執行法145条8項により主文のとおり決定する。

令和●年●月●日

東京地方裁判所民事第21部

裁　判　官　　●　●　●　●

【書式例39】 預金債権（口座番号を特定した申立て）

差押債権目録

金　　　　　　円

債務者が第三債務者株式会社○○銀行（○○支店扱い）に対して有する下記預金債権及び同預金に対する預入日から本命令送達時までに既に発生した利息債権のうち、頭書金額に満つるまで。

下記預金債権があることについて、○○地方裁判所令和○年（情チ）第○○号第三者からの情報取得事件において情報を得た。

記

預金の種類　　普通預金
口座番号　　　××××

第3章

不動産競売における暴力団員の買受け防止の方策に関する運用

Ⅰ　はじめに

改正法および改正規則が、令和2年4月1日に施行されました。

本章では、改正の大きな柱の1つである不動産競売における暴力団員の買受け防止の方策に関する東京地方裁判所民事執行センター（以下「当センター」といいます）の運用について説明します[104]。

Ⅱ　手続の概要

不動産競売における一般的な方法である期間入札の手続の流れは、おおむね、①買受けの申出をしようとする者が、入札書を執行官に提出する方法により入札をし、②執行官が、開札期日において、有効な入札をした者の中から最高価買受申出人を決定し、③執行裁判所が、売却決定期日において、売却の許可・不許可を判断するというものです。

改正法は、この過程において、暴力団員の買受けを防止する仕組みを導入するものとなっており、その全体像は、次のとおりとなっています。すなわち、①買受けの申出をしようとする者が入札書を執行官に提出する際に、暴力団員等[105]に該当しないこと等を陳述し（法65条の2）、②執行官が、開札期日において、有効な入札をした者の中から最高価買受申出人を決定した後、執行裁判所が、最高価買受申出人等について、暴力団員等に該当するか

104　不動産競売における暴力団員の買受け防止の方策に関する改正法の概要については、本書40頁を、改正規則の概要については、本書100頁をそれぞれ参照してください。

105　「暴力団員等」とは、暴力団員による不当な行為の防止等に関する法律2条6号に規定する暴力団員および暴力団員でなくなった日から5年を経過しない者のことをいいます（法65条の2第1号）。

否かについて都道府県警察へ調査の嘱託をし（法68条の４）、③執行裁判所が、都道府県警察から得られた回答等を踏まえ、売却決定期日において売却の許可・不許可の判断をする（法71条５号）というものです。なお、買受けの申出をしようとする者の陳述の正確性を確保するため、虚偽陳述に対する罰則が設けられています（６カ月以下の懲役または50万円以下の罰金。法213条１項３号）。

Ⅲ　暴力団員等に該当しないこと等の陳述

1　陳述が必要となる入札

今回の改正による不動産競売における暴力団員の買受け防止の方策に関する各規定は、施行日以降に裁判所書記官が売却実施処分をした場合における当該処分に係る売却の手続について適用されます（改正法附則２条、改正規則附則２条参照）。したがって、施行日である令和２年４月１日以降に売却実施処分がされた事件について陳述書の提出が必要です。

2　陳 述 書

(1)　書面による陳述

法65条の２によれば、暴力団員等に該当しないこと等の陳述は、最高裁判所規則で定めるところによりしなければならないとされており、規則31条の２第１項１号において、書面（陳述書）ですることとされています（同条は差押債権者による無剰余回避のための買受けの申出（法63条２項１号）の際の陳述について定めた規定ですが、規則49条、38条７項により期間入札の手続に準用されています。以下、規則49条、38条７項の引用は省略します）。陳述書は、入札書とともに執行官に提出する必要があると考えられることから、入札書の提出時に陳述書の提出がない場合には、当センターにおいては、入札を無効とする扱いです。追完は認められません。

また、陳述書に記載された内容をもとに都道府県警察へ調査の嘱託をすることになることから、その記載は正確である必要があります。そのため、後記(2)の記載事項に不備がある場合[106]や、記名押印を欠く場合等にも、入札が無効となることがありますので、注意が必要です。

なお、陳述書の書式は、当センターでは執行官室において配布しているほか、不動産競売物件情報サイト（BIT）にも掲載されています。

(2) 記載事項等（規則31条の２第１項１号）

ア 個人の場合（後掲【書式例40】参照）

入札人が個人の場合に陳述書に記載すべき事項は以下のとおりです。入札人（入札人に法定代理人があるときは、当該法定代理人[107]）は、以下の事項を記載した陳述書に記名押印する必要があります。

① 入札人の氏名、その振り仮名および住所

② 入札人の生年月日および性別

③ 入札人および自己の計算において入札人に買受けの申出をさせようとする者（その者が法人である場合は、その役員）が暴力団員等に該当しないこと

このほか、事件番号や物件番号、作成年月日も記入してください。

イ 法人の場合（後掲【書式例42】【書式例43】参照）

入札人が法人の場合に陳述書に記載すべき事項は以下のとおりです。入札人の代表者が、陳述書に記名押印する必要があります。

① 入札人の名称および住所

② 入札人の役員の氏名、その振り仮名、住所、生年月日および性別

③ 入札人の役員および自己の計算において入札人に買受けの申出をさせようとする者（その者が法人である場合は、その役員）が暴力団員等に該当しないこと

---

106 当センターにおいては、大量の入札を画一的に処理する必要があることから、添付書類等による記載事項の不備の補充をすることは予定していません。

107 法定代理人が陳述書を作成するときの書式は、後掲**【書式例41】**を参照してください。

このほか、事件番号等を記入する必要があるのは個人の場合と同様です。

ここでいう「役員」については、法人の業務の執行やその監査等に係る権限を有する者を意味すると考えられますが[108]、当センターにおいては、株式会社については取締役、監査役、会計参与および執行役、持分会社については社員、その他の法人についてはこれらに準じる者を「役員」とする扱いです。登記が必要な役員の範囲とは必ずしも一致しませんのでご注意ください。また、持分会社の社員等、ここでいう「役員」が法人の場合がありますが、この場合には、当該法人の「役員」および職務執行者の記載を必要とする扱いです。

なお、陳述書に記名押印すべき入札人の代表者につき、当センターでは、入札人が合同会社であり、その代表社員が法人である場合には、代表社員である法人の記名に加え、職務執行者（会社法598条参照）の記名押印も必要であるとする扱いをしていますので注意してください。

ウ　自己の計算において入札人に買受けの申出をさせようとする者がいる場合（後掲【書式例44】【書式例45】参照）

自己の計算において入札人に買受けの申出をさせようとする者がいる場合において、その者が個人である場合には、その者の氏名、その振り仮名、住所、生年月日および性別を記載した書面の提出が必要です。また、その者が法人である場合には、その者の名称、住所ならびにその者の役員の氏名、その振り仮名、住所、生年月日および性別を記載した書面の提出が必要です。ここでいう「役員」の範囲も、前記**イ**と同様です。

なお、「自己の計算において入札人に買受けの申出をさせようとする者」とは、一般的には、不動産を取得することによる経済的損益が実質的に帰属する者のことを意味すると考えられます[109]。具体的には、個別の事案に応じて判断することになりますが、例えば、入札人に資金を提供して不動産を取得しようとする者などがこれに当たると考えられます。

108　内野編・前掲注15・181頁。
109　本書43頁。

⑶　問題となった事例

上記⑴のとおり、上記⑵の記載事項に不備がある場合や、記名押印を欠く場合等には入札が無効となることがありますが、これまで当センターで陳述書の記載について問題となった事例としては以下のものがあります（なお、本書**第４編**も参照）。

① 陳述書の「自己の計算において買受けの申出をさせようとする者」がいる場合のチェックボックスにチェックがあるが、別紙である「自己の計算において買受けの申出をさせようとする者に関する事項」が提出されなかったもの（無効）

② 陳述書氏名上部の振り仮名欄に振り仮名の記載がなかったもの、陳述書別紙の「買受申出人（法人）の役員に関する事項」の役員の振り仮名の記載がなかったもの（いずれも無効）

③「買受申出人（法人）の役員に関する事項」の「生年月日」欄に数字の記載がないもの（無効）

④「自己の計算において買受けの申出をさせようとする者」がいる場合のチェックボックスにチェックがあり、そのチェックボックスが二重線で抹消されているが、訂正印がないもの（有効）

形式的な誤りといえるものが多いとは思われますが、入札が無効となってしまう場合もありますので、陳述書を記載する際には十分に注意をしてください。BITには、陳述書等の記載要領のほか、記載にあたっての注意点等も掲載されていますので、こちらもご参照ください（後掲**【書式例46】【書式例47】**参照）。

3　添付書類

⑴　住民票の写し等（規則31条の２第１項２号・３号）

陳述書の添付書類としては、①入札人が個人であるときは、住民票の写しその他のその氏名、住所、生年月日および性別を証するに足りる文書[110]、②自己の計算において入札人に買受けの申出をさせようとする者がある場合であって、その者が個人であるときは、その者の住民票の写し等が必要となります。今回の改正前においては、入札時の住民票の写し等の提出は任意でしたが、改正規則においては、入札人または自己の計算において入札人に買受けの申出をさせようとする者が個人の場合については、その提出が義務付けられることになりました。したがって、これらの場合に住民票の写し等の提出がない場合には、入札が無効となります。なお、ここでいう「住民票の写し」とは、市区町村が発行する「住民票の写し」の原本のことであり、コピーは認められません。また、入札日前3カ月以内に発行されたものである必要があります。個人番号（マイナンバー）の記載のないものの提出をお願いします。

これに対して、入札人または自己の計算において入札人に買受けの申出をさせようとする者が法人である場合については、規則上、その法人の役員の住民票の写し等の提出は求められていないため、提出は不要です。入札人の資格証明書の提出は必要ですが（規則49条、38条3項）、これについても、代表者事項証明書であれば足り、役員全員が記載された全部事項証明書である必要はありません[111]。資格証明書（代表者事項証明書）についても、入札日前3カ月以内に発行されたものである必要があります。

(2) 宅地建物取引業の免許証の写し（規則31条の2第2項）

法68条の4第1項ただし書は、最高価買受申出人（その者が法人である場合にあっては、その役員）が暴力団員等に該当しないと認めるべき事情があるものとして最高裁判所規則で定める場合には、最高価買受申出人が暴力団員等に該当するか否かについて都道府県警察への調査の嘱託を要しない旨を規定しています。また、同条2項ただし書は、執行裁判所が自己の計算において最高価買受申出人に買受けの申出をさせた者があると認める場合におい

---

110 「その他のその氏名、住所、生年月日および性別を証するに足りる文書」としては、戸籍謄本および戸籍の附票などが考えられます。なお、入札人が外国人である場合については、相澤眞木＝塚原聡編著『民事執行の実務［第4版］不動産執行編（下）』61頁以下（金融財政事情研究会、2018年）を参照してください。

111 なお、自己の計算において入札人に買受けの申出をさせようとする者が法人の場合の当該法人の資格証明書については、規則上、提出は求められていません。

て、当該買受けの申出をさせた者（その者が法人である場合にあっては、その役員）が暴力団員等に該当しないと認めるべき事情があるものとして最高裁判所規則で定める場合には、当該買受けの申出をさせた者が暴力団員等に該当するか否かについて都道府県警察への調査の嘱託を要しない旨を規定しています。

これを受けて、規則51条の7および令和2年最高裁判所告示第1号により、法68条の4第1項ただし書および同条2項ただし書に当たる場合として、最高価買受申出人または自己の計算において最高価買受申出人に買受けの申出をさせた者が、宅地建物取引業法3条1項の免許を受けた者（以下「宅地建物取引業者」といいます）または債権管理回収業に関する特別措置法3条の許可を受けた者（以下「サービサー」といいます）である場合と定められています。

したがって、入札人または自己の計算において入札人に買受けの申出をさせた者が宅地建物取引業者またはサービサーである場合には、これらの者が宅地建物取引業法3条1項の免許または債権管理回収業に関する特別措置法3条の許可を受けていることを証する文書の写しの提出が求められていることになります（規則31条の2第2項）。もっとも、あくまで任意の協力を求める趣旨であり、提出が義務付けられているわけではありません。

当センターにおいては、サービサーについては、その商号自体から債権管理回収業に関する特別措置法3条の許可を受けたものであることが明らかであるため（同法13条参照）、資格証明書の提出があれば足り（前記(1)のとおり、入札人が法人である場合は、資格証明書の提出が必要です）、これとは別に同法3条の許可を受けたことを証する文書の写しの提出は求めない扱いです。

宅地建物取引業者については、宅地建物取引業の免許証の写し（住民票の写しとは異なり、こちらはコピーで構いません）の提出のご協力をお願いします。

なお、宅地建物取引業者やサービサーであっても、陳述書の提出は必要ですのでご注意ください。

入札人または自己の計算において入札人に買受けの申出をさせた者が宅地

建物取引業者であるときに、これらの者の宅地建物取引業の免許証の写しが提出されなかった場合でも、上記のとおり、任意の協力を求める趣旨であることから、入札が無効となることはありません。この場合において、当該入札人が最高価買受申出人となったときには、都道府県警察に調査の嘱託がされることになります。

当センターにおいては、令和3年3月末までの売却件数（特別売却分を含む）648件のうち、最高価買受申出人について宅地建物取引業の免許証の写しが提出された事件は436件、サービサーが最高価買受申出人となった事件は9件あり、これらを合わせると445件（68.7%）となります（本書**第4編**参照）。当センターにおいては、同年9月以降に実施する開札分からは、警察への調査嘱託を要しない件はより早く売却許否の決定をする運用とする予定ですので（後記Ⅳ2参照）、宅地建物取引業者におかれては、宅地建物取引業の免許証の写しの提出に、より一層のご協力をお願いします。

4　期間入札以外の買受けの申出の場合

暴力団員等に該当しないこと等の陳述は、「不動産の買受けの申出」について必要となります。したがって、期間入札における入札のほか、いわゆる特別売却における買受けの申出（規則51条）、差押債権者による無剰余回避のための買受けの申出（法63条2項1号）および保全処分の申立てをした差押債権者による買受けの申出（法68条の2第2項）等についてもこの陳述が必要となります。

Ⅳ　都道府県警察への調査の嘱託

1　調査の嘱託を省略する場合

法68条の4は、執行裁判所が、最高価買受申出人（その者が法人である場合は、その役員）または自己の計算において最高価買受申出人に買受けの申出をさせた者（その者が法人である場合は、その役員）が暴力団員等に該当するか否かを判断するために、原則として、都道府県警察へ調査の嘱託をしなければならないとしています。もっとも、Ⅲ3(2)のとおり、これらの者が宅地建物取引業者またはサービサーである場合には、その者については調査の嘱託を省略することができます[112]。実際の運用としては、サービサーについては、資格証明書からサービサーであることが認定できることから、通常、調査の嘱託を省略することになりますが、宅地建物取引業者については、宅地建物取引業の免許証の写しが提出されている場合に限って、調査の嘱託を省略することになります。なお、宅地建物取引業の免許については、有効期間がありますが（宅地建物取引業法3条2項）、当センターにおいては、免許証に記載された有効期間の末日が開札期日の日以降である場合に調査の嘱託を省略する扱いです。

2　売却決定期日

旧規則46条2項においては、裁判所書記官が法64条4項の規定により売却決定期日を指定するときは、やむをえない事由がある場合を除き、開札期日から1週間以内の日を指定しなければならないとされていましたが、改正法において、最高価買受申出人が決定した後、原則として執行裁判所が都道府県警察へ調査の嘱託をすることとされたことから、これに要する期間を考慮して、「1週間以内」が「3週間以内」に改められました。

当センターにおいては、都道府県警察への調査の嘱託に要する期間を考慮し、令和2年度においては、開札期日から14開庁日（20日）目の日を売却決定期日としていましたが（東京地方裁判所民事執行センター「東京地方裁判所（本庁）における令和元年の民事執行事件の概要」金法2137号73頁の【別表12】参

112　法68条の4の文言上、最高価買受申出人が宅地建物取引業者等に当たる場合であっても、自己の計算において最高価買受申出人に買受けの申出をさせた者が宅地建物取引業者等に当たらないときには、当該買受けの申出をさせた者については調査の嘱託が必要となると考えられます。その逆のときも同様です。

照)、不動産競売については、その審理期間の短縮が求められていることを踏まえ、令和3年5月19日に実施された開札分から、開札期日から11開庁日（15日）目の日を売却決定期日とする運用と改めました（東京地方裁判所民事執行センター「東京地方裁判所（本庁）における令和2年の民事執行事件の概要」金法2160号54頁【別表14】参照。また、それに伴い、後記3のとおり、記録の閲覧・謄写等の制限期間についても運用を改めています)。さらに、同年9月8日に実施予定の開札分からは、売却決定期日を開札期日から6開庁日（8日）後に指定し、都道府県警察への調査の嘱託が不要な事件については当該売却決定期日において売却許可決定をし、調査の嘱託が必要な事件については、当初指定された売却決定期日を開いた上で、同期日において開札期日から11開庁日（15日）後の期日に新たな売却決定期日を指定し（いわゆる延期の扱い)、期日間に行われる調査の嘱託を踏まえた上で、売却決定期日を開くこととしています。当該運用により、調査の嘱託が不要な事件については、審理期間がさらに短縮することとなる予定です。

なお、いわゆる延期の扱いをした場合には、売却決定期日の変更には当たらないため、規則53条に基づく関係人に対する変更後の期日の通知はされないことになります[113]。

3　記録の閲覧・謄写等の制限期間

民事執行事件の記録は、利害関係を有する者[114]であれば、閲覧・謄写等をすることができますが（法17条)、当センターの従前の扱いでは、開札期日から売却決定期日当日の午後1時までの間は、執行裁判所の執務に支障があるものとして、閲覧・謄写等の請求を不許可とする取扱いでした（法20条、民事訴訟法91条5項)。

113　この場合には、裁判所書記官が入札期日および売却決定期日を定めたときに当たらないため、規則49条、36条1項の公告も不要と考えられます。

114　「利害関係を有する者」の意義については、相澤眞木＝塚原聡編著『民事執行の実務〔第4版〕不動産執行編（上)』34頁以下（金融財政事情研究会、2018年）を参照してください。

施行日以後、改正法の規定が適用される事件については、都道府県警察へ調査の嘱託をする必要があることおよび売却許可・不許可の判断のために必要があることから、開札期日から開札期日の２開庁日後までの間および売却決定期日の３開庁日前から売却決定期日当日の午後１時までの間については、執行裁判所の執務に支障があるものとして、閲覧・謄写等の請求を不許可とする扱いとしていました。上記のとおり、開札期日から売却決定期日までのスケジュールに係る運用を変更することに伴い、閲覧・謄写等の請求を不許可とする期間についても、令和３年５月19日に実施された開札分からは、開札期日から開札期日の５開庁日後までの間および売却決定期日の前日から売却決定期日の午後１時までの間と変更することとなりました。さらに、同年９月８日に実施予定の開札分からは当該スケジュールに係る運用がさらに変更されることに伴い、都道府県警察への調査の嘱託が不要な事件および必要とする事件のいずれも、開札期日から当初の売却決定期日（開札期日から６開庁日（８日）後）の午後１時まで、調査の嘱託が必要な事件については、さらに延期後の売却決定期日（開札期日から11開庁日（15日）後）の前日から当該売却決定期日の午後１時までは、記録の閲覧・謄写等の請求を不許可とする運用とすることとしています。上記のとおり、記録の閲覧・謄写等の制限期間については、従前の運用から大きな変更がありますので、開札期日後に記録の閲覧・謄写等を検討している方は注意してください。

Ⅴ　売却許可・不許可の決定

1　売却不許可事由

法71条５号は、競売手続の過程において執行裁判所の判断により暴力団員の買受けをあらかじめ排除するため、最高価買受申出人等が暴力団員等に該当することを売却不許可事由として定めています。執行裁判所は、調査の嘱託に対する都道府県警察の回答等を踏まえて、売却不許可事由に当たるか否かを判断することになります。

なお、この売却不許可事由の有無については、どの時点での最高価買受申出人等の属性を判断するかが問題となるところですが、法71条5号によれば、①買受けの申出時と②売却決定期日のいずれかの時点において、最高価買受申出人等が暴力団員等に該当すると認められれば、売却不許可の判断をすべきこととなります。なお、当センターでは、令和3年6月までの時点では、最高価買受申出人について暴力団員等に該当することを理由として売却不許可決定がされた事例はありません。

2　不服申立て

売却の許可または不許可の決定に対しては、その決定により自己の権利が害されることを主張するときに限り、執行抗告をすることができることとされています（法74条1項）。

このため、例えば、最高価買受申出人等が暴力団員等に該当するとして、執行裁判所が売却不許可決定をした場合において、当該売却不許可事由がないことを理由に執行抗告をすることができる者としては、当該最高価買受申出人のほか、一般的には、債権回収という強制執行の目的が不達成になる不利益を被る差押債権者が挙げられるものと考えられます[115]。他方で、債務者は、積極的に売却を求めることができる地位にはなく、売却不許可決定により債務者の権利が害されるとはいえないと考えられます。

また、執行裁判所が売却許可決定をした場面において、当事者等が、最高価買受申出人等が暴力団員等に該当することを理由として執行抗告をし、売却不許可の決定を求めることができるか否かも問題となりえます。この問題については、例えば、債務者は、競売手続の開始または続行をすべきでない事由（法71条1号）があり、その瑕疵がなければより高額で売却され、債務が減少する見込みがある場合には、売却許可決定に対する執行抗告をすることができることとされていることを踏まえると、仮に、暴力団員等である最

115　本書50頁。

高価買受申出人に対し売却許可決定がされたとしても、このような事情が売却の価格を低下させる方向に働くとは通常考え難いため、債務者は、売却許可決定に対して執行抗告をすることはできないものと考えられます[116]。

これに対し、最高価買受人以外の買受申出人が売却許可決定に対する執行抗告をすることができるか否かも問題となりえます。最二小決令２．９．２（金法2162号86頁）は、「担保不動産競売の手続において、売却許可決定に対する執行抗告は、その決定により自己の権利が害されることを主張するときに限りすることができるところ（同法（引用者注：民事執行法）188条において準用する同法74条１項）、同法71条４号イに掲げる売却不許可事由があるにもかかわらず、最高価買受申出人に対する売却許可決定がされ、これが確定したとしても、他の買受申出人は、原則として再度の売却手続において買受けの申出をする機会を得られないこととなるにすぎず、そのことをもって、上記売却許可決定により自己の権利が害されるものとはいえない」と判示しています。ただし、同決定は法71条４号イに掲げる売却不許可事由を主張して執行抗告を申し立てた事案であり、このような事案の場合には再度売却手続が行われるのに対し、当センターでは、後記**3**のとおり、法71条５号を理由とする売却不許可決定をした場合には、次順位買受申出人の警察への調査嘱託等からやり直すこととしていますので、事案に応じて、他の買受申出人の抗告の利益が認められる場合もあるものと考えています。

なお、売却許可・不許可の決定に対して執行抗告が適法にされた場合には、事案に応じて、抗告裁判所または原審である執行裁判所が、都道府県警察へ再度の調査の嘱託をして資料の提出を求めることは可能と考えられます（法20条、民事訴訟法186条）。

3　売却不許可決定が確定した後の手続

最高価買受申出人等が暴力団員等であることを理由とする売却不許可決定

116　本書50頁。

が確定した場合には、売却の手続をやり直すこととなりますが、どこまで手続を遡るべきかが問題となります。

この点については、当センターにおいては、不動産強制競売事件の期間入札において執行官が無効な入札をした者を最高価買受申出人と定めたとして売却不許可決定がされ、これが確定した場合に、当初の入札までの手続を前提に再度の開札期日を開くこととした執行裁判所の判断に違法がないとされた判例[117]を参考に、次順位買受申出人（法67条）がいる場合には、直ちに当該次順位買受申出人について都道府県警察へ調査の嘱託をすることになると考えています。次順位買受申出人がいない場合には、最高価買受申出人の次の順位の者に対して買受けの申出を維持するか否かを照会の上、買受けの申出を維持し、買受けの申出の保証を再度提供した場合には、開札手続からやり直すこととする予定です。開札手続からやり直すことができない場合には、売却実施処分からやり直すこととなります。

なお、前掲最二小決令２．９．２は、法71条４号イに掲げる売却不許可事由を理由とする売却不許可決定をした場合、原則として、改めて売却実施処分から競売手続をやり直すべきである旨判示していますが、これは、同号イに掲げる売却不許可事由については、担保不動産競売の手続における売却の適正な実施を確保する趣旨に照らし、売却実施処分から競売手続をやり直すべきと考えたものであると解され、法71条５号を理由とする売却不許可決定をした場合に、売却実施処分まで遡らずに競売手続を進めることを否定したものではないと解されます。

Ⅵ 最後に

Ⅲ２⑴やⅢ３⑴のとおり、陳述書の記載事項等に不備がある場合や、必要な添付書類の提出がない場合には、入札が無効となる場合があります。入札を検討している方については、これらの点に十分に注意していただく必要が

117　最三小決平26.11.4（判時2253号23頁）。

あります。陳述の手続の詳細についてご不明な点がある場合には、BITをご覧いただくほか、当センター執行官室にお尋ねください。

なお、冒頭で説明したとおり、本章で紹介した運用は当センターのものであり、当センター以外の庁においては運用が異なる場合があります。したがって、当センター以外の庁における入札を検討している場合には、その庁に手続を確認してください。

（谷藤一弥・補訂野村昌也）

【書式例40】 陳述書（個人用）

※該当する□にチェックを入れてください。

陳述書
（買受申出人（個人）本人用）

地方裁判所　　　　支部　執行官　殿

事件番号	□平成 □令和　　年（　　）第　　　号	物件番号	

<table>
<tr><td rowspan="4">陳述</td><td colspan="2">私は、暴力団員等ではありません。
※「暴力団員等」とは、「暴力団員による不当な行為の防止等に関する法律（平成3年法律第77号）第2条第6号に規定する暴力団員又は暴力団員でなくなった日から5年を経過しない者」を指します。</td></tr>
<tr><td colspan="2">私は、暴力団員等又は暴力団員等が役員である法人の計算において買受けの申出をする者ではありません。</td></tr>
<tr><td colspan="2">（該当する者【※注意書8参照】がいる場合のみ□にチェックし、別紙を添付する。該当する者がいない場合には□にチェックしない。）</td></tr>
<tr><td>↓
□</td><td>自己の計算において私に買受けの申出をさせようとする者は、別紙「自己の計算において買受けの申出をさせようとする者に関する事項」記載のとおりです。
この者は、暴力団員等又は暴力団員等が役員である法人ではありません。</td></tr>
<tr><td colspan="3">（陳述書作成日）令和　　　年　　　月　　　日</td></tr>
</table>

<table>
<tr><td rowspan="5">買受申出人（個人）</td><td rowspan="5">本人</td><td>住　所</td><td>〒　　－</td></tr>
<tr><td>（フリガナ）</td><td></td></tr>
<tr><td>氏　名</td><td>㊞</td></tr>
<tr><td>性　別</td><td>□　男性　　□　女性</td></tr>
<tr><td>生年月日</td><td>□昭和
□平成　　年　　月　　日
□西暦</td></tr>
</table>

注　　意

1　陳述書は、一括売却される物件を除き、物件ごとに別の用紙を用いてください（鉛筆書き不可）。
2　事件番号及び物件番号欄には、公告に記載された番号をそれぞれ記載してください。事件番号及び物件番号の記載が不十分な場合、入札が無効となる場合があります。
3　本用紙は、買受申出人が個人の場合のものです。法人の場合は、法人用の用紙を用いてください。また、買受申出人に法定代理人がある場合（未成年者の親権者など）は、買受申出人（個人）法定代理人用の用紙を用いてください。
4　共同入札の場合には、入札者ごとに陳述書及び添付書類を提出してください。
5　陳述書は、氏名、住所、生年月日及び性別を証明する文書（住民票等）を添付して、必ず入札書とともに提出してください。提出がない場合、入札が無効となります。
6　氏名、住所、生年月日及び性別は、それらを証明する文書のとおり、正確に記載してください。記載に不備がある場合、入札が無効となる場合があります。
7　買受申出人が宅地建物取引業者の場合には、その免許を受けていることを証明する文書の写しを提出してください。
※8　自己の計算において買受けの申出をさせようとする者（買受申出人に資金を渡すなどして買受けをさせようとする者をいいます。）がある場合は、別紙「自己の計算において買受けの申出をさせようとする者に関する事項」の添付が必要です。
9　提出後の陳述書及び添付書類（別紙を含む）の訂正や追完はできません。
10　虚偽の陳述をした場合には、6月以下の懲役又は50万円以下の罰金に処せられることがあります（民事執行法213条）。

【書式例41】 陳述書（法定代理人用）

※該当する□にチェックを入れてください。

<table>
<tr><td colspan="5">陳述書
（買受申出人（個人）法定代理人用）
地方裁判所　　　　支部　執行官　殿</td></tr>
<tr><td colspan="2">事件番号</td><td>□平成
□令和　　年（　　）第　　　　号</td><td>物件番号</td><td></td></tr>
<tr><td rowspan="4">陳述</td><td colspan="4">本人は、暴力団員等ではありません。
※「暴力団員等」とは、「暴力団員による不当な行為の防止等に関する法律（平成3年法律第77号）第2条第6号に規定する暴力団員又は暴力団員でなくなった日から5年を経過しない者」を指します。</td></tr>
<tr><td colspan="4">本人は、暴力団員等又は暴力団員等が役員である法人の計算において買受けの申出をする者ではありません。</td></tr>
<tr><td colspan="4">（該当する者【※注意書8参照】がいる場合のみ□にチェックし、別紙を添付する。該当する者がいない場合には□にチェックしない。）</td></tr>
<tr><td>↓
□</td><td colspan="3">自己の計算において私に買受けの申出をさせようとする者は、別紙「自己の計算において買受けの申出をさせようとする者に関する事項」記載のとおりです。
この者は、暴力団員等又は暴力団員等が役員である法人ではありません。</td></tr>
<tr><td colspan="5">（陳述書作成日）令和　　　年　　　月　　　日</td></tr>
<tr><td rowspan="7">買受申出人（個人）</td><td rowspan="6">本人</td><td>住　所</td><td colspan="2">〒　　－</td></tr>
<tr><td>（フリガナ）</td><td colspan="2"></td></tr>
<tr><td>氏　名</td><td colspan="2"></td></tr>
<tr><td>性　別</td><td colspan="2">□ 男性　　□ 女性</td></tr>
<tr><td>生年月日</td><td colspan="2">□昭和
□平成　　年　　月　　日
□西暦</td></tr>
<tr><td colspan="3"></td></tr>
<tr><td>法定代理人</td><td>氏　名</td><td colspan="2">㊞</td></tr>
</table>

注　　意

1　陳述書は、一括売却される物件を除き、物件ごとに別の用紙を用いてください（鉛筆書き不可）。
2　事件番号及び物件番号欄には、公告に記載された番号をそれぞれ記載してください。事件番号及び物件番号の記載が不十分な場合、入札が無効となる場合があります。
3　本用紙は、買受申出人が個人の場合で、買受申出人に法定代理人（未成年者の親権者など）がある場合のものです。法定代理人が複数いる場合には、法定代理人全員の記名押印が必要です。
4　共同入札の場合には、入札者ごとに陳述書及び添付書類を提出してください。
5　陳述書は、氏名、住所、生年月日及び性別を証明する文書（本人の住民票等）並びに代理権を証する文書を添付して、必ず入札書とともに提出してください。提出がない場合、入札が無効となります。
6　氏名、住所、生年月日及び性別は、それらを証明する文書のとおり、正確に記載してください。記載に不備がある場合、入札が無効となる場合があります。
7　買受申出人が宅地建物取引業者の場合には、その免許を受けていることを証明する文書の写しを提出してください。
※8　自己の計算において買受けの申出をさせようとする者（買受申出人に資金を渡すなどして買受けをさせようとする者をいいます。）がある場合は、別紙「自己の計算において買受けの申出をさせようとする者に関する事項」の添付が必要です。
9　提出後の陳述書及び添付書類（別紙を含む）の訂正や追完はできません。
10　虚偽の陳述をした場合には、6月以下の懲役又は50万円以下の罰金に処せられることがあります（民事執行法213条）。

【書式例42】 陳述書（法人用）

※該当する□にチェックを入れてください。

<table>
<tr><td colspan="6">陳述書
（買受申出人（法人）代表者用）
地方裁判所　　　　支部　執行官　殿</td></tr>
<tr><td colspan="2">事件番号</td><td colspan="2">□平成
□令和　　年（　　）第　　　号</td><td>物件番号</td><td></td></tr>
<tr><td rowspan="5">陳述</td><td colspan="5">当法人は、暴力団員等が役員である法人ではありません。
※「暴力団員等」とは、「暴力団員による不当な行為の防止等に関する法律（平成３年法律第77号）第２条第６号に規定する暴力団員又は暴力団員でなくなった日から５年を経過しない者」を指します。</td></tr>
<tr><td colspan="5">当法人は、暴力団員等又は暴力団員等が役員である法人の計算において買受けの申出をする者ではありません。</td></tr>
<tr><td colspan="5">（該当する者【※注意書８参照】がいる場合のみ□にチェックし、別紙を添付する。該当する者がいない場合には□にチェックしない。）</td></tr>
<tr><td>↓
□</td><td colspan="4">自己の計算において当法人に買受けの申出をさせようとする者は、別紙「自己の計算において買受けの申出をさせようとする者に関する事項」記載のとおりです。
この者は、暴力団員等又は暴力団員等が役員である法人ではありません。</td></tr>
<tr><td colspan="5">（陳述書作成日）令和　　　年　　　月　　　日</td></tr>
<tr><td rowspan="4">買受申出人（法人）</td><td rowspan="4">代表者</td><td>法人の所在地</td><td colspan="3">〒　　－</td></tr>
<tr><td>法人の名称</td><td colspan="3"></td></tr>
<tr><td>代表者氏名</td><td colspan="3">㊞</td></tr>
<tr><td>役　員</td><td colspan="3">別紙「買受申出人（法人）の役員に関する事項」のとおり</td></tr>
</table>

注　　意

1　陳述書は、一括売却される物件を除き、物件ごとに別の用紙を用いてください（鉛筆書き不可）。
2　事件番号及び物件番号欄には、公告に記載された番号をそれぞれ記載してください。事件番号及び物件番号の記載が不十分な場合、入札が無効となる場合があります。
3　本用紙は、買受申出人が法人の場合のものです。個人の場合は、個人用の用紙を用いてください。
4　共同入札の場合には、入札者ごとに陳述書及び添付書類を提出してください。
5　陳述書は、必ず入札書とともに提出してください。提出がない場合、入札が無効となります。
6　所在地、名称及び代表者氏名は、資格証明書（代表者事項証明、全部事項証明等）のとおり、正確に記載してください。記載に不備がある場合、入札が無効となる場合があります。
7　買受申出人が宅地建物取引業者の場合には、その免許を受けていることを証明する文書の写しを提出してください。
※8　自己の計算において買受けの申出をさせようとする者（買受申出人に資金を渡すなどして買受けをさせようとする者をいいます。）がある場合は、別紙「自己の計算において買受けの申出をさせようとする者に関する事項」の添付が必要です。
9　提出後の陳述書及び添付書類（別紙を含む）の訂正や追完はできません。
10　虚偽の陳述をした場合には、６月以下の懲役又は50万円以下の罰金に処せられることがあります（民事執行法213条）。

【書式例43】陳述書別紙（法人の役員に関する事項）

（別紙）
※該当する□にチェックを入れてください。

<table>
<tr><th colspan="3">買受申出人（法人）の役員に関する事項</th></tr>
<tr><td rowspan="6">1
□代表者</td><td>住　　所</td><td>〒　　　－</td></tr>
<tr><td>（フリガナ）</td><td></td></tr>
<tr><td>氏　　名</td><td></td></tr>
<tr><td>性　　別</td><td>□　男性　　　□　女性</td></tr>
<tr><td>生年月日</td><td>□昭和
□平成　　　年　　　月　　　日
□西暦</td></tr>
<tr></tr>
<tr><td rowspan="5">2</td><td>住　　所</td><td>〒　　　－</td></tr>
<tr><td>（フリガナ）</td><td></td></tr>
<tr><td>氏　　名</td><td></td></tr>
<tr><td>性　　別</td><td>□　男性　　　□　女性</td></tr>
<tr><td>生年月日</td><td>□昭和
□平成　　　年　　　月　　　日
□西暦</td></tr>
<tr><td rowspan="5">3</td><td>住　　所</td><td>〒　　　－</td></tr>
<tr><td>（フリガナ）</td><td></td></tr>
<tr><td>氏　　名</td><td></td></tr>
<tr><td>性　　別</td><td>□　男性　　　□　女性</td></tr>
<tr><td>生年月日</td><td>□昭和
□平成　　　年　　　月　　　日
□西暦</td></tr>
<tr><td rowspan="5">4</td><td>住　　所</td><td>〒　　　－</td></tr>
<tr><td>（フリガナ）</td><td></td></tr>
<tr><td>氏　　名</td><td></td></tr>
<tr><td>性　　別</td><td>□　男性　　　□　女性</td></tr>
<tr><td>生年月日</td><td>□昭和
□平成　　　年　　　月　　　日
□西暦</td></tr>
</table>

注　　　　意

1　買受申出人が法人の場合は、本書面の提出が必要です。提出がない場合、入札が無効となります。
2　役員全員（代表者を含む）の氏名、住所、生年月日及び性別を正確に記載してください。記載に不備がある場合、入札が無効となる場合があります。
【陳述書に記載すべき役員の範囲の例】
　株式会社、有限会社　：取締役、監査役、会計参与、執行役
　持分会社（合名会社、合資会社、合同会社）：社員
　その他の法人　：上記役員等に準ずる者
　※　なお、役員が法人の場合は、当該法人の役員についても陳述する必要があります。
3　役員の氏名、住所、生年月日及び性別などを証明する文書（住民票等）の添付は不要です。
4　役員が５人以上の場合は、本用紙を複数枚用いてください。
5　提出後の本書面の訂正や追完はできません。

【書式例44】 陳述書別紙（自己の計算において買受けの申出をさせようとする者に関する事項）

（別紙）
※該当する□にチェックを入れてください。

<table>
<tr><th colspan="3">自己の計算において買受けの申出をさせようとする者に関する事項</th></tr>
<tr><td rowspan="5">□個人</td><td>住　所</td><td>〒　　－</td></tr>
<tr><td>（フリガナ）</td><td></td></tr>
<tr><td>氏　名</td><td></td></tr>
<tr><td>性　別</td><td>□　男性　　□　女性</td></tr>
<tr><td>生年月日</td><td>□昭和
□平成　　年　　月　　日
□西暦</td></tr>
<tr><td rowspan="3">□法人</td><td>法人の
所在地</td><td>〒　　－</td></tr>
<tr><td>名　称</td><td></td></tr>
<tr><td>役　員</td><td>別紙「自己の計算において買受けの申出をさせようとする者（法人）の役員に関する事項」のとおり</td></tr>
</table>

注　　意

1　自己の計算において買受けの申出をさせようとする者がいる場合は、本書面の提出が必要です（複数いる場合は、本用紙を複数枚用いてください。）。**提出がない場合、入札が無効となります。**

2　自己の計算において買受けの申出をさせようとする者が個人の場合は、その氏名、住所、生年月日及び性別を証明する文書（住民票等）の添付が必要です。**添付がない場合、入札が無効となります。**

3　自己の計算において買受けの申出をさせようとする者が法人である場合は、別紙「自己の計算において買受けの申出をさせようとする者（法人）の役員に関する事項」の添付が必要です。

4　（個人の場合）氏名、住所、生年月日及び性別は、それらを証明する文書のとおり、正確に記載してください。
　（法人の場合）名称及び所在地は、資格証明書（代表者事項証明、全部事項証明等）のとおり、正確に記載してください。
　記載に不備がある場合、入札が無効となる場合があります。

5　自己の計算において買受けの申出をさせようとする者が宅地建物取引業者の場合は、その免許を受けていることを証明する文書の写しを提出してください。

6　**提出後の本書面及び添付書類の訂正や追完はできません。**

【書式例45】 陳述書別紙（自己の計算において買受けの申出をさせようとする者（法人）の役員に関する事項）

（別紙）
※該当する□にチェックを入れてください。

自己の計算において買受けの申出をさせようとする者（法人）の役員に関する事項		
1 □代表者	住　　所	〒　　　－
	（フリガナ）	
	氏　　名	
	性　　別	□　男性　　　□　女性
	生年月日	□昭和 □平成　　　年　　　月　　　日 □西暦
2	住　　所	〒　　　－
	（フリガナ）	
	氏　　名	
	性　　別	□　男性　　　□　女性
	生年月日	□昭和 □平成　　　年　　　月　　　日 □西暦
3	住　　所	〒　　　－
	（フリガナ）	
	氏　　名	
	性　　別	□　男性　　　□　女性
	生年月日	□昭和 □平成　　　年　　　月　　　日 □西暦
4	住　　所	〒　　　－
	（フリガナ）	
	氏　　名	
	性　　別	□　男性　　　□　女性
	生年月日	□昭和 □平成　　　年　　　月　　　日 □西暦

注　　　意

1　自己の計算において買受けの申出をさせようとする者が法人の場合は、本書面の提出が必要です。**提出がない場合、入札が無効となります。**

2　役員全員（代表者を含む。）の氏名、住所、生年月日及び性別を正確に記載してください。**記載に不備がある場合、入札が無効となる場合があります。**

【陳述書に記載すべき役員の範囲の例】

株式会社、有限会社　　：取締役、監査役、会計参与、執行役
持分会社（合名会社、合資会社、合同会社）　：社員
その他の法人　　：上記役員等に準ずる者

※　**なお、役員が法人の場合は、当該法人の役員についても陳述する必要があります。**

3　役員の氏名、住所、生年月日及び性別などを証明する文書（住民票等）の添付は不要です。

4　役員が5人以上の場合は、本用紙を複数枚用いてください。

5　**提出後の本書面の訂正や追完はできません。**

【書式例46】 陳述書記載要領（個人用）

問い合わせ
〒152-8527 東京都目黒区目黒本町２-26-14
東京地方裁判所民事執行センター
執行官室不動産部 ☎03-5721-6395

個人用

陳述書（個人）記載要領

この『陳述書』は、民事執行法第65条の２に基づき、①暴力団員等[＊1]ではないこと②暴力団員等から資金の提供を受けていないこと③自己の計算において買受けの申出をさせようとする者（裏面参照）がいる場合には、その者が暴力団員等ではないことを陳述していただく書面です。

※入札時に入札書ごとに提出がないと、入札が無効となります。（追完不可）
※記載に不備があった場合、入札が無効になる場合があります。
※提出後の訂正はできません。
※共同入札の場合、買受申出人ごとに陳述書を提出してください。

＊１ 「暴力団員等」とは、「暴力団員による不当な行為の防止等に関する法律（平成３年法律第77号）第２条第６号に規定する暴力団員又は暴力団員でなくなった日から５年を経過しない者」を指します。

※該当する□にチェックを入れてください。 【個人用 記載例】

陳述書
（買受申出人（個人）本人用）
東京 地方裁判所 支部 執行官 殿

❶ 事件番号	□平成 ☑令和 ２年（ケ）第 1234 号	❷ 物件番号	１、２

陳述

私は、暴力団員等ではありません。
※「暴力団員等」とは、「暴力団員による不当な行為の防止等に関する法律（平成３年法律第77号）第２条第６号に規定する暴力団員又は暴力団員でなくなった日から５年を経過しない者」を指します。

私は、暴力団員等又は暴力団員等が役員である法人の計算において買受けの申出をする者ではありません。

（該当する者【※注意書８参照】がいる場合のみ□にチェックし、別紙を添付する。該当する者がいない場合には□にチェックしない。）

□ 自己の計算において私に買受けの申出をさせようとする者は、別紙「自己の計算において買受けの申出をさせようとする者に関する事項」記載のとおりです。
この者は、暴力団員等又は暴力団員等が役員である法人ではありません。

❸（陳述書作成日）令和 ２ 年 ６ 月 １ 日

買受申出人（個人）		
本人	❹ 住 所	〒152－8527 東京都目黒区目黒本町二丁目26番14号
	❻（フリガナ）	タナカ タロウ
	❺ 氏 名	田中 太郎 ❾ ㊞
	❼ 性 別	☑ 男性 □ 女性
	❽ 生年月日	□昭和 ☑平成 ３年 ４月 １日 □西暦

①暴力団員等ではないことの陳述

②暴力団員等から資金の提供を受けていないことの陳述

③自己の計算において買受けの申出をさせようとする者（裏面参照）が暴力団員等ではないことの陳述

自己の計算において買受けの申出をさせようとする者（裏面参照）がいない場合には、□に✓は不要です。自己の計算において買受けの申出をさせようとする者がいる場合は、□に✓を入れて、別紙「自己の計算において買受けの申出をさせようとする者に関する事項」の添付が必要です。

注意事項

記載・押印箇所❶～❾

・公告に記載された❶事件番号❷物件番号

・❸陳述書を記載した日

・住民票のとおり❹住所❺氏名❻フリガナ❼性別❽生年月日を正確に記載してください。

・❾実印である必要はありませんが、押印がないと、入札が無効となります。

住民票

・住民票は、氏名・住所・生年月日・性別の記載があり、マイナンバーが記載されていないもので、入札する日において発行後３か月以内のものを提出してください。

・入札時に入札書ごとに提出がないと、入札が無効となります。（追完不可）

・入札する日において発行後３か月を超えるものを提出した場合には、入札が無効となります。

宅地建物取引業の免許証の写し（宅地建物取引業者の場合）

有効期限内のものを入札書ごとに提出してください。

（必ずお読みください。）

「自己の計算において買受けの申出をさせようとする者」とは、当初からその不動産を取得する意図の下で、買受申出人（入札人）に対して資金を提供して入札をさせようとする者など、不動産を取得することによる経済的損益が実質的に帰属する者のことをいいます。

このような者がいる場合には、「□　自己の計算において……ありません。」の欄の□にチェックし、別途「自己の計算において買受けの申出をさせようとする者に関する事項」の書面を提出してください。

なお、買受申出人（入札人）が単に銀行等から資金を借り入れて入札しようとする場合は、これにあたりません。

誤ってチェックした場合は、入札は無効となりますので、御注意ください。

※法人の場合、法定代理人がある場合（未成年者の親権者など）、自己の計算において買受けの申出をさせようとする者がある場合は、用紙が異なりますので、御注意ください。

【書式例47】 陳述書記載要領（法人用）

問い合わせ
〒152-8527　東京都目黒区目黒本町２-26-14
東京地方裁判所民事執行センター
執行官室不動産部　☎03-5721-6395

法人用

陳述書（法人）記載要領

この『陳述書』は、民事執行法第65条の２に基づき、①暴力団員等[*1]ではないこと②暴力団員等から資金の提供を受けていないこと③自己の計算において買受けの申出をさせようとする者（裏面参照）がいる場合には、その者が暴力団員等ではないことを陳述していただく書面です。

※買受申出人が法人の場合、『陳述書』及び「買受申出人（法人）の役員に関する事項」が、入札時に入札書ごとに提出がないと、入札が無効となります。（追完不可）
※記載に不備があった場合、入札が無効になる場合があります。
※提出後の訂正はできません。

＊１　「暴力団員等」とは、「暴力団員による不当な行為の防止等に関する法律（平成３年法律第77号）第２条第６号に規定する暴力団員又は暴力団員でなくなった日から５年を経過しない者」を指します。

※該当する□にチェックを入れてください。　　　　**【法人用　記載例】**

<table>
<tr><td colspan="5">陳述書
（買受申出人（法人）代表者用）
東京　地方裁判所　支部　執行官　殿</td></tr>
<tr><td colspan="2">❶ 事件番号</td><td>□平成
☑令和　２年（ケ）第　1234　号</td><td>❷ 物件番号</td><td>１、２</td></tr>
<tr><td rowspan="3">陳述</td><td colspan="4">当法人は、暴力団員等が役員である法人ではありません。
※「暴力団員等」とは、「暴力団員による不当な行為の防止等に関する法律（平成３年法律第77号）第２条第６号に規定する暴力団員又は暴力団員でなくなった日から５年を経過しない者」を指します。</td></tr>
<tr><td colspan="4">当法人は、暴力団員等又は暴力団員等が役員である法人の計算において買受けの申出をする者ではありません。
（該当する者【※注意書８参照】がいる場合のみ□にチェックし、別紙を添付する。該当する者がいない場合には□にチェックしない。）</td></tr>
<tr><td>□</td><td colspan="3">自己の計算において当法人に買受けの申出をさせようとする者は、別紙「自己の計算において買受けの申出をさせようとする者に関する事項」記載のとおりです。
この者は、暴力団員等又は暴力団員等が役員である法人ではありません。</td></tr>
<tr><td colspan="5">❸（陳述書作成日）令和　２　年　６　月　１　日</td></tr>
<tr><td rowspan="4">買受申出人（法人）</td><td rowspan="3">代表者</td><td>❹ 法人の所在地</td><td colspan="2">〒152－8527
東京都目黒区目黒本町二丁目26番14号</td></tr>
<tr><td>❺ 法人の名称</td><td colspan="2">株式会社田中商事</td></tr>
<tr><td>❻ 代表者氏名</td><td colspan="2">代表取締役　田中　太郎　❼ 印</td></tr>
<tr><td></td><td>❽ 役　員</td><td colspan="2">別紙「買受申出人（法人）の役員に関する事項」のとおり</td></tr>
</table>

①暴力団員等ではないことの陳述

②暴力団員等から資金の提供を受けていないことの陳述

③自己の計算において買受けの申出をさせようとする者（裏面参照）が暴力団員等ではないことの陳述

自己の計算において買受けの申出をさせようとする者（裏面参照）がいない場合には、□に✓は不要です。自己の計算において買受けの申出をさせようとする者がいる場合は、□に✓を入れて、別紙「自己の計算において買受けの申出をさせようとする者に関する事項」の添付が必要です。

注意事項

記載・押印箇所❶～❽

・公告に記載された❶事件番号❷物件番号

・❸陳述書を記載した日

・資格証明書のとおり❹法人の所在地❺法人の名称❻代表者氏名を正確に記載してください。

・❼実印である必要はありませんが、押印がないと、入札が無効となります。

・❽の役員について、別紙「買受申出人（法人）の役員に関する事項」に、役員全員（代表者を含む）を記載してください。　※裏面に記載例あり

資格証明書

・代表者事項証明書、全部事項証明書等で、入札する日において発行後3か月以内のものを提出してください。

・入札時に入札書ごとに提出がないと、入札が無効となります。（追完不可）

・入札する日において発行後3か月を超えるものを提出した場合には、入札が無効となります。

宅地建物取引業の免許証の写し（宅地建物取引業者の場合）

有効期限内のものを入札書ごとに提出してください。

（別紙）

※該当する□にチェックを入れてください。

買受申出人（法人）の役員に関する事項		
1 ☑代表者 ❻	❶ 住　所	〒190－8571 東京都立川市緑町10番4号
	❸（フリガナ）	タナカ　タロウ
	❷ 氏　名	田中　太郎
	❹ 性　別	☑ 男性　□ 女性
	❺ 生年月日	☑昭和 □平成　30年　4月　1日 □西暦
2	住　所	〒190－8571 東京都立川市緑町10番4号
	（フリガナ）	タナカ　ジロウ
	氏　名	田中　次郎
	性　別	☑ 男性　□ 女性
	生年月日	☑昭和 □平成　35年　10月　31日 □西暦

注意事項

記載箇所❶～❻

・1に代表者の❶住所❷氏名❸フリガナ❹性別❺生年月日❻□代表者にチェックを正確に記載してください。

・2以降に、役員全員分の❶～❺までを記載し、役員が5人以上の場合は複数枚用いてください。

・役員の❶～❺を証明する文書（住民票等）の添付は不要です。

※陳述書に記載すべき役員の範囲

株式会社及び有限会社	：取締役、監査役、会計参与及び執行役
持分会社（合名会社、合資会社及び合同会社）	：社員
その他の法人	：上記役員等に準ずる者

なお、役員が法人の場合は、当該法人の役員及び職務執行者についても陳述する必要があります。

(必ずお読みください。)

「自己の計算において買受けの申出をさせようとする者」とは，当初からその不動産を取得する意図の下で，買受申出人（入札人）に対して資金を提供して入札をさせようとする者など，不動産を取得することによる経済的損益が実質的に帰属する者のことをいいます。

このような者がいる場合には，「□　自己の計算において……ありません。」の欄の□にチェックし，別途「自己の計算において買受けの申出をさせようとする者に関する事項」の書面を提出してください。

なお，買受申出人（入札人）が単に銀行等から資金を借り入れて入札しようとする場合は，これにあたりません。

誤ってチェックした場合は，入札は無効となりますので，御注意ください。

※個人の場合、法定代理人がある場合（未成年者の親権者など)、自己の計算において買受けの申出をさせようとする者がある場合は、用紙が異なりますので、御注意ください。

第 4 編

運用状況編

—東京地方裁判所民事執行センターにおける令和元年改正民事執行法の施行後１年間の運用状況—

1　はじめに

民事執行法等を改正する改正法が令和２年４月１日に施行され、１年間が経過しました。本編は、東京地方裁判所民事執行センター（以下「当センター」といいます）における施行後１年間の改正法の運用状況をまとめたものです[1]。なお、本編で紹介する数値は筆者が独自に集計した概数であり、後に修正される場合があります。また、意見にわたる部分は筆者の個人的見解にとどまります。

2　債務者の財産状況の調査関係

(1)　財産開示手続

a　改正の概要

財産開示手続は、その実効性を向上させるために、以下の２点が改正法により改められました（本書９頁）。

１つ目は、申立権者の範囲の拡大であり、改正前は申立てをすることが認められていなかった仮執行宣言付判決、仮執行宣言付支払督促または執行証書等を有する者についても、財産開示手続の申立てをすることができるようになりました（法197条１項本文）。

２つ目は、開示義務者（原則として債務者となりますが、債務者に法定代理人がある場合には当該法定代理人、債務者が法人である場合にはその代表者とな

1　当センターにおける改正法の運用状況を論じたものとして、剱持淳子ほか「東京地方裁判所民事執行センターにおける令和元年改正民事執行法の施行後半年間の概況」判例秘書ジャーナル（HJ100093）、剱持淳子＝中西永「令和元年改正民事執行法施行１年を経過して～東京地裁民事執行センターにおける改正執行法施行１年間の運用状況～」判例秘書ジャーナル（HJ100114）が、また、大阪地方裁判所における改正法の運用状況を論じたものとして、相澤聡「大阪地裁における改正民事執行法の運用状況」金法2161号12頁があります。なお、東京・大阪両地方裁判所における改正法に限らない令和２年の民事執行事件概況については、東京地方裁判所民事執行センター「東京地方裁判所（本庁）における令和２年の民事執行事件の概要」金法2160号48頁、濵本章子「大阪地方裁判所（本庁）における令和２年の民事執行事件の概況」金法2162号62頁をそれぞれ参照。

ります。法199条１項、198条２項２号）の手続違反に対する罰則の強化であり、正当な理由のない不出頭等や虚偽陳述に対する罰則が、30万円以下の過料から、６カ月以下の懲役または50万円以下の罰金に改められました（法213条１項５号・６号）。

加えて、改正法により新設された第三者からの情報取得手続のうち不動産に係るものおよび給与債権に係るものとの関係では、財産開示手続が前置手続に位置付けられています（法205条２項、206条２項）。

b　概　　況

当センターにおける平成23年以降の財産開示事件の新受件数は**【表１】**のとおりです。

新受件数は、平成25年の267件から減少傾向となり、平成31年／令和元年の１年間では105件と、過去10年間のピーク時である平成25年と比較して約６割減にまで至っていました。これに対し、令和２年度（令和２年４月から

【表１】　財産開示事件新受事件数等

年	新受件数（件）	期日実施件数（件）	出頭・開示率（%）
平成23年	197	144	39.6
平成24年	235	187	43.9
平成25年	267	165	38.2
平成26年	205	194	35.1
平成27年	153	122	40.2
平成28年	135	105	45.7
平成29年	157	102	51.0
平成30年	125	98	45.9
平成31年／令和元年	105	85	50.6
令和２年	539	222	52.7
令和３年（３月まで）	207	162	54.3
令和２年４月～令和３年３月	722	374	53.7

令和3年3月までをいいます。以下同じ）においては722件となり、平成31年／令和元年の1年間の新受件数と比べて7倍超、平成29年および平成30年（この期間は、財産開示制度の実効性の向上などに向けて法制審議会民事執行法部会で調査審議等が行われていた時期に当たります）の1年間の平均新受件数と比較しても約5倍となりました。令和2年度は、新型コロナウイルス感染症拡大に伴い、①令和2年4月7日から5月25日まで、②令和3年1月8日から3月21日までの2回にわたり、東京都を対象とする新型インフルエンザ等対策特別措置法に基づく緊急事態宣言（以下「緊急事態宣言」といいます）が発出されましたが、そのような状況下でも新受件数の急増がみられたところであり、コロナ禍の影響を含めて、今後の動向について注視を続ける必要があります。

なお、改正法が施行されてからの半年間（令和2年4月から9月まで）の月平均の新受件数は49.5件でしたが、続く半年間（同年10月から令和3年3月まで）では月平均70.8件となり、さらに、同年4月から6月までの月平均の新受件数は99件と、新受件数の増加傾向が続いています。このような傾向は、改正された財産開示制度に寄せられた債権者からの期待の現れとみることができるのではないでしょうか。

令和2年度の新受件数（722件）に係る債務名義の内訳をみると（なお、いずれも債務名義に基づく申立てであり、先取特権に基づく申立てはありませんでした）、改正法により新たに申立てが可能となった仮執行宣言付支払督促および執行証書を債務名義とするものは177件であり、全体の4分の1弱を占めました。その件数だけでも改正前における1年間の新受件数を上回っています。さらに、残る545件のうちには、改正法により新たに申立てが可能となった仮執行宣言付判決を債務名義とするものが含まれており[2]、改正法による申立権者の範囲の拡大が新受件数の急増に寄与したことは明らかです。

2　その中には、改正前から申立てが可能であった確定判決に基づく申立ても相当数含まれているように見受けられますが、当センターでは、執行文の付された判決に基づく申立ての場合には確定証明の提出を求めていないため（相澤眞木＝塚原聡編著『民事執行の実務［第4版］債権執行編（上）』69頁（金融財政事情研究会、2018年）参照）、当該判決が確定前か後かの統計は取れていません。

また、財産開示期日において開示義務者が不出頭となった後、間を置かずに給与債権または不動産に係る情報取得手続の申立てを行う事案が一定数生じており、そのような事案では、上記種類の情報取得手続の前置要件を満たすことを主目的として財産開示手続を申し立てていることもうかがわれます。

なお、当センターでは、改正法において財産開示手続が不動産および給与債権に係る情報取得手続の前置手続として位置付けられたことを受けて、財産開示手続の実施決定および財産開示期日の呼出状につき、公示送達を可能とする運用に変更しています（本書**第3編第1章XII 4**参照）。令和2年度においては、公示送達をして財産開示期日を実施した事件は13件（概数）でした。

開示義務者の財産開示期日への出頭率は、**【表1】**のとおりです。この数値は、当該期間における既済件数のうち取下げ等を終局理由とするものを除いて財産開示期日を実施した事件のうち、債務者（開示義務者）が出頭して財産を開示した事件の割合を算出したものです。令和2年度は53.7％となり、平成31年／令和元年の50.6％を3％ほど上回っており、法制審議会民事執行法部会で調査審議等が行われていた平成29年および平成30年の平均値（48.5％）と比べると5％ほど上昇しました。出頭率の今後の傾向は、開示義務者の手続違反に対する刑事訴追の有無等、刑事事件の動向等に左右されると思われますが、債権者において、改正法による罰則強化によって開示義務者の財産開示期日への出頭が促進されることを期待していることは明らかであり、新受件数の増加の要因の1つになっていると考えられます。当センターでは、開示義務者の出頭確保のため、債務者に対して財産開示手続の実施決定正本を送達する際に、不出頭等の場合の罰則等を記載した手続案内書面を同封し、また、開示義務者に対して送達する財産開示期日の呼出状にも、不出頭等の場合の罰則を明示しています。さらに、開示義務者からの事前連絡があれば、できる限り柔軟に期日変更をするものとしたほか、期日呼出状が付郵便送達となった場合には付郵便通知（規則15条の2、民事訴訟規則44条）を期日呼出状の写しを引用する形式とするなど、出頭率の確保に向けた取組みを続けています（なお、令和2年度はコロナ禍のもとで財産開示期日を実施しましたが、感染予防対策を徹底しており、何らかの支障を来したとの情報が寄せられたことはありません）。その一方で、開示義務者が財産開示期日に連絡なく出頭しないような場合には、次回に出頭する見込みを基礎付けるような具体的な事情があればともかく、そのような事情がうかがわれない事案については、開示義務者不出頭のまま事件を終了せざるをえないものと判断されることが一般的です。

令和２年度の既済事件では、開示義務者が出頭した事件のすべてにおいて、開示義務者から自己の財産に関して何らかの陳述がされました。もっとも、開示義務者から開示される財産状況は、多くの場合、請求債権の満足には満たない内容ですが、そのような場合であっても、債権者にとって知りえなかった新たな財産を把握する機会となることは否定できません。また、債権者において、財産開示期日に債務者が出頭した機会を捉えて、期日終了直後に債務者との直接の話合いをすることを期待していることがうかがわれる事案も一定数存在します。なお、財産開示期日が実施される前に取り下げられた事件の中には、債権者が債務者との間で任意弁済等の話合いができたことがうかがわれるものが相応の割合で含まれており、開示義務者の出頭率や財産開示期日において開示される財産の多寡のみで財産開示手続の存在意義を評価することもできないものと思われます。

(2) 第三者からの情報取得手続

a　改正の概要

第三者からの情報取得手続は、改正法により新設された制度です。取得の対象となる情報は、①登記所から取得する債務者の不動産に係る情報（法205条。令和３年５月１日開始）、②市町村や日本年金機構等から取得する債務者の給与債権（勤務先）に係る情報（法206条）、③銀行等から取得する債務者の預貯金債権に係る情報（法207条１項１号・２項）、④証券会社等から取得する債務者の振替社債等に係る情報（法207条１項２号・２項）となります。

b　概　　況

当センターにおける令和２年度の情報取得事件の新受件数等は【表２】のとおりです。

【表２】　情報取得事件新受件数等（令和２年４月～令和３年３月）

		新受件数における割合（内訳）（％）
新受件数	961	100
うち給与債権に係るもの	26	2.7
うち扶養義務請求権に基づくもの	23	－
うち生命身体侵害の損害賠償請求権に基づくもの	3	－
うち預貯金債権に係るもの	849	88.3
うち振替社債等に係るもの	86	8.9

令和２年度の新受件数は961件でしたが、改正法施行から半年間においては１カ月平均69.3件、続く半年間においては１カ月平均90.5件であって、申立件数は増加傾向にあります。なお、令和３年４月から６月までの３カ月間では１カ月平均99件の申立てがあり、さらに伸びています。

新受件数の内訳をみると、88.3％と圧倒的に預貯金債権に係る情報取得の申立てが多くなっています。

預貯金債権に係る情報提供の内容に関しては、取引口座が存在しない、または口座が存在しても残高は０円もしくはごく少額しかないという事例が多い一方で、数百万円を超える残高の預貯金債権の情報が得られる場合も散見されました。

給与債権に係るものは26件と全体の2.7％しか占めていませんが、これは、財産開示手続の前置要件があることのほか、申立権者の範囲が、①法151条の２第１項各号に掲げる義務に係る請求権、または②人の生命もしくは身体の侵害による損害賠償請求権に係る債務名義正本を有する金銭債権の債権者に限定されていること（法206条１項）が大きな要因と考えられます。上記26件のうち23件は、上記①の養育費や婚姻費用等の扶養義務等に係る請求権についての債務名義（調停調書、審判、判決等）を有する債権者が申し立てたものであり、その余の３件は、上記②の生命身体侵害の損害賠償請求権

【図】 第三者の類型別の割合

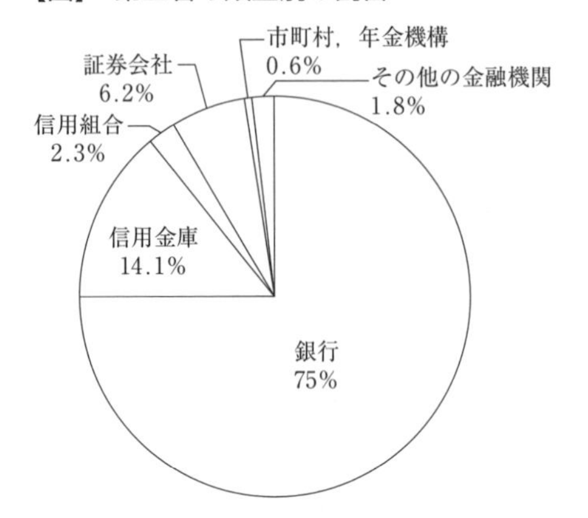

に基づく申立てでした。情報提供命令を発令した事件の中には、実際に市町村から債務者の勤務先の情報が得られたものがありました。

なお、不動産に係る情報取得手続は、令和３年５月１日から開始されましたが、新受件数は同年８月末日時点で16件とまだ少なく、今後の申立ての状況を注視しているところです。

次に、第三者についてみると、令和２年度の１年間で第三者とされた者の数の合計は、総計で6833名に上り、申立て１件当たりでは平均7.1名でした。第三者の内訳は【図】のとおりであり、銀行が75%、信用金庫が14.1%と、これらの類型で全体の大半を占めています。債権者は、債務者が預貯金債権を有している可能性がある金融機関に当たりを付けて申立てをしているものと思われますが、その際に候補に挙がるのが、銀行のほかに、地域社会に身近な金融機関に位置する信用金庫となるのでしょうか。「その他の金融機関」は農業協同組合や労働金庫等です。

c　第三者からの情報提供の状況および情報提供書の扱い等

当センターでは、給与債権、預貯金債権および振替社債等に係る第三者に対しては、情報提供書および手続説明文書の記載等により、２週間以内に情報提供書を提出いただくよう協力を求めており、全体として迅速に対応いただいているところです。

ところで、当センターでは、預貯金債権および振替社債等に係る第三者に対しては、申立人（債権者）への情報提供書写しの直送（法208条、規則192条1項ただし書）への協力を要請しています（本書**第3編第1章Ⅶ1**参照）。預貯金債権および振替社債等に係る情報取得については、制度上も迅速性と密行性が確保されており（不動産情報および勤務先情報の取得手続と異なり、財産開示手続前置と情報提供命令の債務者への送達手続が不要とされています）、これらの情報については、申立人（債権者）にとって強制執行の検討や準備のために、とりわけ迅速な情報提供が要請されています。情報提供書（の）写しの直送は、この制度趣旨にかなうものと考えています。当センターにおける直送の割合についての統計はありませんが、制度施行の当初から、大手主要銀行の大半に、また、比較的多くの信用金庫、インターネット専業銀行等および証券会社等に、直送の協力をいただいています[3]。これまでの運用において直送に関する特段のトラブルは生じておらず、安定した運用が定着しているといえますので、情報取得手続の制度の定着と利用促進のためにも、現段階で直送を行っていない金融機関、振替機関等においてはさらなるご理解とご協力をお願いします。

債権差押命令の申立ての中には、差押債権目録に財産開示手続または情報取得手続により把握した口座番号等を記載する事案が見受けられるようになりました。財産調査手続において債務者の預貯金口座を把握した場合の債権差押命令申立書の記載方法は、本書**第3編第2章Ⅳ3**のとおりですが、上記把握した預貯金を含めて包括差押えを求める場合に、一般的な預貯金の差押債権目録と異なる差押えの順序を記載すると、最高裁判所が示す差押債権特定についての要請（最三小決平23．9．20民集65巻6号2710頁・金法1934号68頁参照）を満たすとは限りません。差押債権目録に特定の口座を追加記載するとしても、当該口座があることを注意喚起する趣旨にとどめ（例えば、差押債権目録の書式末尾に「普通預金口座○○の預金債権があることについて、○○地方裁判所（情チ）第○○号第三者からの情報取得事件において情報を得た」など

3　大阪地方裁判所における直送の状況について、相澤・前掲注1・15頁参照。

と記載します。本書**第3編第2章**注97)、預貯金の差押債権目録として一般的に用いられている預金債権の特定を概括的に表記する方式の書式による申立てをすることが相当である事案が大半と思われ、実際、令和2年度中に当センターで発令したすべての事例でも、そのような取扱いがされました。

3　債権執行関係

(1)　差押禁止債権の範囲変更申立て

a　改正の概要

差押禁止債権の範囲変更の制度（法153条。以下「差押範囲変更」といいます）について、改正法は、①裁判所書記官に対して、債権差押命令を債務者に送達するに際し、差押禁止債権の範囲変更の申立てをすることができる旨を書面にて債務者に教示することを義務付けるとともに（法145条4項、規則133条の2）、②取立権の発生時期を一部後ろ倒しにしました（法155条2項）（本書72頁以下）。

当センターでは、上記①に関し、債務者に対して債権差押命令の送達をする際に、範囲変更の申立てに関する手続内容を記載した手続教示文書を同封するとともに、念のため、債権差押命令正本の下部に範囲変更の申立ての制度概要や提出資料等について記載し、また、同改正の趣旨を踏まえて、債務者の申立てに係る差押範囲変更の申立書の書式をより書き込みやすいものに改訂しました（本書**第3編第2章**Ⅱ参照）。

b　概　　況

当センターにおける平成28年以降の債権差押命令申立事件および差押範囲変更の申立事件の各新受件数は、**【表3】**のとおりです。差押範囲変更申立事件の新受件数は、令和元年までは20件以下で推移していましたが、令和2年度では66件でした。債権差押命令申立事件の新受件数に占める範囲変更申立事件の新受件数の割合でみると、平成28年から平成31年／令和元年までの期間では平均で0.17％であったのに対し、令和2年度では0.66％と、改正法の施行前と比較して4倍に迫っています。令和2年度の申立て66件はいずれ

【表3】 債権差押命令申立事件および差押範囲変更申立事件の各新受件数

年	債権差押命令申立事件新受件数（件）	差押範囲変更申立事件（件）	差押命令申立事件数に対する範囲変更申立事件数の比率（%）
平成28年	10321	17	0.16
平成29年	10740	16	0.15
平成30年	10561	18	0.17
平成31年／令和元年	11270	20	0.18
令和２年	9994	54	0.54
令和３年（３月まで）	2844	15	0.53
令和２年４月～令和３年３月	9962	66	0.66

も債務者からの申立てであり、申立件数の増加は、コロナ禍により実際に生活が困窮するに至った債務者が増加した面もあるとは思われますが、改正法に基づく制度教示等の効果が現れたものと考えられます。

令和２年度の新受事件66件について、終局事由別の件数および仮の支払禁止命令（法153条３項）があった件数は、**【表４】**のとおりです。これらのうち、請求債権に扶養義務等に係る請求権（養育費等）が含まれるものを下段に記載しています。

上記66件のうち、差押債権が給与債権であるものは29件です。改正法においては、差押債権が給与等の債権である場合に限って、差押範囲変更の申立てをするための準備期間を確保するために取立可能時期が債務者への債権差押命令の送達日から４週間後へと後ろ倒しにされていますが、扶養義務等に係る請求権を請求債権とする申立分11件（取立可能時期が従前どおり１週間後とされています）を控除した残り18件が、取立可能時期の後ろ倒しの適用対象となる事件でした（そのうち11件は、債務者に債権差押命令正本が送達されてから１週間を超える期間が経過してから申し立てられたものでした）。その一方で、差押債権が預貯金債権であるもの（取立可能時期は従前どおり１週間後とされています）は、35件でした。預貯金債権の差押えにおいては、仮の支払

【表４】 令和２年度の差押範囲変更の申立事件（新受事件）の終局事由別の内訳

令和２年４月～令和３年３月		認容（一部認容を含む）	差押範囲変更申立ての却下	基本事件取下げ	差押範囲変更申立ての取下げ	未済
新受件数（件）	66	12	34	17	3	0
うち給与の差押え	29	2	22	4	1	0
うち預貯金の差押え	35	10	10	13	2	0
その他（※）	2	0	2	0	0	0
うち仮の支払禁止命令があった件数（件）	35	11	12	11	1	0

（※） 破産配当金交付請求権、株券未発行株式（民事執行法167条）

		認容（一部認容を含む）	差押範囲変更申立ての却下	基本事件取下げ	差押範囲変更申立ての取下げ	未済
上記のうち請求債権に扶養義務等に係る請求権が含まれるもの	16	1	14	1	0	0
うち給与の差押え	13	1	12	0	0	0
うち預貯金の差押え	3	0	2	1	0	0
うち仮の支払禁止命令があった件数（件）	4	0	3	1	0	0

禁止命令の制度がより活用される傾向にあることがみてとれますが、これは、１回の取立てで事件が終局することになるため、仮の支払禁止をしておかないと、範囲変更の申立てをした意味が失われることになるとの考えによるものと思われます。なお、令和２年度に当センターで発令した仮の支払禁止命令については、いずれも無担保で発令されています。

c　差押範囲変更申立事件の実情分析

差押範囲変更の申立てを、申立人が主張する変更の理由によって大別すると、①純粋に生活困窮のみを理由とするもの、②差押債権が差押禁止債権を原資とすることを理由とするもの（生活困窮をも理由とするものを含む）、③請求異議事由等、本来差押範囲変更の理由とならないものを理由とするもの、④その他（ほかに支払うべき債務が存在することを理由とするもの等）に分類することができます。

令和２年度の新受事件66件のうち記録に当たることができた63件を上記４類型に従って大別すると、①の生活困窮型が32件（うち却下23件、一部認容２件、基本事件終局により判断に至らなかったもの（不判断）７件）、②の差押禁止債権原資型が28件（うち却下６件、一部認容２件、認容８件、不判断12件）、③の請求異議事由主張型が５件（うち却下４件、不判断１件）、④のその他型１件（却下１件）でした。

①の純粋な生活困窮型では、認容（一部認容）率は１割にも及びませんでした。個々の事案をみると、客観的にみれば申立人（債務者）が一般的な生活水準と比較して著しい支障を生じない程度の生活費を確保できていると評価できる事案が大半です。この類型における却下事案をみると、債権者の請求債権が養育費や婚姻費用である事案が多くありましたが、申立人（債務者）において貸金債務の返済の負担を主張するものや、法律上の扶養義務を負うものではない交際相手の連れ子への生活費の負担を主張するものなどが見受けられます。それらの事案では、債権者の請求債権に優先して支払われるべき法律上の理由がなく、申立人（債務者）の収入状況に照らして上記程度の生活費を確保できているなどの趣旨で判断がされたものと思われます。ほかには、申立人（債務者）が生活困窮の事実を基礎付ける事情を具体的に主張していなかったり、資料を提出しなかったりしたことから、生活困窮の事実を認めるに足りないと判断された事案が見受けられます[4]。①の類型で認容率が低いのは、以上のような事情による影響と思われ、制度の手続教示の意義を否定するものではないと考えます。

その一方で、②の差押禁止債権原資型は、不判断を除き、62.5％が認容または一部認容となりました。この類型のうち９件は、コロナ禍における持続

4　金法2163号67頁の【②事件】（東京高決令2.9.11）の事案もこの類型に含まれます。

化給付金や特別定額給付金、総合支援資金特例貸付に基づく貸付金等が差押えに係る預貯金債権の原資であることを理由とするものでした[5]。補足すると、いずれの事案でも、それらの金員が差押えに係る預貯金債権の原資であるとの認定がされた上で、申立人（債務者）および債権者の生活（事業）の状況その他の状況を考慮して申立ての当否が判断されています。また、②の類型では不判断が42.9%を占めていますが、差押債権者である貸金業者やサービサーにおいて、差押範囲変更の申立内容（例えば、差し押さえられた預貯金債権の原資が、年金や生活保護費であるといったものや、上記列挙した持続化給付金等であるといったものです）を踏まえて、取立て前に基本事件である債権差押命令申立事件自体を取り下げた事例が散見されました。

なお、定額給付金請求権については、令和２年度特別定額給付金等に係る差押禁止等に関する法律により差押えを禁止されています。また、持続化給付金については、明文による定めがないとはいえ、当センターでは、同給付金は中小企業等に対して事業の継続を支え、再起の糧とするために給付されるものであり、受給者に対して現実に給付される必要があることから、その支給を受ける権利は性質上の差押禁止債権に当たるものと解して、持続化給付金の支給を受ける権利の差押えを求める債権差押命令の申立てを却下した事例があります[6]。

③類型については、認容例はありませんが、申立人（債務者）の主張する事由は本来請求異議訴訟等により判断されるべきものであって範囲変更をすべき事由には該当しない以上、いずれも却下または不判断の結論になったのは、当然の帰結といえるでしょう[7]。

④類型においてみられるような、ほかに支払うべき債務があるとの事情は、これを容認すると債務者がいずれの債権者を優先するかを選択できることになってしまうため、通常はそれのみでは範囲変更の理由となるものでは

5　金法2163号67頁の【③、④事件】（東京地決令２．９．３、東京地決令２．10.30）の事案がこの類型に含まれます。

6　持続化給付金について同じく性質上の差押禁止債権であると解して範囲変更の申立ての判断をした事例として、神戸地裁伊丹支決令２．11.19（金法2157号64頁）。

7　金法2163号67頁の【①事件】（東京高決令２．８．26）を参照。

ないと考えられます[8]。

(2) 差押債権者から取立届等が提出されない場合の差押命令の取消しおよび債務者への差押命令が送達されない場合の差押命令の取消し

a 改正の概要

改正法による改正前は、債権差押命令申立事件について執行裁判所が職権で事件を終了させる方法がなく、差押えによる拘束を受け続ける第三債務者にとって負担となっている、執行裁判所にとって事件管理に支障を来しているとの指摘がされていました。改正法による改正により、①金銭債権の差押えがされた後、取立権発生日または最後に取立届あるいは5項届（法155条5項の届出）の提出をした日から2年を経過し、差押債権者が取立届あるいは5項届を提出せずに事件を放置している場合（法155条4項ないし8項。以下「2年経過取消し」といいます）、および②債務者に対して差押命令の送達をすることができない場合（法145条7項・8項。以下「送達未了事件」といいます）に、執行裁判所が職権で債権差押命令を取り消すことができることとされました（本書79頁以下）。

b 2年経過取消しの準備状況

前記①については、改正法施行から2年が経過していないため[9]、まだ実例が生じていませんが、当センターにおいては、令和3年に対象事件の選別作業を開始しました。対象事件については、令和4年4月以降に、順次取消予告通知をし、一定期間内に取立届等の提出がないものについて、差押命令の取消決定をすることになります（具体的な手続の流れ等については、本書**第3編第2章Ⅲ1(2)**参照）。差押債権者におかれましては、取立てをした事件については、その都度、一部取立届または取立完了届を直ちにかつ確実に提出することをお願いします（法155条4項）。また、差押債権額が少額であるなどの事情から債権差押えを続ける実益の乏しい事件については、そのまま放

8 相澤=塚原編著・前掲注2・375頁参照。
9 令和2年3月31日までに取立権が発生した事件においては、改正法施行の日である同年4月1日が2年経過の起算日となります（改正法附則3条2項）。本書86頁参照。

置していれば、取消決定に至るまでの手続費用（送達費用等）の負担が増えることにもなりかねませんので、速やかな取下げをお願いします。なお、当センターにおいては、一部取立届および5項届のいずれについても、ファクシミリ提出は認めていません[10]ので（本書**第3編第2章Ⅲ1⑷ウ**参照）、ご留意ください。

c　送達未了事件への対応状況

当センターにおける運用状況は、本書**第3編第2章Ⅲ2⑵**のとおりであり、債務者への送達未了事件については、まず、裁判所書記官において、差押債権者に対して必要な調査を求めた上で（規則10条の3）、応答がない場合等には2週間の期間を定めて補正命令（法145条7項）を発し（併せて、送達費用の予納を命じる処分を発することもあります。法14条1項）、補正がなければ法145条8項に基づき、費用の予納がなければ法14条4項に基づき、差押命令を取り消すという運用を行っています。

当センターにおいて、令和2年度に上記に基づき債権差押命令を取り消した件数は、71件でした。債務者に対して送達すべき場所の申出ができないような事案であれば、差押債権者において、補正命令を待つことなく速やかに取下げの検討に入るようお願いします。

4　不動産執行関係

⑴　改正の概要

改正法は、不動産競売における暴力団員による買受けを防止するために、買受人について、以下の制限を設けました（本書42頁以下参照）。すなわち、競売物件の入札時に、買受けの申出をしようとする者が個人であれば、暴力団員および暴力団員でなくなった日から5年を経過しない者（以下「暴力団員等」といいます）に該当しないことを、法人であれば、その役員に暴力団員等が含まれていないことを、それぞれ書面（陳述書）で陳述しなければな

10　取立完了届と取下書についても、当センターではファクシミリ提出を認めておらず、原本を提出する扱いとしています。

らず（法65条の２、188条（以下、同条の引用は省略します）。なお、虚偽陳述に対しては６カ月以下の懲役または50万円以下の罰金が定められています（法213条１項３号））、執行裁判所においては、最高価買受申出人について、当該申出人が宅地建物取引業者またはサービサーでない限り、都道府県警察に対して暴力団員等に該当するか否かの調査の嘱託をしなければならず（法68条の４）、最高価買受申出人またはその役員が暴力団員等に該当する場合には、売却不許可決定をしなければならない（法71条５号）こととされました。

当センターおよび同執行官室では、不動産競売物件情報サイト（BIT）に陳述書書式と注意事項を掲載し、執行官室にポスターを掲示するなどして、制度の広報に努めています（陳述書の書式や記載上の注意事項等は、本書**第３編第３章**参照）。

(2) 概　　況

令和２年度に当センターにおいて行われた開札の売却件数等（特別売却分を含む。以下同じ）は、**【表５】**のとおりです。

改正法施行後１年間で648件ですが、前半の半年間では、新型コロナウイルス感染症拡大に伴い、東京都を対象とする最初の緊急事態宣言の発出を受けて、令和２年４月から７月までに予定されていた７回分の開札手続を停止した影響から、売却件数は139件にとどまりました。もっとも、後半の半年間（令和２年10月から令和３年３月まで）では、当初の予定どおりに開札手続を実施することができ、売却件数は509件と持ち直しました。

最高価買受申出人となった入札人から宅地建物取引業の免許証の写しが提出された場合および最高価買受申出人がサービサーの場合には、警察への調査の嘱託を省略することができますが（本書**第３編第３章Ⅳ１**参照）、**【表５】**

【表５】　令和２年４月から令和３年３月における売却件数等（特別売却分を含む）

売却件数（件）	嘱託省略件数（割合）	調査嘱託数	
		（件数）	（人数）
648	445（68.7％）	203	466

の「嘱託省略件数（割合）」は、省略をした件数およびその割合です（そのうち、改正法施行後１年間で宅建業免許提出数は436件あり、サービサーが最高価買受申出人となった事件は９件ありました）。「調査嘱託数」のうち「件数」は、売却件数から嘱託省略件数を除いた数ですが、これを「人数」が大幅に上回っているのは、最高価買受申出人が法人の場合にはその役員について調査の嘱託がされることによるものであり、「人数」欄は実際に調査の嘱託がされた延べ人数を示しています。

令和２年度においては、当センターにおいて、最高価買受申出人またはその役員が暴力団員等に該当すると認められることを理由として売却が不許可となった事例はありませんでした[11]。

他方で、最高価あるいは次順位に相当する金額の入札をしながら、暴力団員等に該当しない旨の法定の陳述書を提出せず、あるいは提出した陳述書に不備があったために、最高価・次順位買受申出人となれなかった件数は、令和２年度で合計33件ありました。

具体的な内訳は、**【表６】**のとおりです。なお、当センターにおいては、最高価あるいは次順位に相当する入札人以外については、陳述書の内容についての確認をしていません。

【表６】　最高価・次順位相当の入札人に係る陳述書の不備

【対象期間】 【不備事項】	令和２年８月19日開札分～同年12月23日開札分（開札回数計９回） 【件数】	令和３年１月20日開札分～同年３月17日開札分（開札回数計５回） 【件数】
１　提出漏れ		
陳述書１枚目･別紙ともに提出なし	４件	３件
陳述書１枚目の提出はあるが別紙の提出を欠くもの	２件	０件

11　なお、大阪地方裁判所においては、令和２年12月末までにおいて、最高価買受申出人が暴力団員等に該当することを理由に売却不許可決定がされた事例が１件あったことが紹介されています（相澤・前掲注１・28頁）。

陳述書別紙の提出はあるが陳述書1枚目の提出を欠くもの	1件	0件
陳述書1枚目の「自己の計算において…」の欄にチェックがあるが、提出した別紙は「(法人)の役員に関する事項」であったもの	5件	2件
陳述書1枚目の「自己の計算において…」の欄にチェックがないが、提出した別紙は「自己の計算において買受けの申出をさせようとする者に関する事項」であったもの	1件	2件
添付書類なし	0件	1件（資格証明書の発行日が入札書提出日前3カ月を超過したもの）
2　記載漏れ		
（陳述書1枚目につき）		
買受申出人（法人）欄の記載を全く欠くもの	1件	0件
個人の入札人の振り仮名の記載を欠くもの	1件	0件
（陳述書別紙につき）		
「(法人の）役員に関する事項」欄に振り仮名の記載を欠くもの	7件	0件
「(法人の）役員に関する事項」欄に役員の氏名の記載を欠くもの	1件	0件
「(法人の）役員に関する事項」欄に役員の性別の記載を欠くもの	1件	0件
「(法人の）役員に関する事項」欄中、代表者欄に陳述書の1枚目に記名押印のある代表者の記載を欠くもの	0件	1件
【合計】	24件	9件

上記33件のうち陳述書の提出がなかったものは7件であり、その余の26件は陳述書等に不備があり入札が無効となった事例となります。

不備の内容についてみると、陳述書の一部につき提出を欠いたとして不備があるものには、陳述書別紙の「(法人) の役員に関する事項」の提出がなかったもののほかに、上記陳述書別紙の提出はあったものの、陳述書（1枚目）には自己の計算において当該法人に買受けの申出をさせようとする者がいる旨のチェック欄に記入がないのに、(「法人の役員に関する事項」を陳述書別紙として提出すべきところを) 提出した陳述書別紙は「自己の計算において買受けの申出をさせようとする者 (法人) の役員に関する事項」であったものなど、陳述書（1枚目）と陳述書別紙とが対応していないものがあります。

陳述書（1枚目）の記載内容に不備があったものとしては、「買受申出人 (法人)」欄に記載が全くないものや、「買受申出人 (個人)」欄のうち振り仮名の記載がないものがあります。

陳述書別紙の記載内容に関する不備には、役員の振り仮名の記載を欠くために入札が無効とされた事例が多くみられます。とくに、法人が買受申出人となる場合には、役員ごとに個別に所定の記載が全部あるかを形式的、画一的に審査することになりますから、1名についてでも記載を欠くことのないよう十分に注意してください。

当センターでは、最高価で入札したが陳述書の不備により入札が無効とされた事案のうち、3件において執行異議の申立てがありました。具体的には、①陳述書1枚目の「自己の計算において」にチェックがあるが、対応する陳述書別紙の提出がなかったもの、②法人の役員のうち1名の振り仮名の記載がなかったもの、③陳述書1枚目の個人の入札人の振り仮名の記載がなかったものです。いずれの執行異議の申立ても却下されています。

また、陳述書別紙の「役員に関する事項」欄中、「生年月日」欄の「□昭和」の□にチェックはあるものの、年度の記載がない役員がいたことが開札後に判明し、売却不許可決定がされた事例が1件あります（なお、同決定は執行抗告なく確定しています)。

陳述書の不提出または不備は、制度開始当初こそ多くありましたが、令和

3年に入ってからは少なくなってきています。とはいえ、陳述書の追完は認められず、記載事項等も厳格に法定されており、入札の有効無効の判断は形式的、画一的に行う必要がありますので、陳述書の不提出はもとより、不備が一部でもあると、無効な入札として扱われることとなります。今後も、入札をする際には、BITをよく確認するなどして、不備のない適式な陳述書を提出するよう注意をお願いします。当センターとしても、随時、陳述書の記載要領をよりわかりやすいものに改訂するなど対応に努めています。

(3) 開札日から売却決定期日までの期間短縮

改正法により暴力団員等該当性についての都道府県警察への調査嘱託が導入されたことに伴い、開札日から売却許可決定までの日数については、原則1週間以内から原則3週間以内へと改められています（規則46条2項）。これを踏まえ、当センターにおいては、改正法施行前は開札日から原則6日目の日を売却決定期日としていたところ、令和2年度は、開札日から原則20日目の日を売却決定期日としていました。

しかし、暴力団員等による買受けの防止を図りつつも、不動産競売における審理期間をいかに短縮するかは、引き続きの課題となっています。こうした状況を踏まえた当センターにおける令和3年度の売却スケジュールの設定と変更状況は、本書**第3編第3章Ⅳ2**のとおりです。すなわち、宅地建物取引業の免許証の写しが提出された割合（調査嘱託を要しない割合）が約68.7%と比較的高く、警察への調査嘱託事務もおおむね順調に行われているという令和2年度における実績を踏まえ、令和3年5月の開札分から、開札日から原則15日目の日を売却決定期日とし、さらに、同年9月の開札分からは、開札日から原則8日目の日を売却決定期日と指定した上で、警察への調査嘱託が必要な事件は、開札日から原則15日目の日に期日を延期することを予定しています。宅地建物取引業者である入札人におかれましては、宅地建物取引業免許証写しの提出があれば、より速やかに売却許可決定を得られることにつながることから、引き続き、提出へのご協力をお願いします。

（剱持淳子・実本滋）

事項索引

【た】

【な】

【は】

【ま】

【や】

令和元年改正民事執行法制の法令解説・運用実務〔増補版〕

2020年10月19日　初　版第1刷発行
2021年12月3日　増補版第1刷発行

編著者　内野　宗揮
　　　　剱持　淳子
発行者　加藤　一浩

〒160-8520　東京都新宿区南元町19
発　行　所　一般社団法人 金融財政事情研究会
企画・制作・販売　株式会社 き ん ざ い
編 集 部　TEL 03(3355)1721　FAX 03(3355)3763
販売受付　TEL 03(3358)2891　FAX 03(3358)0037
URL https://www.kinzai.jp/

校正：株式会社友人社／DTP・印刷：三松堂株式会社

ISBN978-4-322-13989-1